"十三五"职业教育
21世纪高职高专财

保险基础
与实务（第4版）

Baoxian jichu
yu shiwu

徐昆 ◎ 主编

人民邮电出版社
北京

21SHIJI GAOZHIGAOZHUAN CAIJINGLEI GUIHUA JIAOCAI

图书在版编目（CIP）数据

保险基础与实务 / 徐昆主编. -- 4版. -- 北京：
人民邮电出版社，2022.3
21世纪高职高专财经类规划教材
ISBN 978-7-115-58566-0

Ⅰ. ①保… Ⅱ. ①徐… Ⅲ. ①保险－高等职业教育－
教材 Ⅳ. ①F84

中国版本图书馆CIP数据核字(2022)第014546号

内 容 提 要

本书根据高职高专教育的教学特点编写，内容涵盖风险与保险、保险原则与保险合同、保险公司经营与管理、保险监管、保险营销等，重点对人身保险、财产保险两大业务类别的应用及其特殊规律进行了分析，针对人身保险在保险理财方面的应用展开了实证分析。为培养读者的实际应用能力，本书设置了保险理财、人身保险实训、财产保险实训等内容。

与本书配套的电子教案、课程标准、教学任务书及考核标准、课程总体设计、课程思政指引、电子课件、习题答案、实训指导手册（教师用）、实训项目答案、视频和文本教学案例、模拟试卷及其他补充材料等教学资料的索取方式参见"更新勘误表和配套资料索取示意图"（咨询 QQ：602983359），配套的在线课程网址见人邮教育社区本书页面。

本书可作为高职高专院校金融、保险类及其他财经类专业的教材，也可作为保险公司销售人员、市场企划人员和培训人员的参考用书。

- ◆ 主　编　徐　昆
　　责任编辑　万国清
　　责任印制　李　东　胡　南
- ◆ 人民邮电出版社出版发行　　北京市丰台区成寿寺路 11 号
　　邮编　100164　　电子邮件　315@ptpress.com.cn
　　网址　https://www.ptpress.com.cn
　　山东华立印务有限公司印刷
- ◆ 开本：787×1092　1/16
　　印张：15.25　　　　　　　　2022 年 3 月第 4 版
　　字数：361 千字　　　　　　 2022 年 3 月山东第 1 次印刷

定价：49.80 元

读者服务热线：(010)81055256　印装质量热线：(010)81055316
反盗版热线：(010)81055315
广告经营许可证：京东市监广登字 20170147 号

第4版前言

本书第 1 版出版于 2011 年，2013 年入选"十二五"职业教育国家规划教材，2020 年入选"十三五"职业教育国家规划教材。本书第 3 版出版后被更多院校选用，据用书教师和学生反馈，本书最令人满意之处是使用本书后学生的就业率得到了明显提升。这坚定了编者对本书进行不断修订、改版的信心，以让本书更好地适应新的教学需求。

编者试图将本书打造成一本集理论教学与实践教学于一体的校企合作教材，内容涉及保险理论、实务、实训、运用，以体现工学结合、校企合作和职业性的特点。本书全面涵盖了保险从业要求的主要内容，结合最新保险理论与实务，突出业务流程与实训，以助力实现全面素质教育、提升学生职业技能、培养具有较强的职业迁移能力人才的教学目标。

本书分为理论教学与实践教学两部分。理论教学以培养职业能力为目标，致力于提高学生分析问题和解决问题的能力和水平，采用了启发、讨论、仿真等多种教学方法；实践教学以任务驱动为导向，结合保险业务流程各环节中的典型工作任务设计实训项目，采取条款分析、单证填写、理赔案例讨论、理财规划制订等"做中学、做中教"的教学模式，以期实现理论教学与实践教学的一体化。

本次修订的主要依据来自各使用单位的意见建议和编者数十年来的教学体会。为突出重点和难点、提高读者的阅读兴趣、增强读者的自学能力，本次修订主要涉及以下几个方面的内容：在原有"思考讨论""问与答""知识点滴""示例""相关案例""课外实践"等栏目的基础上更新并补充了部分案例（包括以二维码链接的视频案例、文本案例）及其点评，增加了本章小结及重难点解析等内容，丰富了实训中的训练内容，依据最新监管要求增加了保险销售中"双录"的流程以及互联网销售流程，替换了机动车辆商业保险及交强险的条款，增加了长期护理保险的内容以及由某保险公司销售经理提供的保险销售流程工作要点，修改并补充了部分习题，降低了精算部分的难度，解决了第 3 版教材中已发现的问题。

本次修订再版，我们在各项配套教学资料的完善上下了更大的功夫，主要体现在以下三个方面。

（1）配有在线课程（网址见人邮教育社区本书页面）。

（2）进一步完善了与本书配套的教学资料，主要包括电子教案、课程标准、教学任务书及考核标准、课程总体设计、课程思政指引、电子课件、习题答案、实训指导手册（教师用）、实训项目答案、视频和文本教学案例、模拟试卷及其他补充材料等，其索取方式参见"更新勘误表和配套资料索取示意图"（咨询QQ：602983359）。未来，我们将不定期更新、完善本书的配套教学资料。

（3）进一步完善了配套学习资料。在线课程可供读者学习参考，书内二维码链接的重难点微课视频与本章小结视频对读者学习应有一定帮助，实训指导手册（学生用）等资料读者可自行在人邮教育社区注册后下载（注册后不能直接下载的资料，由采用本书授课的教师根据自己的教学安排决定是否向学生提供）。

徐昆（南京工业职业技术大学经济管理学院投资与理财专业负责人）担任本书的主编，金夕宁（中国人寿保险股份有限公司南京市分公司培训部经理）提供了大力支持，本书在编写过程中还得到了中国人寿保险股份有限公司的支持和协助，在此一并表示感谢！

由于编者水平有限，书中难免存在不妥之处，恳请读者继续批评指正（联系方式见"更新勘误表和配套资料索取示意图"）。

编　者

目 录

第一章

风险与保险

【学习目标】

学会分析社会中存在的风险，掌握风险管理的方法及程序，理解风险管理与保险的关系，掌握保险的概念、特征和功能，了解保险的分类。

【案例导入】

某人的邻居家被盗，他很担心自己家也会遇到同样的风险，针对这一风险他有以下选择：①购买一扇难以撬开的防盗门；②给窗户安装防护栏；③购买家庭财产保险；④雇用保镖；⑤养一条狗看门；⑥家中准备防护用具；⑦将贵重物品存入银行保险箱；⑧购买保险箱。

问题：上述防范措施需要花费成本吗？上述防范措施能有效阻止损失的发生吗？要是发生损失，上述防范措施中哪一种可以对损失进行补偿呢？

点评：上述防范措施均需花费成本，没有一种方法可以完全阻止损失的发生，只有购买家庭财产保险才可在损失发生后获得经济补偿。

风险对于群体而言是概率事件，一旦落到某个个体上，则会变成现实的灾难。风险管理的目的是减少灾难造成的损失，保险是风险管理的一种重要手段。

第一节　风险与风险管理

本节简要介绍风险与风险管理的基础知识及风险与保险的关系。

一、风险与保险

风险是指某种事件发生的不确定性，包括风险是否会发生，何时发生，会产生怎样的结果。从广义上讲，只要某一事件的发生存在两种以上的可能，该事件就会被认为存在风险。从保险实务的角度来讲，当被保险人到保险公司理赔时，首先看到的是风险事故造成的损失，而保险公司需要对风险事故和风险损失进行确认和定损，所以要找出风险事故发生的原因。

（一）风险构成三要素

风险因素、风险事故和损失是构成风险的三要素。

风险因素是指促使某一特定风险事故发生的原因和条件，是风险事故发生的潜在原因。

风险事故是指造成人身伤害或财产损失的偶发事件，是造成损失的直接或间接原因。只有发生风险事故，才可能导致损失。

损失是指非故意的、非预期的、非计划的经济价值的减少。在保险实务中，损失必须可以用货币来衡量。损失包括直接损失和间接损失。**直接损失**是指风险事故导致的人身伤害和财产本身的损失。**间接损失**是指由直接损失引起的其他损失，包括收入损失、利润损失等。有时，间接损失额会超过直接损失额。

【示例】我国四川省汶川县处于地震带上，具有明显的风险因素。以前该县从未发生过造成巨大损失的大地震，仅发生过小震级的地震，但是在2008年5月12日却发生了大地震，即发生了风险事故，造成了巨灾和损失。人身与财产的损失是直接损失，而由此导致的家庭收入减少、企业利润降低都属于间接损失。

（二）风险因素、风险事故和损失三者之间的关系

风险因素引发风险事故，风险事故导致损失。风险因素是风险事故发生的原因和条件。风险因素并不直接导致损失，而是通过发生风险事故间接导致损失。

【示例】酒后驾驶车辆是风险因素，引起的车祸是风险事故，造成车毁人亡的财产和人身损失结果是损失。

知识点滴

风险构成三要素的辩证关系

从保险角度来说，损失的产生一定是发生了风险事故，而风险事故的发生一定是有风险因素的存在，但风险因素不一定会造成风险事故，风险事故也不一定会造成损失。

（三）风险的分类

风险多种多样，可以根据不同方法进行分类。下面简单介绍几种常用的分类方法。

1. 依据风险产生的原因分类

风险依据产生的原因可分为自然风险、社会风险、政治风险、经济风险和技术风险。

自然风险是指自然力的不规则变化给人类和社会造成的风险。例如，地震、海啸、洪水、泥石流、高温、干旱、冰雹、瘟疫等自然现象对人类造成的伤害。自然风险有不可控性、周期性、广泛性、变化性等特征。由于发生自然风险的范围极其广泛，自然风险成为保险公司承保最多的风险。

社会风险是指由于个人或组织的故意或过失行为给人类和社会造成的风险。它包括故意行为、过失行为、不当行为或不作为造成的风险。例如，盗窃、抢劫、玩忽职守对他人人身或财产造成的伤害。

政治风险又称国家风险，是指由于一国政局变化、政策调整、战争等引发的经济动荡、贸易混乱、投资受限等个人或组织不能控制的因素造成的风险。例如：由于一国贸易管制，造成货物不能正常进出口；因为战争，无法将货物送抵所在国。通常保险公司不承保政治风险。

经济风险是指由于市场供求关系、贸易条件等经济因素发生变化导致的实际与预期前景出现偏差的风险。例如，经营决策失误、价格涨落造成的经营亏损。

技术风险是指由于科学技术发展和生产方式的改变对人类生产、生活造成的风险。例如，核辐射、空气污染、噪声等。

2. 依据风险标的分类

风险依据标的可分为人身风险、财产风险、责任风险和信用风险。

人身风险是指因各种原因导致的对人的生命或身体造成的风险。例如，人的生、老、病、

死、残等。

财产风险是指因各种原因导致的一切有形财产的损毁、灭失或贬值的风险。例如，自然灾害导致房屋、设备的损毁，海上船舶运输的货物被海盗劫持造成的灭失。

责任风险是指因个人或组织的疏忽或过失对第三者造成人身伤害或财产损失而依照法律或契约应承担的风险。例如，医生玩忽职守造成病人死亡、建筑师设计错误造成房屋倒塌等责任事故所致人身伤亡和财产损失。

信用风险是指在经济交往中，权利人与义务人之间由于一方违约或违法导致对方遭受经济损失的风险。例如，买方违约不付款、卖方收款不发货等。

3. 依据风险性质分类

风险依据性质可分为纯粹风险和投资风险。

纯粹风险是指只有损失机会而无获利机会的风险。例如，汽车在路上行驶面临的碰撞、人们衰老造成的收入减少等。

投资风险是指既有收益机会又有损失机会的风险。例如，买卖股票可能带来损失也可能带来赢利，购买体育彩票可能中奖也可能不中奖。

（四）风险的特征

风险具有以下五个特征：①不确定性。风险的不确定性包括风险是否会发生，何时发生，会产生怎样的结果。这些都不能事先确定。②客观性。风险的发生是不以人的意志为转移的，是自然规律也是社会规律。③普遍性。人的生老病死、自然灾害的发生都是普遍存在的，总是和人类历史相伴。④可测定性。虽然风险的发生不以人的意志为转移，但它是有规律可循的，在一定程度上也是可预测的。⑤发展性。风险在不断发展，原来不存在的风险今天也许会出现，如艾滋病、甲型 H1N1 流感、新型冠状病毒等。

二、风险管理与保险

虽然我们很难阻止风险的发生，但可以采取防范措施，通过有效的办法避免损失或减少损失。

1. 风险管理

风险管理是指经济单位通过对风险的认识与衡量，以及选择和执行合适的处理方法，以求用最小的成本来获得最大的安全保障。风险管理包括对损失频率和损失程度的估计（最大损失、最大可能损失）。风险管理的基本程序包括风险识别、风险评估、风险计划、风险融资和风险控制五个环节。

2. 风险管理的方法

风险管理的方法有以下四种。

（1）回避。回避是指对即将到来的风险采取放弃的措施，不采取任何防范措施。此方法不会发生防灾费用，但可能会面临更大的损失。例如，当预测到将面临大的洪水或地震时，逃离风险场所以规避风险的方法。

（2）防损与减损。防损与减损是指对即将发生的风险积极采取防范措施，将预期的风险降到最低限度。此方法会产生费用和成本，并且难以确定结果。

（3）自留。自留是指自建预防灾害基金，并在风险发生时使用。此方法的防损、防灾效果限于自身能力，无法解决大灾害造成的损失。

（4）转移。转移是指通过购买保险的形式将风险转移给专业的商业保险公司，当发生风险事故时由保险公司赔偿全部或部分损失。此方法将产生保险费（简称保费）成本，但遭受损失后将获得损失补偿。

【问与答】

问：保险是什么？

答：保险是风险管理中风险转移的方法。在诸多风险管理方法中，只有保险能够使人们在遭遇风险事故后获得损失补偿。保险以风险的存在作为自身存在和发展的前提，是人们应对风险的一种手段。

3. 风险管理的目标与作用

风险管理的基本目标是以最小的成本获得最大的安全保障。其具体目标可分为损失前目标和损失后目标。

损失前目标包括：减少风险事故的发生机会；以经济合理的方法预防潜在损失的发生；减少忧虑和烦恼，维护正常生活和经营等。损失后目标包括：降低损失的危害程度，及时提供经济补偿以利于恢复生产和生活。

对企业来说，风险管理可起到预防风险发生、提高企业绩效、间接改善企业利润等作用，有时甚至能决定企业经营成败。对家庭来说，风险管理可起到减少支出、获得保障、保证生活等作用。对社会来说，风险管理可起到安定社会生活、增进福利等作用。

4. 风险管理的程序

对风险进行管理应依照以下程序进行。

（1）风险识别。风险识别是人们对尚未发生但存在的风险因素进行判断的过程，即了解有没有风险的过程。

（2）风险评估。风险评估是指在确认有可能发生风险的基础上，对风险发生的可能性及造成的损失结果进行测评和估计，即确认风险可能在何时、何地发生并可能产生何种结果。例如，在预测近期将发生地震灾害的基础上，确认地震可能发生的最大级别，以及可能造成的损失范围和程度。

（3）风险计划。风险计划是指根据风险性质、风险频率、损失程度和自身经济承受能力，提出有效的风险防范措施并制订具体计划。

（4）风险融资。风险融资是指根据制订的风险控制计划进行财务安排。

（5）风险控制。风险控制是指对整个风险管理过程进行组织、协调、控制、评估的过程。

第二节　保　险　概　述

本节简要介绍保险的概念、特征、功能与作用。

一、保险的概念

从法律角度来说，**保险**是指投保人根据合同约定，向保险人支付保险费，保险人对合同约定的可能发生的事故因其发生所造成的财产损失承担赔偿保险金责任，或者当被保险人死亡、伤残、疾病或达到合同约定的年龄、期限等条件时，由保险人承担给付保险金责任的商业保险行为。

从财务角度来说，**保险**是指依据科学计算收取保险费，建立保险基金，用多数人的集体力量补偿少数社会成员因为自然灾害或意外事故造成的经济损失或因死亡、伤残给付保险金的一种经济制度。

当然，并不是所有的风险都可被保险承保，承保必须满足以下五个基本要素。

（1）可保风险的存在。可保风险应满足以下条件：①风险应当是纯粹风险，即风险一旦发生，只有损失的机会，而无获利的可能；②风险应当是意外的，即风险的发生不能是投保人或被保险人的故意行为所致，也不可能预知；③风险必须可预测。

（2）多数经济单位的集合。保险需要满足赔付支出和保险费收入的大体平衡，在不考虑保险经营成本的条件下，需满足以下公式：

$$N \cdot P = R \cdot Z$$

式中，N 为参保人数；P 为人均保险费；R 为理赔人数；Z 为赔付保险金。风险的存在使大量标的均有遭受损失的可能性，但不能使大多数保险标的同时遭受损失。

> **知识点滴**
>
> 保险具有以下特点：①保险是对风险的转移和分摊；②保险人与投保人均可能在保险中获利；③当合同约定的事故发生时，被保险人可获得补偿；④保险范围覆盖了人的生、老、病、死、残和财产损失的风险；⑤保险是互济互助的行为；⑥保险责任是由合同约定的。

（3）公平合理的保险费率。**保险费率**为保险费占保险金额的比例，通常表示为保险产品的价格。保险费率的下限受保险事故发生概率、生命表等因素影响，上限受市场需求约束。

（4）保险基金的建立。**保险基金**是指保险人为保证其履行保险赔偿责任或给付义务而从保险费中预先计提的责任准备金。

（5）保险权利与义务的对等。保险是以保险合同形式成立的有偿双务合同。投保人与保险人均有权利和义务，并且受法律保护。

二、保险的特征、功能和作用

1. 保险的特征

保险具有以下几个基本特征：①经济性，保险属于经济活动；②互助性，保险体现人人为我、我为人人的理念；③契约性，保险是合同行为；④科学性，保险费需经过数理统计、精算，并运用概率论与大数法则理论进行计算。

2. 保险的功能

保险的功能主要体现在以下五个方面。

（1）经济补偿功能。当合同约定的风险事故发生时给予经济补偿，即实现保险金的赔付。例如老年风险（收入中断）、生育风险（孕期收入中断）、疾病风险（收入受损、开销增加）、工伤风险（身体受到损伤）、失业风险（失去收入来源）、死亡风险（给家人带来困难）。

（2）风险分摊功能。保险是将在一定时期内可能发生的自然灾害和意外事故所导致的经济损失，在有共同风险的投保人之间分摊，使少数人的经济损失由所有的投保人分担，从而使个人难以承受的损失变成多数人可以承担的损失。

（3）减灾防损功能。为防止风险事故发生，保险人会帮助被保险人积极作好预防损失发生和减少灾害的准备。

> **思考讨论**：保险与赌博、储蓄和救济有何异同？你认同表1.1中的分析吗？

（4）积累资金功能。投保人积存一笔资金以备未来的养老或医疗之用，可以选择购买保险的形式，定期交纳保险费给保险人，委托保险人进行资金营运。这样可在退休后获得养老和医疗保障。

（5）社会管理功能。保险通过分散风险及提供经济补偿，建立完善的经济保障制度，对全社会的稳定具有积极的作用。

表 1.1　保险与赌博、储蓄和救济的异同

	同	异
保险与赌博	射幸，即"侥幸"，本意是碰运气的意思，这里指合同的效果在订约时不能确定，有赖于偶然事件的发生	保险有风险保障功能，赌博没有风险保障功能
保险与储蓄	未雨绸缪	保险是互助行为，可获得自己所交保险费以外的收益，收益高；储蓄是个人行为，只可获取自己投资的收益
保险与救济	经济补偿	保险是双方建立的合同关系，受法律保护；救济是单方行为，不受限制

3. 保险的作用

从微观角度来说，保险可起到转移风险、获得经济保障、获得投资收益等作用。转移风险，是指人们可通过购买保险将风险转移给保险公司。获得经济保障，是指人们可通过购买保险获得养老、医疗的保障，获得财产损失的经济补偿。获得投资收益，是指人们可通过购买分红保险、投资连结保险等投资类保险产品获得投资收益。

从宏观角度来说，保险有利于国民经济的持续稳定发展，有利于社会稳定，有利于科学技术的应用推广，有利于贸易与经济交往。保险这一保障机制，不仅能补偿被保险人的损失，在被保险人遭受灾害后保障其生产正常进行，还可在保险期间向投保人提供风险管理服务。个人及家庭遭受风险事故后，能够从保险中获得补偿，进行灾后恢复，从而起到稳定社会的作用。面对高新技术的高风险，一方面保险能够对高新技术的风险起到保障作用，从而推进高新技术的发展；另一方面高新技术有助于被保险人提高防范新风险的能力。信用保险、货运保险、责任保险、运输工具保险为内外贸易提供了风险保障，有力地促进了贸易的发展。

相关案例

丰城电厂在建冷却塔施工平台倒塌事故人身伤亡联合理赔案

2016年11月24日7时左右，江西省宜春市丰城电厂三期在建项目冷却塔施工平台倒塌。截至当日22时，事故造成74人遇难，2人受伤。获悉该事故后，保险行业启动重大突发事件应急预案的响应程序，成立应急小组，主动展开事故相关人员信息排查工作，以及协助开展人员救治，开辟绿色通道，以人为本做好家属安抚和理赔工作。根据涉及的人身保险公司数据统计，幸福人寿、农银人寿、新华保险、合众人寿、长城人寿、阳光人寿几家公司合计赔付 2 268.94 万元。

（来源：保监会保险消费者权益保护局和中国保险行业协会 2017 年 3 月 14 日联合发布的"2016 年度中国最具代表性十大风险管理案例（人身保险）"）

【点评】在处理该次重大突发事件的过程中，保险行业多家保险公司联动处理建筑工程保险、人身意外伤害保险、医疗保险等的理赔工作，积极配合政府做好家属的安抚工作，实现了快速理赔，充分体现了保险的保障功能和保险公司主动承担风险的社会责任感。

第三节　保险的分类

保险种类繁多，可按多种方式分类。

一、社会保险和商业保险

根据经营方式的不同，保险可分为社会保险和商业保险。

社会保险是国家通过立法收取保险费，形成社会保险基金，在国民生、老、病、死、残或失业、丧失劳动能力时提供基本生活保障的一种社会制度。相比于商业保险，社会保险具有广覆盖、低标准、强制、满足社会公平性要求、不以营利为目的的特点。

商业保险是通过保险人和投保人自愿签订保险合同的方式，以满足被保险人风险保障需求为目的，由专门的保险公司经营的保险。相比于社会保险，商业保险具有不满足社会的公平性要求、自愿、谁投保谁受益、商业保险公司以营利为目的的特点。

相关案例

商业保险人身意外伤害保险能不能替代工伤保险？

王某在某公司担任会计已经有五六年了，但是公司一直没有为其购买工伤保险等。王某向公司老板提出质询，公司老板当场答复说，公司已经为所有员工统一购买了人身意外伤害保险，而统一购买的人身意外伤害保险已经替代了工伤保险，所以公司无须再为其购买工伤保险了。

【点评】工伤保险，是国家为了保障职工的合法权益而实行的强制性保险。工伤保险不仅赔偿直接损失，还赔偿间接损失，包含治疗工伤所需的医疗费用，工伤员工的住院伙食补助、康复治疗费用，安装假肢、矫形器的费用，安装假眼、假牙和配置轮椅等辅助器具的费用，生活护理费，伤残津贴及因工伤死亡的丧葬补助金，供养亲属抚恤金和一次性工亡补助金。因工伤接受治疗期间的工资福利待遇不变。

人身意外伤害保险只赔偿直接损失，并且为一次性给付。

综上所述，工伤保险保障范围更广、保障待遇更高。王某所在公司没有按照国家的规定为员工购买工伤保险是违法行为。

二、人身保险和财产保险

根据保障对象的不同，保险可分为人身保险和财产保险。

1. 人身保险

人身保险是以人的生命或身体为保险标的的保险，承保由人的生、老、病、死、残带来的风险。

人身保险主要有以下险别：①**人寿保险**是以人的生存或死亡为给付保险金条件的保险；②**健康保险**是当被保险人因患病所产生医疗费用支出时，或因疾病所致残或死亡时，或因疾病伤害不能工作而收入减少时，或因疾病所致残疾需要长期护理时，由保险人给付保险金的保险；③**意外伤害保险**是以被保险人遭受意外伤害致残或死亡为保险金给付条件的保险。

2. 财产保险

财产保险是以财产及其有关利益为保险标的的保险。

财产保险包括财产损失保险、责任保险、信用保险、保证保险和农业保险。

相关案例

当普通汽车撞上豪华汽车，没有购买第三者责任险会怎么样？

（1）**财产损失保险**包括企业财产保险、家庭财产保险、货物运输保险、运输工具保险、工程保险等。**企业财产保险**和**家庭财产保险**是以被保险人的财产遭受损失为给付条件的保险。**货物运输保险**是以各种运输工具运输过程中的货物为保险标的，保险人承保因自然灾害或意外事故导致运输过程中货物遭受损失的一种保险。**运输工具保险**是以各种合格的运输工具为保险标的的保险，包括机动车辆保险、船舶保险、飞机保险等。**工程保险**是以各种在建工程为保险标的的保险，包括在建工程保险、安装工程保险、船舶工程保险、科技工程保险。

（2）**责任保险**是以被保险人对第三者依法应负的赔偿责任为保险标的的保险，包括公众责任保险、雇主责任保险、产品责任保险、职业责任保险。

（3）**信用保险**是以各种信用行为为保险标的的保险。

（4）**保证保险**是被保证人根据权利人的要求，向保险人投保，要求保险人担保自己信用的保险。

（5）**农业保险**是以农业生产中的劳动对象或生产资料为保险标的的保险。

知识点滴

保险业务的分类

在我国保险业实务中，保险分为人身保险和财产保险两类，使得财产保险涵盖了众多的保险分类。而在国外，习惯将保险分为寿险和非寿险两大类。目前，我国许多保险业务正从财产保险中分立出来，相应的信用保险公司、农业保险公司、再保险公司纷纷成立。

相关案例

新疆喀什"2·24"重大交通事故案

2015年2月24日，被保险人所有的某大客车行驶至未开通运营的G3012线阿喀高速公路时，因车辆左前轮爆胎导致侧翻，造成22人遇难、38人受伤的重大交通事故。经事故组调查，该车驾驶员明知该公路尚未开通，为抄近道仍冒险驶入该公路导致爆胎，本起事故被认定为一起安全生产事故（因运营车辆所属公司对车辆的安全管理不到位造成的事故）。事故发生后，中华财险第一时间成立理赔小组赶赴现场，并在出险后3天内预付赔款1300万元，体现了保险企业服务社会，为企业经营、人民生活保驾护航的社会责任感。

（来源：保监会保险消费者权益保护局和中国保险行业协会2017年3月14日联合发布的"2016

年度中国最具代表性十大风险管理案例（人身保险）"）

【点评】此次安全事故给道路运输企业要切实落实安全生产主体责任带来了启示。此次安全事故的主因是驾驶员擅自驾车行驶至未开通运营的道路，驾驶员的这种行为使安全驾驶的要求形同虚设。保险机构为避免此类事件的发生，通常在企业或个人购买机动车辆保险的条款中，根据车辆的出险理赔情况每年调整费率，以提高车辆所有人的安全意识，切实保障人民群众的安全出行。

三、自愿保险和强制保险

根据实施方式的不同，保险可分为自愿保险和强制保险。

自愿保险是投保人和保险公司在平等互利、等价有偿的原则基础上，通过协商一致，双方自愿订立保险合同，建立保险关系的保险。自愿保险投保人可随时退保，变更有关事项。

强制保险是国家通过法律或行政手段强制实施的保险。强制保险具有指定的保险公司、统一条款和价格的特点，如机动车第三者责任保险（交强险）、旅行社责任保险。实施强制保险的主要目的：一是该保险具有明显的公益性，开办此险种有助于保护社会公共利益；二是该保险可便于国家实施某项政策。

四、单一风险保险和综合风险保险

根据承保风险的不同，保险可分为单一风险保险和综合风险保险。

单一风险保险是仅对某一可保风险提供保险保障的保险。如地震保险仅对特大地震事故造成的损失承担损失赔偿责任。

综合风险保险是对两种或两种以上可保风险提供保险保障的保险，通常是以基本险加附加险的方式出现的。当前的保险险种基本上都具有综合风险保险的性质，如第三者责任保险既承保财产损失又承保人身伤亡损失。

五、原保险、再保险、共同保险和重复保险

根据承保方式的不同，保险可分为原保险、再保险、共同保险和重复保险。

原保险是保险人与投保人直接签订保险合同建立保险关系的保险。在原保险合同关系中，投保人通过交纳保险费，将保险风险转移给保险人，当保险标的发生保险责任范围内的损失时，保险人对被保险人进行损失赔偿或保险金给付。

再保险是保险人（分出人）将其承担的保险业务，以分保形式部分转移给其他保险人（分入人）的保险。

《中华人民共和国保险法》（以下简称《保险法》）规定，再保险接受人不得向原保险的投保人要求支付保险费。原保险的被保险人或者受益人不得向再保险接受人提出赔偿或者给付保险金的请求。再保险分出人不得以再保险接受人未履行再保险责任为由，拒绝履行或者迟延履行其原保险责任。

共同保险是由两个或两个以上的保险人联合对同一保险标的、同一保险利益、同一保险事故签订同一份保险合同的保险。在保险损失发生时，各保险人按各自承保的保险金额比例分摊损失。

重复保险是投保人就同一保险标的、同一保险利益、同一保险事故分别与两个以上保险人订立保险合同，且保险金额总和超过保险价值的保险。重复保险与共同保险都存在多个保险人，但共同保险只签订一份保险合同，且保险金额不高于保险价值，而重复保险则签订多份保险合同，且保险金额超出保险价值。

> **思考讨论：** 共同保险与重复保险有何不同？

六、主险和附加险

根据保险合同的独立性不同，保险可分为主险和附加险。

主险是可以单独投保和承保的保险，一般保险期限较长。

附加险是必须依附于主险才可生效的保险，一般保险期限较短。当主险失去效力时，附加险也一并失去效力。在保险实务中，通常会依据主险的保险金额确定附加险的最高限额。附加险常设计为保障单一风险的产品。

七、团体保险和个人保险

根据被保险人的数量不同，保险可分为团体保险和个人保险。

团体保险是一张保险单对一个团体的成员提供保障的保险。投保团体保险的团体需满足一定的条件。例如，参保人数必须达到团体人数的75%以上，最小的团体不得少于3人，被保险人必须是能参加全日制工作的人员，团体不得是以取得保险金为目的而组织起来的团体等。团体保险由于营销费用和管理费用较低，所以保险费低于个人保险费。

个人保险是一张保险单只承保个人或家庭成员的保险。

📓 本章小结及重难点解析

1.风险是不以人的意志为转移而客观存在的。人们总是希望把风险管理起来，将风险造成的损失降到最低，希望用最小的成本获得最大的安全保障。

2.常用的风险管理方法有回避、防损与减损、自留和转移。保险是风险转移的工具，企业和家庭可以通过购买保险，在风险事故造成损失时，从保险公司获得经济补偿以利于恢复生产和生活。因此保险是对风险的转移和分摊。

3.保险是指投保人根据合同约定，向保险人支付保险费，保险人对于合同约定的可能发生的事故因其发生所造成的财产损失承担赔偿保险金的责任；或者当被保险人死亡、伤残、疾病或达到合同约定的年龄期限等条件时，由保险人承担给付保险金责任的商业保险行为。

4.保险有很多种分类方式：依据经营方式的不同，分为社会保险和商业保险；依据保障对象的不同，分为人身保险和财产保险；依据实施方式的不同，分为自愿保险和强制保险；依据承保风险的不同，分为单一风险保险和综合风险保险；依据承保方式的不同，分为原保险、再保险、共同保险和重复保险；依据保险单的独立性不同，

本章小结
（视频）

本章重难点解析
（视频）

分为主险和附加险；依据被保险人的数量不同，分为团体保险和个人保险等。

习题

一、单项选择题

1. 风险是指某一事件发生的（　　）的不确定性。

  A. 损失   B. 赢利   C. 结果   D. 经济

2. 保险理论中的风险是指（　　）。

  A. 某事件发生的不确定性   B. 某损失发生的不确定性

  C. 某事件发生的不稳定性   D. 某损失发生的不稳定性

3. 下列风险中，属于纯粹风险的是（　　）。

  A. 集邮   B. 购买彩票   C. 摔断胳膊   D. 买卖股票

4. 风险评估需通过对（　　）进行估测。

  A. 损失频率和损失程度   B. 损失频率和损失机会

  C. 损失程度和损失强度   D. 损失频率和风险程度

5. 下列不属于风险转移的风险管理方法是（　　）。

  A. 保险   B. 出售   C. 规避   D. 分包

6. 可保风险必须具备的条件之一是（　　）。

  A. 大量标的均有遭受损失的可能   B. 大量标的均有遭受损失的必然

  C. 少量标的均有遭受损失的必然   D. 少量标的均有遭受损失的可能

7. 保险作为一种风险管理的方法属于（　　）。

  A. 转移风险   B. 规避风险   C. 控制风险   D. 自留风险

8. 从法律角度看，保险是一种（　　）。

  A. 合同行为   B. 财务行为   C. 经济互助行为   D. 风险处置行为

9. 保险基金是通过商业手段建立起来的后备基金，（　　）是承担保险责任的必要条件。

  A. 保险责任准备金 B. 保险人的资本金 C. 保险人的总准备金 D. 保险投资赢利

10. 以数学和统计学为基础建立保险基金，提存和使用各项责任准备金。这体现了保险的（　　）。

  A. 经济性   B. 科学性   C. 契约性   D. 互助性

11. 王某买了一辆价值 30 万元的新车，向 A 保险公司投保了 25 万元的车辆损失保险和第三者责任险，又向 B 保险公司投保了 20 万元的车辆损失保险和第三者责任险。从承保方式看，这种保险属于（　　）。

  A. 再保险   B. 复合保险   C. 重复保险   D. 共同保险

12. 发生造成损失的风险事故，一定存在（　　）。

  A. 灾害   B. 风险因素   C. 意外   D. 违章

13. （　　）方式可对风险造成的损失进行补偿。

  A. 回避   B. 防损   C. 保险   D. 自留

14. 保险是当（　　）发生的时候，被保险人从保险公司获得赔偿或给付的方式。

  A. 灾害   B. 事故   C. 合同约定的事项   D. 损失

15. 保险费率受（   ）制约。

    A. 成本   B. 出险概率和管理费用   C. 市场   D. 成本和市场需求

16. 几个保险人联合直接承保同一保险标的、同一保险利益、同一保险事故，赔付时，按比例分摊的保险是（   ）。

    A. 重复保险   B. 再保险   C. 共同保险   D. 联合保险

二、多项选择题

1. 风险评估人员为了风险管理的目的可将损失频率分为（   ）。

    A. 几乎不会发生   B. 几乎会发生   C. 不太可能发生

    D. 频率适中   E. 肯定发生

2. 由风险管理的定义可知，风险管理的基本程序分为（   ）等。

    A. 风险识别   B. 避免风险   C. 自留风险

    D. 选择风险管理方法 E. 风险评估

3. 风险管理的方法有（   ）。

    A. 转移   B. 保险   C. 自留

    D. 设定目标   E. 风险效果评价

4. 可保风险应具备的条件有（   ）等。

    A. 可保风险必须是意外的而非故意的   B. 风险损失不能是巨灾损失

    C. 风险必须是动态风险   D. 风险必须具有现实可测性

    E. 风险必须是纯粹风险

5. 可以作为财产保险的保险标的有（   ）。

    A. 产成品   B. 预期利益   C. 权益

    D. 心理   E. 精神

6. 人身保险是以人的生命或身体为保险标的的保险，它的主要险种包括（   ）。

    A. 人身伤害责任保险   B. 人身意外伤害保险

    C. 疾病保险   D. 人寿保险

    E. 健康保险

三、简答题

1. 试述风险因素、风险事故、损失三者之间的关系。

2. 人类面临哪些风险？

3. 风险管理有哪些方法？

4. 试述风险管理的程序。

5. 什么是保险？保险有哪些基本要素？

6. 保险有哪些分类？

第二章

保险原则与保险合同

【学习目标】

　　掌握保险的基本原则及其运用，掌握保险合同的概念及其特征，熟悉保险合同的订立、生效、履行、变更与终止的基本规定，掌握人身保险合同和财产保险合同的基本条款和规定。

【案例导入】

　　2020 年 8 月 11 日，张某在某保险公司投保了综合个人意外伤害保险。保险合同约定，张某为被保险人，身故受益人为张某的妻子刘女士，基本保额为 20 万元，合同期限为 1 年，保险的生效日为 2020 年 8 月 20 日 0 时起至期满日的 24 时止。该合同约定，被保险人在合同有效期内，因遭遇外来的、突发的、非疾病的意外事故，其身体受到伤害致残疾或者身故的，属于合同约定的保险责任。

　　2021 年 4 月 26 日，张某因触电身亡。5 月 10 日，公安部门认定张某为触电身亡。刘女士遂向保险公司提出给付保险金的申请。6 月 20 日，保险公司向刘女士发出《不予赔偿告知书》，以张某在投保时未告知曾患有高血压为由拒绝赔偿，认为张某未履行如实告知义务，属于重大过失，按照《保险法》的规定应解除保险合同，退还张某所交纳的保险费。《不予赔偿告知书》未对张某死亡原因提出异议。

　　刘女士遂向保险公司所在地人民法院提起诉讼。在庭审中，保险公司为证实张某的未告知义务，出具了《个人意外与健康保险投保单》以下简称《投保单》一份、张某的病历复印件一份。《投保单》显示对"是否患有心脏疾病、高血压，或者其他血管疾病"问题的答复为"否"，病历显示张某曾因高血压于 2020 年 1 月住院治疗。刘女士对两份证据未提出异议。

　　点评：人民法院经审理认为，张某与保险公司签订的保险合同是双方的真实意思表示，合法有效。张某在保险期内因触电身亡，受益人刘女士依照保险合同要求支付保险金符合法律规定，应予以支持。保险公司提供的材料未能证明张某患有高血压与张某死亡之间有因果关系，也非被保险人死亡的直接原因。所以，保险公司抗辩不足，人民法院不予采纳，保险公司应支付保险金及承担本案的诉讼费。

　　案例中人民法院对该案的判决遵循了保险的基本原则，本章将讲述保险的基本原则和保险合同的基础知识。

第一节　保险的基本原则

　　作为一项社会性服务，保险运行要遵守一定的原则，否则就会损害社会利益。保险利益原则、最大诚信原则、损失补偿原则、近因原则是保险运行的四大基本原则。

一、保险利益原则

保险利益是指投保人或者被保险人对保险标的具有的法律上承认的利益。它体现了投保人或被保险人与保险标的之间存在的利益关系。衡量投保人或被保险人对保险标的是否具有保险利益的标志是看投保人或被保险人是否会因保险标的的损害或丧失而遭受经济上的损失，即当保险标的安全时，投保人或被保险人可以从中获益，当保险标的受损时，投保人或被保险人必然会遭受经济损失。如果投保人或被保险人会因保险标的的损害或丧失而遭受经济上的损失，则投保人或被保险人对该标的具有保险利益。所以，保险利益体现的是投保人或被保险人与保险标的之间的经济利益关系。

1. 保险利益成立的条件

保险利益成立需要满足以下三个方面的条件。

（1）保险利益必须是合法的利益。投保人或被保险人对保险标的所具有的利益要为法律所承认，因为只有在法律上可以主张的利益才能受到国家法律的保护。如某人为抢占的房屋购买家庭财产保险就不具有合法性。

（2）保险利益必须是经济利益。保险利益必须是可以用货币计量的经济利益。由于保险保障是通过货币形式的经济补偿或给付来实现其职能的，如果投保人或被保险人的利益不能用货币计量，保险人的承保和补偿就难以进行。因此，不能用货币计量价值的利益也就不能成为保险利益。

（3）保险利益必须是确定的利益。保险利益必须是投保人或被保险人对保险标的在客观上或事实上已经存在或可以确定的利益。

2. 保险利益原则的意义

之所以将"保险利益"作为保险的基本原则之一，主要是基于以下几点。

（1）可以划清保险和赌博的界限。保险与赌博的本质区别就在于，保险以投保人或被保险人对保险标的具有保险利益为前提。

（2）可以限定保险赔偿的额度。保险利益是保险人补偿保险标的的损害的最高限额。保险的本意在于保障投保人或被保险人的经济利益，不允许他们通过保险增加额外财富。因此，把投保人或被保险人对保险标的具有的经济利益作为保险人赔付的上限是合理的。

（3）可以防止道德风险的产生。如果允许投保人或被保险人对保险标的没有保险利益，那么一些不法分子就可能为骗取保险金，给没有保险利益的保险标的投保，随后采取不正当手段使保险标的的灭失或损坏，并以此向保险人索赔。避免这种道德风险的根本措施就在于，法律规定投保人或被保险人必须对保险标的具有保险利益。

📚 相关案例

不是为谁都可以买保险

某年9月25日，王某为庆祝女友贺某的生日，偷偷在某保险公司为贺某购买了一份意外伤害保险，保险金额为10万元，指定自己为受益人。次年6月26日，贺某在某市不幸溺水身亡。后王某作为受益人向该保险公司提出索赔申请。该保险公司经过调查，得知投保时贺某对保险一事并不知情，于是委托该市公安局做了笔迹鉴定，鉴定结论为投保单上的签名不是贺某本人签的。后保险公司以王某为贺某投保未征得贺某同意，王某对贺某不具有保险利益，保险合同无效为由拒赔。王某不服，于是向保险监督管理机构投诉。

【点评】本案是因保险利益（可保利益）所引起的合同是否有效的投诉和争议。王某与贺某之间是男女朋友关系，他们之间是否具有保险利益、保险合同是否有效是本案的争论焦点。在本案中，王某与贺某之间只是男女朋友关系，并不具有合法的婚姻关系，即不是法定具有保险利益的关系人，因此王某对贺某不具有保险利益。根据《保险法》的规定，在订立合同时，投保人对被保险人不具有保险利益的，合同无效。保险公司不负有赔偿保险金的义务。在本案中，王某为贺某投保的意外伤害保险中包含死亡责任，但贺某并未确认签名，即贺某未表示同意。这不仅违反了法律关于保险利益的规定，而且违反了《保险法》第 34 条，即以死亡为给付保险金条件的合同，未经被保险人同意并认可保险金额的，合同无效。因此王某与保险公司订立的合同从一开始就是无效合同，保险公司拒赔是正确的。

二、最大诚信原则

最大诚信原则可表述为：保险合同当事人在订立保险合同时及在合同有效期内，应依法向对方提供足以影响对方作出是否缔约及缔约条件的全部实质性重要事实；同时绝对信守合同订立的约定与承诺。否则，受到损害的一方，可以以此为理由宣布合同无效或不履行合同的约定义务和责任，还可以就由此遭受的损害要求对方予以赔偿。

重要事实一般是指对保险人决定是否承保或以何种条件承保起影响作用的事实，它影响保险人决定是否接受投保人或被保险人的投保和确定收取保险费的数额。例如，有关投保人或被保险人的详细情况、有关保险标的的详细情况、危险因素及变化情况、以往的损失赔付情况以及以往遭到其他保险人拒绝承保的事实等。

最大诚信原则的主要内容包括告知、保证、弃权与禁止反言，具体如下。

1. 告知

告知是指投保人与保险人在订立保险合同时，应当将与保险标的和保险合同的条款内容等有关的重要事实如实向对方陈述，以便让对方判断是否接受承保或以什么条件承保。告知是投保人或被保险人应尽的法定义务。《保险法》第 16 条规定，订立保险合同，保险人就保险标的或者被保险人的有关情况提出询问的，投保人应当如实告知。投保人故意或者因重大过失未履行前款规定的如实告知义务，足以影响保险人决定是否同意承保或者提高保险费率的，保险人有权解除合同。投保人故意不履行如实告知义务的，保险人对于合同解除前发生的保险事故，不承担赔偿或者给付保险金的责任，并不退还保险费。投保人因重大过失未履行如实告知义务，对保险事故的发生有严重影响的，保险人对于合同解除前发生的保险事故，不承担赔偿或者给付保险金的责任，但应当退还保险费。

对于投保人或被保险人而言，告知的内容包括以下五个方面。

（1）保险合同订立时，投保人或被保险人应将已知或应知的与保险标的及其风险有关的重要事实如实告知保险人。

（2）保险合同订立后，保险标的的风险发生变化，特别是保险标的的风险情况增加时，应及时通知保险人。

（3）保险事故发生后，投保人或被保险人应及时通知保险人，并提供保险人所要求的各种事实证明。

（4）保险标的发生转移或保险合同有关事项变动时，投保人或被保险人应及时通知保险人。

（5）有重复保险的投保人或被保险人应将重复保险的情况告知保险人。

告知的立法形式，国际上主要有以下两种。

（1）无限告知。即法律对告知的内容没有作具体的规定，只要是与保险标的的危险状况有关的任何重要事实，投保人或被保险人就有义务告知保险人。

（2）询问告知。即告知的内容以保险人的询问为限，投保人或被保险人对保险人询问的问题必须如实告知，对询问以外的问题，投保人或被保险人没有告知的义务，无须告知。

无限告知对投保人或被保险人的要求比较高，法国、比利时以及英美法系国家的保险立法均采用无限告知的形式。但大多数国家的保险立法都采用询问告知的形式，我国采用的就是这一形式。

保险人的告知形式有两种：明确列示和明确说明。明确列示是指保险人只需将保险的主要内容明确列在保险合同之中，即视为已告知投保人或被保险人。在国际保险市场上，一般只要求保险人如此告知。明确说明是指保险人不仅应将保险的主要内容明确列在保险合同中，还必须对投保人或被保险人进行正确的解释。《保险法》第17条规定："订立保险合同，采用保险人提供的格式条款的，保险人向投保人提供的投保单应当附格式条款，保险人应当向投保人说明合同的内容。对保险合同中免除保险人责任的条款，保险人在订立合同时应当在投保单、保险单或者其他保险凭证上作足以引起投保人注意的提示，并对该条款的内容以书面或者口头形式向投保人作出明确说明；未作提示或者明确说明的，该条款不产生效力。"我国要求保险人告知时采用明确说明的形式，并要求保险人对保险合同的主要条款尤其是责任免除部分进行说明。

2. 保证

保证是指保险人和投保人在签订保险合同时与保险单生效期间向对方作出的对某一事项状态的承诺。它包括对某事项的作为或不作为，某种事态的存在或不存在作出的承诺或确认。

根据不同的划分方法，可以将保证分为以下几种。

（1）根据保证事项是否已存在，可分为确认保证与承诺保证。**确认保证**是指投保人或被保险人对过去或现在某一特定事实的存在或不存在的保证。确认保证要求对过去或投保当时的事实作出如实的陈述，而不是对该事实以后的发展情况做保证。例如，投保人身保险时，投保人或被保险人保证被保险人在过去和投保当时健康状况良好，但不保证今后也一定如此。**承诺保证**是指投保人或被保险人对将来某一事项的作为或不作为的保证，即对该事项今后的发展做保证。例如，投保家庭财产保险时，投保人或被保险人保证不在家中放置危险品；投保家庭财产盗窃险时，投保人或被保险人保证家中无人时，门窗一定要关好、上锁。这些都属于承诺保证。

（2）根据保证存在的形式，可分为明示保证与默示保证。**明示保证**是指以文字或书面的形式载明于保险合同中，成为保险合同的条款。例如，我国机动车辆保险条款"被保险人必须对保险车辆妥善保管、使用、保养，使之处于正常技术状态"，即为明示保证。**默示保证**一般是国际惯例所通行的准则，习惯上或社会公认的被保险人应在保险实践中遵守的规则，而不载明于保险合同中。默示保证在海上保险中运用比较多。例如，海上保险的默示保证有三项：第一，保险的船舶必须有适航能力；第二，保险的船舶必须按预定的或习惯的航线航行；第三，保险的船舶必须从事合法的运输业务。

默示保证与明示保证具有同等的法律效力，被保险人都必须严格遵守。

3. 弃权与禁止反言

弃权是指合同一方放弃其在保险合同中的某种权利。**禁止反言**是指合同一方既然已经放弃这种权利，今后就不得反悔，不得再向对方主张这种权利。此条原则主要用以约束保险人。保险人在合同订立时已经知道投保人未如实告知的情况的，保险人不得解除合同；发生保险事故的，保险人应当承担赔偿或者给付保险金的责任。投保人故意或者因重大过失未履行如实告知义务，足以影响保险人决定是否同意承保或者提高保险费率的，保险人有权解除合同。合同解除权，自保险人知道有解除事由之日起，超过 30 日不行使而消灭。自合同成立之日起超过 2 年的，保险人不得解除合同；发生保险事故的，保险人应当承担赔偿或者给付保险金的责任。

例如，在海上保险中，保险人已知被保险轮船改变航道而未提出解除合同，则视为保险人放弃对不能改变航道这一要求的权利，因改变航道而发生的保险事故造成的损失，保险人就要赔偿。弃权与禁止反言的情况主要产生于保险代理活动，保险人在业务活动中可能会受利益驱动而不按保险单的承保条件招揽业务，即放弃保险人可以主张的权利。在这种情况下，保险合同一旦生效，保险人不得以投保人未履行告知义务而解除保险合同。

📚 相关案例

投保人未履行如实告知义务的法律后果

周某于 2020 年 8 月 1 日为自己投保康宁终身重大疾病保险产品，合同生效日期为 2020 年 8 月 10 日，基本保险金额为 10 万元。2021 年 7 月 27 日，周某向保险公司提出理赔申请，称其于 2021 年 4 月 20 日发现自己有甲状腺肿物，遂到河北医科大学第四医院住院治疗，并于 2021 年 4 月 22 日被诊断为甲状腺滤泡型乳头状癌，遂向保险公司申请给付重大疾病保险金 10 万元。

鉴于周某患病时间距离投保时间较短，为了排除投保人逆向选择风险，保险公司理赔人员对被保险人的既往病史情况进行了调查，发现周某于 2021 年 4 月 20 日到河北医科大学第四医院耳鼻喉科住院治疗的入院记录中记载："现病史：患者一年多前发现颈前肿物，于当地医院进行检查，不伴有发热，局部无红肿、疼痛，无声音嘶哑、进食水呛咳、呼吸困难及吞咽困难，也无多汗、易激怒及顽固性腹泻等症。8 个月前就诊于我科，行颈部超声提示甲状腺肿物，建议手术治疗。未行治疗。一天前患者为行手术治疗而来我院，遂收入院。"

根据《保险法》第 16 条的规定，保险公司对投保人周某的未如实告知行为，作出解除保险合同并不予给付重大疾病保险金的理赔核定，并向周某发送了解除合同通知书和拒付保险金通知书。周某对此理赔核定不予认可，并向人民法院起诉。

人民法院审理后认为：根据周某在河北医科大学第四医院的入院记录（2021 年 4 月 20 日），可以证实周某就诊前一年多已经发现颈前肿物，并且 8 个月前就诊时医生建议其手术治疗。这足以证实周某在投保前对于其甲状腺肿物的事实是了解的，而周某在投保过程中隐瞒了这一影响保险人决定是否承保以及如何确定保险费率的事实，因此保险公司要求依据合同约定解除合同的请求成立。

【点评】投保时对投保单询问事项进行如实告知，是投保人的法定义务，是诚信守法的基本要求，也是最终实现预期保障的根本所在，切不可因一时的侥幸心理，隐瞒自身状况，不履行如实告知义务，否则得不偿失。如果履行了该义务，保险公司将会对告知事项进行相应的风险评估，被保险人仍可以获得相应的风险保障；但若投保时故意隐瞒不告知，带病投保，在之后的理赔中不仅会造成被拒绝承担保险责任的后果，有的甚至将承担相应的法律责任。

三、损失补偿原则

在财产保险合同中，当被保险人具有保险利益的保险标的遭受保险责任范围内的损失时，保险人对被保险人的经济损失给予补偿的数额以弥补被保险人因保险事故而造成的经济损失为限，以禁止被保险人获得额外利益。理解损失补偿原则的内涵，需要注意以下两点。

（1）只有被保险人在保险事故发生时对保险标的具有保险利益才能获得补偿，这是损失补偿原则的前提。

（2）保险人补偿的数额以恰好弥补被保险人因保险事故造成的经济损失为限。这包括两层含义：一是被保险人以其财产足额投保的，其因保险事故造成的经济损失，有权按照保险合同约定获得充分的补偿；二是保险人对被保险人补偿的数额，仅以被保险人因保险事故造成的实际损失为限。

补偿能够使被保险人保全其应得的经济利益或使受损标的迅速恢复到损失前的经济状态。任何超过保险标的的实际损失的补偿，都会使被保险人获得额外利益，这就违背了损失补偿原则。

（一）损失补偿原则的补偿限制

根据损失补偿原则的概念可知，对于被保险人的补偿数额有严格的限制。具体而言，有以下三种限制。

1. 损失补偿以被保险人的实际损失为限

通过保险赔偿使被保险人的经济状态恢复到事故发生前的状态。被保险人的实际损失既包括保险标的的实际损失，也包括被保险人为防止或减少保险标的的损失所支付的必要的、合理的施救费用和诉讼费用。因此，在保险赔付中应包含这两部分金额。这样，保险赔偿才能使被保险人恢复到受损失前的经济状态，同时不会获得额外利益。

在补偿性的合同中，保险标的遭受损失后，保险赔偿以被保险人所遭受的实际损失为限，全部损失时全部赔偿，部分损失时部分赔偿。

重置价值保险是指以被保险人重置或重建保险标的的所需费用或成本来确定保险金额的保险，其目的在于满足被保险人对受损财产进行重置或重建的需要。在通货膨胀、物价上涨等因素影响下，保险人按重置或重建费用赔付时，可能出现保险赔款大于实际损失的情况。

2. 损失补偿以保险金额为限

保险金额是保险人承担赔偿或给付保险金责任的最高限额。被保险人因保险标的的受损而获得的经济补偿，只能以保险金额为限。赔偿金额只能低于或等于保险金额，而不能高于保险金额。

3. 损失补偿以被保险人对保险标的的保险利益为限

保险人对被保险人的赔偿以被保险人所具有的保险利益为前提条件和最高限额，即被保险人所得赔偿以其对受损标的的保险利益为最高限额。如在财产保险中，保险标的受损时，若被保险人不再拥有该财产权益，则被保险人对该财产的损失不具有索赔权。债权人对抵押的财产投保，当债务人全部偿还债务后，债权人对该财产不再具有保险利益，即使发生标的损失，债权人也不再对此具有索赔权。

在具体的实务操作中，上述三种限制同时起作用。因此，其中金额最少的限额即为保险赔偿的最高额度。

思考讨论：如果没有损失补偿原则会怎样？

（二）损失补偿原则的派生原则

在损失补偿原则的基础上，又派生出代位原则和分摊原则。

1. 代位原则

代位原则的基本含义是保险人对被保险人因保险事故发生造成的损失进行赔偿后，依法或按保险合同约定取得对财产损失负有责任的第三者进行追偿的权利或取得对受损标的的所有权。代位原则包括权利代位和物上代位两项内容。

权利代位即代位求偿，是指在保险标的遭受保险事故造成损失，依法应当由第三者承担赔偿责任时，保险人向被保险人支付保险赔偿金后，在赔偿金额的限度内，取得对第三者请求赔偿的权利。

要取得代位求偿权，需要满足以下三个条件。

（1）被保险人因保险事故对第三者有损失赔偿请求权。这一条件包括以下几层含义：一是事故的发生必须是保险责任范围内的原因所致，否则与保险人无关，也就谈不上代位求偿权的问题。二是保险事故是第三者造成的，这样被保险人可以向第三者请求赔偿，并将赔偿请求权转移给保险人。三是保险事故发生后，保险人未赔偿保险金之前，被保险人放弃对第三者请求赔偿的权利的，保险人不承担赔偿保险金的责任。保险人向被保险人赔偿保险金后，被保险人未经保险人同意放弃对第三者请求赔偿的权利的，该行为无效。被保险人故意或者因重大过失致使保险人不能行使代位求偿权的，保险人可以扣减或者要求返还相应的保险金。

（2）保险人向被保险人履行了赔偿责任后，才可获得代位求偿权。保险人自向被保险人赔偿保险金之日起，在赔偿金额范围内代位行使被保险人对第三者请求赔偿的权利。

（3）保险人在代位求偿中享有的利益，不能超过其赔付给被保险人的金额。保险人在代位求偿中求偿的金额以其对被保险人赔付的金额为限，如果保险人从第三者处求偿的金额大于其对被保险人的赔偿，则超出部分归被保险人所有。被保险人已经从第三者取得损害赔偿的，保险人赔偿保险金时，可以相应扣减被保险人从第三者已取得的赔偿金额。保险人行使代位求偿权，不影响被保险人就未取得赔偿的部分向第三者请求赔偿的权利。

对取得代位求偿权的条件进行规定的目的不仅在于防止被保险人取得双重赔付而获得额外利益，从而保障保险人的利益，也同样在于防止保险人通过代位求偿权获得额外利益，损害被保险人的利益。因此，保险人代位求偿的金额以其对被保险人赔付的金额为限。而被保险人获得的保险赔偿金额小于第三者造成的损失时，有权就未取得赔偿部分继续对第三者请求赔偿。

相关案例

责任保险是否有代位求偿权？

物上代位是指保险事故发生后，保险人已支付了全部保险金额，并且保险金额等于保险价值的，受损标的的全部权利归保险人；保险金额低于保险价值的，保险人按照保险金额与保险价值的比例取得受损保险标的的部分权利。保险人在全额给付保险赔偿金之后，就拥有对保险标的的所有权，即代位取得对受损保险标的的所有权利。

在保险实务中，物上代位的另一种情况是对受损标的的损余价值（即残值）的处理。保险标的遭受损失后，有时尚有损余价值存在，保险人对被保险人的损失进行全额赔偿以后，受损标的的损余价值应归保险人所有。否则，被保险人将通过处置受损标的而获得额外利益。

> **知识点滴**
>
> **代位的含义**
>
> 从法律角度来说，代位是代替他人获得权利的意思，而保险人代位权是在被保险人获得保险赔偿之后获得的，因此保险人的代位权受保险赔偿金额的限制，即不得超过保险金额的限额。

2. 分摊原则

分摊原则是指在重复保险存在的情况下，各保险人按法律规定或保险合同约定共同承担赔偿责任。但各保险人承担的赔偿金额总和不得超过保险标的的实际损失金额，以防止被保险人获得额外利益。

《保险法》第56条第4款规定，重复保险是指投保人对同一保险标的、同一保险利益、同一保险事故分别与两个以上保险人订立保险合同，且保险金额总和超过保险价值的保险。只有存在多个保险人的情况下，才存在比例分摊的问题。

《保险法》第56条规定，重复保险的各保险人赔偿保险金的总和不得超过保险价值。除合同另有约定外，各保险人按照其保险金额与保险金额总和的比例承担赔偿保险金的责任。显然，我国《保险法》规定的重复保险的分摊方法主要采用的是保险金额比例责任制。

保险金额比例责任制是指以每个保险人的保险金额与各保险人的保险金额总和的比例来分摊损失金额，计算公式为

$$某保险人的赔偿金额 = 损失金额 \times \frac{某保险人的保险金额}{各保险人的保险金额总和}$$

例如，甲、乙两家保险公司同时承保同一标的的同一风险，甲保险单的保险金额为8万元，乙保险单的保险金额为12万元，损失金额为10万元。两个保险人的保险金额总和为20万元，则甲、乙两家保险公司的赔偿金额分别为

$$甲保险公司的赔偿金额 = 10 \times 8/20 = 4（万元）$$
$$乙保险公司的赔偿金额 = 10 \times 12/20 = 6（万元）$$

四、近因原则

近因原则是判断保险事故与保险标的的损失之间的因果关系，从而确定保险赔偿责任的一项基本原则。在保险经营实务中，近因原则是处理理赔案所必须遵循的重要原则之一。

近因是指引起保险损害最有效的、起主导作用或支配作用的原因，而不一定是在时间上或空间上与保险损害最接近的原因。近因原则是指在确定是否为保险事故时以风险损害发生的近因为要件的原则，即：在风险事故与保险标的的损害关系中，如果近因属于保险风险，保险人应负赔付责任；若近因属于不保风险，则保险人不负赔偿责任。

从理论上来说，近因原则比较简单。但在实践中，要从错综复杂的众多原因中判断出近因则有相当的难度。而近因的判定正确与否，关系到保险双方当事人的利益。

（一）认定近因的基本方法

认定近因的关键是确定风险因素与损失之间的因果关系。对此，有两种基本方法可以用于近因认定。

第一种方法是从原因推断结果，即从最初的事件出发，按逻辑推理直至最终损失的发生，最初事件就是最后事件的近因。如大树遭雷击而折断，并压坏了房屋，房屋中的电器因房屋的倒塌而毁坏，那么，电器损失的近因是雷击，而不是房屋倒塌。

第二种方法是从结果推断原因，即从损失开始，从后往前推，追溯到最初事件，没有中断，则最初事件就是近因。如上例中，电器毁坏是损失，它是被倒塌房屋压坏的，房屋由于大树压迫而倒塌，大树因为雷击而折断。因此，在此系列事件中，因果相连，雷击为近因。

（二）近因原则的应用

近因原则理论上并不复杂，但实际应用时却有一定困难。下面针对几种常见的情况进行具体分析。

1. 单一原因造成的损害

造成保险标的损害的原因只有一个，那么这个原因就是近因。若该项近因属于保险风险，保险人就负赔付责任；若该项近因属于不保风险或除外责任，则保险人不承担赔付责任。如某人投保了企业财产保险，地震引起其房屋倒塌，使机器设备受损。若此险种列明地震属于不可保风险，保险人不予赔偿；若列明地震为保险风险，则保险人应承担赔偿责任。

2. 同时发生的多种原因造成的损害

多种原因同时导致损害，即各原因的发生无先后之分，且对损害结果的形成都有直接与实质的影响效果，那么原则上它们都是损害的近因。至于保险人是否承担保险责任，可根据以下两种情况决定。

（1）多种原因均属保险风险，保险人负责赔偿全部损失。如暴雨和洪水均属保险责任，其同时造成家庭财产损失，保险人负责赔偿全部损失。

（2）多种原因中，既有保险风险，又有除外风险，保险人的责任视损害的可划分性而定。如果损害是可以划分的，保险人就只负责保险风险导致的损害部分的赔偿；如果损害难以划分，则保险人按比例赔付或与被保险人协商赔付。

相关案例

2012 年天津某饮料公司（A）承租承德某科学研究院（B）房屋用作存储产品及设备，A 随即向某保险公司（C）投保了企业财产一切险，标的物为建筑物、内容物及其设备存货，保险单附加有清理残骸费用扩展条款、索赔费用条款等。同时 B 又将剩余房屋租给了某商贸有限公司（D）。2013 年 4 月 20 日，B 的电工违规操作导致仓库发生火灾，将 A 存放于仓库内的物品烧毁。河北高院认定电工的行为属职务行为，B 对事故承担主要责任。事故发生后，C 依据保险合同于 2013 年 6 月 9 日和 2014 年 11 月 11 日分别向 A 支付保险赔偿金 250 万元和 192 万元。随即 C 向 B 行使代位求偿权，要求 B 向 C 支付 250 万元和192 万元，共计 442 万元，但 B 拒绝支付，理由是 C 的赔偿金额超出了实际损失。B 聘请的价格鉴定中心鉴定报告得出实际直接损失应为 413 万元，其他金额属于保险理赔中的扩展条款，理赔费用条款等不属于火灾造成的直接损失。C 于 2015 年 6 月 9 日向 B 发出律师函，B 不予理会，于是 C 在 2016 年 11 月 9 日将 B 告上法庭。一审人民法院认为，C 提起的 250 万元诉讼已超过诉讼时效 2 年，对该笔保险金求偿不予支持。C 随即向中级人民法院提起上诉，二审维持原判。2018 年 C 申请再审，河北高院于 2018 年 11 月

29 日作出再审判决，认定其并未超过诉讼时效，判决撤销一二审判决，B 应当按照火灾事故责任比例，在全部保险金赔偿范围内向 C 与 D 支付火灾损失赔偿款。依据《保险法》第 60 条第 1 款、《最高人民法院关于适用〈中华人民共和国保险法〉若干问题的解释（二）》（以下简称《保险法解释二》）第 16 条的规定，保险人代位求偿权的诉讼时效期间应自取得代位求偿权之日起算。对本次事故，A 应承担 30% 的责任，B 应承担 60% 的责任。因为 A 知道 B 不具有专业仓储资质，所出租的房屋也不符合仓储的消防条件，D 对此明知却未尽谨慎义务，因此也应该承担 10% 的责任。超出 413 万元的部分属于租车费、审计费、用工费、会议费、招待费、清理残骸费等间接损失，不应由侵权责任人承担。因此，河北高院判定 B 在 15 日内向 C 赔偿 413 万元的 60%，共计 247.8 万元，向 D 赔偿 413 万元的 10%，共计 41.3 万元。

（案例来源：银保监会 2019 年十大保险诉讼典型案例）

【点评】本案的焦点是诉讼时效的起始时间和扩展条款是否可用于向侵权人代位求偿。

根据《保险法》的规定，保险公司对发生的损失能够确定的，可以先行赔付，待所有损失确定后再补齐差额。在本案中，两笔保险金赔偿是向同一个公司履行的同一风险赔偿。此外，代位求偿权的获得必须在 C 向 A 全部赔偿完之后才可获得，因此 C 支付完最后一笔保险赔偿金后才可以取得代位求偿权。诉讼时效期间从最后一次履行支付保险赔偿金之日起计算，即从 2014 年 11 月 11 日起计算。附加的扩展条款和清理残骸费用属于 A 与 C 的合同的内容，C 应该按合同约定赔偿 A 的损失，但 C 无权向 B 主张间接损失。

3. 连续发生的多种原因造成的损害

多种原因连续发生，即各原因依次发生，持续不断，且具有前因后果的关系。若损害是由两个以上的原因所造成的，且各原因之间的因果关系未中断，那么最先发生并造成一连串事故的原因为近因。如果该近因为保险风险，保险人应负责赔偿损害；反之，则不赔偿损害。具体分析如下。

（1）连续发生的原因都是保险风险，应由保险人承担赔付责任。在财产保险中，火灾、爆炸都属于保险责任。如爆炸引起火灾，火灾导致财产损失这样一个因果关系过程，保险人应赔偿损失。

（2）连续发生的原因中既有保险风险又有除外风险时，又分为两种情况：①若前因是保险风险，后因是除外风险，且后因是前因的必然结果，保险人承担全部赔付责任；②若前因是除外风险，后因是保险风险，即使后因是前因的必然结果，保险人也不承担赔付责任。如某汽车投保了机动车第三者责任保险后，汽车在行驶过程中，轮胎压飞石子，石子击中路人眼睛，造成路人失明，这一连串事故具有因果关系，因此轮胎压飞石子为近因。汽车在正常行驶过程中，发生意外致使第三者遭受人身伤亡的，属于第三者责任保险的保险责任，保险人依合同应予以赔偿。

4. 间断发生的多项原因造成的损害

在一连串连续发生的多项原因中，有一项新的独立的原因介入导致损害。若新的独立的原因为保险风险，保险人应承担赔付责任；反之，保险人不承担赔付责任。如某人投保了人身意外伤害保险，发生交通事故造成下肢伤残，但在康复过程中，突发心脏病，导致死亡。其中，突发心脏病为新的独立介入的原因，在人身意外伤害保险中，不属于保险责任范围，但其为死亡近因。因此，保险人对被保险人死亡

思考讨论： 保险为什么要确立保险利益原则、最大诚信原则、损失补偿原则、近因原则这四个原则？

不承担赔偿责任，但对其因交通事故造成的伤残应承担保险金的支付责任。

📚 相关案例

"意外死亡"之果与"意外伤害"之因不应混淆

2017 年某日，上海野生动物园发生了一起游客在虎园下车遭猛虎袭击致死的事件。假设伤亡游客投保了人身意外伤害保险，针对保险赔偿问题可能产生的争议，提出两种不同的观点：一种观点认为，游客有责任，明知虎园有危险还违规下车，人身意外伤害保险不应当赔偿。其理由是，按照意外伤害保险的三个构成要件，即事故原因是"意外的、偶然的、不可预见"的，游客对可能遭受老虎袭击应当有预见，所以不符合三要素原则。另一种观点认为，游客虽然知道虎园有风险，但没有预料到老虎真的会吃人，因此人身意外伤害保险应当赔偿。其理由是，现行的人身意外伤害保险条款中，对于伤亡的被保险人主观上存在过失应当列为除外责任并没有明示。

【点评】（1）"老虎伤人案"受害人过错是近因。受害人穿行虎园，将自身置于高危境地，无论是过于自信还是放任，都含有"自主自愿为之"的因素，是完全可以预料和避免的。

（2）根据公开报道，动物园采取了鞭炮驱赶和投喂食物等方法尽力将老虎引开，试图将人虎分离，还试图用药物麻醉老虎。抛开动物园采取的措施是否恰当不说，所谓的动物饲养人一方的过失，并不是老虎伤人的决定性因素。

（3）从结果看，虽然被老虎伤害非受害人"本意"，但由于受害人在事件的起因、过程中体现出来的种种主观过错，"老虎伤人案"就不满足"事件""客观事件"需排除人为过失因素的要求，因此不构成意外伤害。

第二节　保险合同概述

保险合同也称为保险契约，是投保人与保险人约定权利和义务关系的协议。签订保险合同是保险当事人双方的法律行为，当双方意思表示一致时，保险合同成立。保险所体现的经济补偿关系也必须通过订立保险合同才能得以实现。

一、保险合同的特征

保险合同具有以下六种特征。

（1）双务性。**双务合同**是指合同当事人双方相互享有权利，同时也承担义务的合同。保险合同的保险人享有收取保险费的权利，同时承担约定事故发生时给付保险金或补偿被保险人实际损失的义务；保险合同的投保人在承担支付保险费义务的同时，被保险人在保险事故发生时依据保险合同享有请求保险人赔付保险金的权利。

（2）射幸性。"射幸"即侥幸，是碰碰运气、赶机会的意思。因此，保险合同具有机会性的特点。所谓**射幸性**，是指保险合同履行的结果建立在事件可能发生或不发生的基础之上。在合同有效期内，假如保险标的发生损失，则被保险人从保险人那里得到的赔偿金额可能远远超出其所支出的保险费；反之，如无损失发生，则被保险人只付出保险费而不会得到任何货币补偿。

（3）附和性。**附和性合同**又称格式合同，指合同的条款事先由当事人的一方拟定，另一方只有接受或不接受该条款的选择，但不能就该条款进行修改或变更。保险合同的条款事先由保险人拟定，经监管部门审批。投保人购买保险，要么附和保险人的合同，即同意合同条款并购买该保险；要么拒绝购买该保险，一般没有修改合同内容的权利。

（4）要式性。**要式合同**是指采用特定形式订立的合同。《保险法》规定，保险合同应当以书面形式订立。这种书面形式既详细记载双方当事人的权利和义务，以便合同的履行；又对保险合同的成立起到证明作用。所以，保险合同是要式合同。随着科学技术的进步，尽管投保人可以选择电话投保或用保险公司 App 投保，但最终还要以出具保险单作为保险关系成立和有效的证明。

（5）条件性。**条件合同**是指只有在保险合同所规定的条件得到满足的情况下，保险人才履行赔偿或给付保险金的义务；反之，则不必赔偿或给付保险金。如一份以健康为保险标的的保险，只有当被保险人发生合同规定的有关健康保险事故后，保险人才承担给付保险金的义务。

（6）有偿性。**有偿合同**是指享有权利，同时必须承担义务的合同。订立保险合同是双方当事人有偿的法律行为。一方要享有合同的权利，就必须对另一方承担一定的义务。这种相互报偿的关系，称为对价。投保人与保险人的对价是相互的。投保人的对价是支付保险费，保险人的对价是承担某种风险，但这种对价并不意味着保险人对投保人付出完全对等的代价，即不一定要给付保险金或赔偿损失。只有当承保的风险事故发生时，才对投保人的实际损失承担补偿的义务。

二、保险合同的主体和客体

（一）保险合同的主体

保险合同的主体包括投保人、保险人、被保险人、保单所有人、受益人等，各主体的资格有明确的法律规定。

1. 投保人

投保人是指与保险人订立保险合同，并按照合同约定负有支付保险费义务的人。投保人作为保险合同的当事人，必须满足以下条件。

（1）投保人具有完全的民事权利能力和行为能力。一般来说，无民事行为能力和限制民事行为能力的自然人均不能成为投保人。

（2）投保人须对保险标的具有保险利益，否则，不能申请订立保险合同，已订立的合同为无效合同。

（3）投保人必须与保险人订立保险合同，并按约定交付保险费。该条件包括以下两点内容。一是投保人须是以自己的名义与保险人订立保险合同的当事人。无论是自然人还是法人，都只有在与保险人订立保险合同后，才能成为投保人。二是投保人须依保险合同中的约定支付保险费。

2. 保险人

保险人是指与投保人订立保险合同，并按照合同约定承担赔偿或者给付保险金责任的保险公司。各国法律一般要求保险人具有法人资格，但并非任何法人均可从事保险业务。法人只有依法定程序申请并获得国务院保险监督管理机构的批准，取得经营许可证并获得市场监督管理部门颁发的营业执照才可经营保险业务；此外，还必须在规定的经营范围内经营。如果保险人不具备法人资格，其所订立的保险合同就无效。

3. 被保险人

被保险人是指其财产或者人身受保险合同保障，享有保险金请求权的人。投保人可以是被保险人。被保险人可以是无民事行为能力的人。

投保人与被保险人之间的关系有以下两种情形。

（1）投保人与被保险人是同一人。当投保人以自己的财产、生命、身体和经济赔偿责任投保时，被保险人就是投保人自己。

（2）投保人与被保险人不是同一人，投保人是保险合同的当事人，被保险人是保险合同的关系人。当投保人以他人为被保险人投保时，须遵守以下规定：第一，被保险人须是保险合同中指定的；第二，须征得被保险人的同意；第三，不得为无民事行为能力的被保险人投保以死亡为给付保险金条件的人身保险（父母为未成年子女投保的人身保险不受此规定限制，但是死亡给付保险金额总和不得超过国务院保险监督管理机构规定的限额）；第四，投保人与被保险人必须具有法律承认的保险利益。

4. 保单所有人

在保险单签发之后，对保险单拥有所有权的个人或企业被称作**保单所有人**。在北美地区，保单所有人的称谓主要适用于人寿保险合同的场合。在我国，保单所有人为投保人。

5. 受益人

受益人也叫保险金受领人，是指在人身保险合同中由被保险人或投保人指定的享有保险金请求权的人。

（1）受益人的构成要件包括：①受益人是不受有无民事行为能力限制，在被保险人死后代替被保险人享有赔偿请求权的人。②受益人是由被保险人指定的人。被保险人可以在保险合同中明确规定受益人，也可以指定受益人顺序与受益份额。投保人与受益人不要求具有保险利益。

受益人的撤销或变更不必征得保险人的同意，但必须通知保险人。如果被保险人或投保人在改变了受益人的情况下没有通知保险人，保险人在向原指定的受益人进行给付后，对被更改的受益人不承担义务。

> **知识点滴**
>
> **投保人、被保险人、受益人三者之间的关系**
>
> 投保人是出资买保险的人，被保险人是受保险合同保障享受保险金请求权的人，受益人是由被保险人或投保人指定在自己死后代为享有保险金请求权的人。

（2）受益人与继承人的区别：虽然受益人与继承人都是在他人死亡后受益，但是两者的性质是不同的。受益人享有的是受益权，是受让取得；而继承人享有的是遗产的分割权，是继承取得。受益人没有用其领取的保险金偿还被保险人生前债务的义务；但如果是继承人，则在其继承遗产的范围内有为被保险人偿还债务的义务。

（二）保险合同的客体

保险合同的客体是指保险双方当事人权利和义务所共同指向的对象。保险合同的客体不是保险标的，而是保险利益。

保险标的是保险合同中所载明的保障对象，是保险事故发生的客体，即作为保险对象的财产及其有关利益或者人的生命或身体。

保险合同并非保障保险标的在保险有效期内不受损害，而是当被保险人的保险标的发生约定的保险事故时给予经济上的赔偿或给付的契约。

三、保险合同的内容

保险合同的内容通常由保险人与投保人依法约定，以条文形式表现。所以，保险合同的内容也就是保险合同的条款。保险合同的条款是记载保险合同内容的条文，是保险合同双方享受权利与承担义务的主要依据。

保险合同的条款由基本条款和利益条款组成。

1. 基本条款

保险合同的基本条款又称为法定条款，它是由保险人根据法律规定制定的必须具备的条款。基本条款是标准保险单所共有的保险合同文本的基本内容，即保险合同的法定记载事项，也称保险合同的要素，主要明示保险人和投保人的基本权利和义务，以及依据有关法规规定的保险行为成立所必须具备的各种事项和要求。其主要包括以下内容：保险合同成立、生效和保险责任开始的约定；首期后保险费的交付、宽限期间及合同效力中止的约定；合同效力恢复（复效）的约定；明确说明与如实告知的约定；受益人的约定；保险事故的通知；保险金的申请与给付；借款；合同内容变更；住所或通信地址变更；年龄计算及错误处理；未成年人身故保险金限制；投保人解除合同的处理；争议处理；释义等由《保险法》所规定的事项。

相关案例
保险合同的解除权究竟归谁？

2. 利益条款

利益条款是指某保险合同有别于其他保险合同所特有的可使投保人、被保险人和受益人获得保险合同利益的条款，包括特有的保险合同构成、投保范围、保险期间、保险责任、责任免除等。

利益条款是《保险法》第18条规定的保险合同必备条款，主要内容如下：①保险人的名称和住所；②投保人、被保险人的姓名或者名称和住所，以及人身保险的受益人的姓名或者名称和住所；③保险标的；④保险责任和责任免除；⑤保险期间和保险责任开始的时间；⑥保险金额；⑦保险费以及支付办法；⑧保险金赔偿或者给付办法；⑨违约责任和争议处理；⑩订立合同的年、月、日。

《保险法》规定采用保险人提供的格式条款订立的保险合同中的两项条款无效：①免除保险人依法应承担的义务或者加重投保人、被保险人责任的；②排除投保人、被保险人或者受益人依法享有的权利的。

知识点滴
基本条款与利益条款的区别
基本条款是保险合同的共同条款，是每个合同都采用的条款。利益条款依据不同的保障范围，每个合同都不同。

四、保险合同的订立、履行、变更与终止

保险合同是保险最重要的法律文件，其订立、履行、变更和终止都有严格的程序要求。

（一）保险合同的订立程序

保险合同的订立是投保人与保险人意思表示一致而进行的法律行为。订立保险合同，应当协商一致，遵循公平原则确定各方的权利和义务。除法律、行政法规规定必须保险的外，保险合同自愿订立。投保人提出保险要求，经保险人同意承保，保险合同成立。保险人应当及时向投保人签发保险单或者其他保险凭证。保险单或者其他保险凭证应当载明当事人双方约定的合同内容。当事人也可以约定采用其他书面形式载明合同内容。《保险法》规定，采用保险人提供的格式条款订立的保险合同，保险人与投保人、被保险人或者受益人对合同条款有争议的，应当按照通常理解予以解释。对合同条款有两种以上解释的，人民法院或者仲裁机构应当作出有利于被保险人和受益人的解释。与其他合同一样，保险合同的订立，大致可分为要约和承诺两个程序。

1. 要约

要约又称订约提议，是要约人向另一方提出订立合同的建议和要求的法律行为。要约有效的条件有三个：要约必须明确表示订约愿望；要约必须具备合同的主要内容；要约在其有效期内对要约人具有约束力。

保险合同的要约具有以下特点。

（1）投保人通常是保险合同的要约人。一般来说，保险合同的要约由投保人提出。虽然在保险实务中，保险人及其代理人主动开展业务，希望潜在客户订立保险合同，但这不是法律意义上的要约。由于保险合同在投保人签单投保时并不成立，因此，保险人及其代理人的展业不能被认为是要约，仅为要约邀请。只有在投保人提出投保申请，即写好投保单并将首期保险费交与保险人或其代理人时，才构成要约。此后，只要保险人同意承保，保险合同就成立。

（2）保险合同的要约内容更加具体和明确。保险合同具有的专业性术语表述和保障性功能，决定了其内容关系到当事人的重大经济利益，因而投保人与保险人都十分关心合同内容。因此，保险合同的要约内容比一般合同要约更为具体和明确。

（3）保险合同要约一般为投保单或其他书面形式。在保险合同中，一般以投保人提交填写好的投保单为要约，即投保人向保险人提交要求订立保险合同的书面意思表示。由于保险合同要约的专业性较强，因此在保险实务中，保险人以投保单的形式印刷后，向投保人提供，由投保人填写。投保人有特殊要求的也可与保险人协商，约定特约条款。所以，保险合同要约一般表现为投保单或其他书面形式。

（4）要约的过程往往是一个反复的过程。投保人在首次要约后，保险人经核保，对投保人提出的标准条款以外的补充条款或者被保险人的可保条件可能提出异议，这时保险人的意思表示就成了新的要约，即反要约。因此，要约人不仅可以是投保人，也可能是保险人。合同订立过程就是这样一个反复协商的过程，直至双方达成一致意见。

另外，要约是具有法律效力的。要约在生效前可以撤回，即要约人在要约到达受约人之时或之前把撤回要约的通知送达受约人处，就可撤销要约。

2. 承诺

承诺是承诺人向要约人表示同意与其缔结合同的意思表示。作出承诺的人称为承诺人或受约人。承诺满足三个条件时有效：①承诺不能附带任何条件，是无条件的；②承诺须由受约人本人或其合法代理人作出；③承诺须在要约的有效期内作出。承诺人对要约人提出的主要条款内容表示同意后，合同即告成立，并开始承担履行合同的义务。

《保险法》第17条规定：订立保险合同，采用保险人提供的格式条款的，保险人向投保人提供的投保单应当附格式条款，保险人应当向投保人说明合同的内容。对保险合同中免除保险人责任的条款，保险人在订立合同时应当在投保单、保险单或者其他保险凭证上作出足以引起投保人注意的提示，并对该条款的内容以书面或者口头形式向投保人作出明确说明；未作提示或者明确说明的，该条款不产生效力。

（二）保险合同的成立与生效

一般而言，保险合同的订立意味着保险合同的成立，保险合同的成立是保险双方当事人就保险合同条款达成协议的结果。依法成立的保险合同，自成立时生效。但保险合同的成立可以不立即生效，投保人和保险人可以对合同的生效时间约定附加条件或者附加期限。

保险合同的生效是指保险合同对保险双方当事人产生法律约束力。保险合同生效后，保险人才开始承担保险责任。生效后的保险合同双方当事人、关系人都应按照保险合同的约定承担义务、享有权利，否则将承担相应的法律后果，除法律另有规定或者保险合同另有约定外。

【问与答】

问：保险合同可以先成立后生效吗？

答：一般而言，合同一成立就立即生效。但是，保险合同较为特殊，可以约定在合同成立后的某一时间生效，如保险条款特别约定：保险费的交纳是合同生效的条件。在保险合同成立后生效前发生的保险事故，保险人不承担赔偿或给付保险金的责任。

（三）保险合同的有效与无效

1．保险合同的有效

保险合同的有效，即保险合同由当事人双方依法订立并受国家法律保护，具有法律效力。保险合同有效应满足以下条件。

（1）保险合同主体必须具备合同资格，即投保人和保险人都必须具备法律所规定的主体资格。

（2）当事人意思表示一致。从事保险活动应遵循自愿和诚实信用的原则，要求当事人意思表示真实，能明确自己行为的后果，且有能力承担相应的法律责任。若当事人不是出于自愿而是受到威胁或欺骗而签订合同，则该合同无效。

（3）合同的内容和形式合法。只有合法的保险合同才受到国家法律的保护，从而成为有效的合同。

2．保险合同的无效

保险合同的无效，即保险合同不具有法律效力、不被国家法律保护。保险合同的无效是由人民法院或仲裁机构进行确认的。造成保险合同无效的原因有以下几个。

（1）保险合同的主体资格不符合法律规定。如投保人不具有民事行为能力，或保险人超越经营范围经营保险业务等。

（2）保险合同的内容不合法。这是指保险合同的条款内容违反国家法律及行政法规的规定。

（3）保险合同当事人意思表示不真实。这是指保险合同不能反映当事人的真实意思，如采用非法手段订立的合同等。

（4）保险合同违反国家利益和社会公众利益。任何合同的订立都应该考虑国家和社会公众的利益，如果订立的合同违反了这个最基本的条件，不仅无效，而且合同的当事人要受到法律的制裁。

（5）保险合同的形式不合法。这是指没有采用法律规定的形式订立保险合同。如我国采用的是书面承诺的保险合同，如果仅仅是口头承诺的保险合同是无效的。

保险合同无效的后果是合同不具有法律约束力。保险合同的无效包括全部无效和部分无效两种。全部无效合同是指合同约定的全部权利义务自始至终不产生法律效力，如投保人对保险标的不具有保险利益；部分无效合同是指合同除部分内容无效外，其余部分依然有效。

> **思考讨论**：除上述几种原因外，还有什么原因会导致保险合同无效？

（四）保险合同的履行

保险合同的履行是指双方当事人依法全面执行合同约定的权利和义务的过程，也是保险合同的意义和价值所在。在保险合同的履行过程中，投保人一方和保险人一方分别承担不同的义务，同时也享有各自的权利，因此履行义务是享受权利的前提。

1. 投保人的义务

在保险合同的履行中，投保人一般应承担以下六项义务。

（1）交纳保险费的义务。这是投保人的基本义务，也是保险合同生效的必要条件，投保人必须按照合同的约定交纳保险费。

（2）及时通知的义务。在引起保险事故发生的危险因素增加和保险事故发生时，投保人应及时通知保险人。

（3）如实告知的义务。投保人在订立保险合同时与履行合同过程中，应将有关保险标的的重要事实，以书面的形式向保险人作真实的陈述。

（4）提供有关证明和材料的义务。保险事故发生后依照保险合同请求保险金赔付时，投保人应向保险人提供有关的证明和材料。

（5）避免损失扩大的义务。此义务也就是防灾防损和施救的义务。投保人和被保险人应当遵守国家有关消防、安全、生产操作、劳动保护等方面的规定，维护保险标的的安全，在发生保险事故时，采取施救措施避免损失扩大。

（6）协助保险人实施代位求偿的义务。在保险人向第三者行使代位求偿权时，投保人和被保险人应当向保险人提供必要的文件和其所知道的有关情况。

2. 投保人的权利

在保险合同的履行中，投保人一般享有以下四项权利。

（1）保险条款的知晓权。投保人有权要求保险人或其代理人说明保险责任和责任免除条款的具体内容等。

（2）要求履约权。这是指在合同约定的保险事故发生时，被保险人有权要求保险人赔偿或者给付保险金。依据《保险法》的规定，任何单位和个人不得非法干预保险人履行赔偿或者给付保险金的义务，也不得限制被保险人或者受益人取得保险金的权利。但被保险人或受益人要求履约的权利具有时间限制：人寿保险的保险金请求权，自被保险人或受益人知道或者应当知道保险事故发生之日起5年内行使有效，超过期限权利消失；人寿保险以外的其他保险的保险金请求权，自被保险人或受益人知道或者应当知道保险事故发生之日起2年内行使有效，超过期限权利消失。

（3）解约权。这是指投保人在签订保险合同后享有中途解除保险合同的权利，即提前终止保险合同的效力，也称退保。投保人有退保的自由，保险合同成立后，投保人可以随时解除合同，但保险人在法律规定的条件下才可以解除合同。货物运输保险和运输工具航程保险合同，保险责任开始后，合同的双方当事人均不得解除合同。

（4）变更权。投保人有权依据合同的约定变更合同内容，如变更保险单分红的领取方式、变更地址等。但大部分合同内容的变更需要投保人和保险人通过协商进行。

3. 保险人的义务

在签订合同及履行合同的过程中，保险人承担以下义务：①承担保险责任；②进行条款说明；③及时签发保险单证；④保密客户资料。

4. 保险人的权利

在保险合同的履行中，保险人享有的权利包括：①依法解除合同或拒负责任；②要求如实告知并收取保险费；③检查监督防灾防损。

《保险法》规定，投保人、被保险人或者受益人知道保险事故发生后，应当及时通知保险人。故意或者因重大过失未及时通知，致使保险事故的性质、原因、损失程度等难以确定的，保险人对无法确定的部分，不承担赔偿或者给付保险金的责任，但保险人通过其他途径已经及时知道或者应当及时知道保险事故发生的除外。

保险事故发生后，按照保险合同请求保险人赔偿或者给付保险金时，投保人、被保险人或者受益人应当向保险人提供其所能提供的与确认保险事故的性质、原因、损失程度等有关的证明和资料。保险人按照合同的约定，认为有关的证明和资料不完整的，应当及时一次性通知投保人、被保险人或者受益人补充提供。

《保险法》规定，保险人收到被保险人或者受益人的赔偿或者给付保险金的请求后，应当及时作出核定；情形复杂的，应当在30日内作出核定，但合同另有约定的除外。保险人应当将核定结果通知被保险人或者受益人；对属于保险责任的，在与被保险人或者受益人达成赔偿或者给付保险金的协议后10日内，履行赔偿或者给付保险金义务。保险合同对赔偿或者给付保险金的期限有约定的，保险人应当按照约定履行赔偿或者给付保险金义务。保险人未及时履行前款规定义务的，除支付保险金外，应当赔偿被保险人或者受益人因此遭受的损失。

对不属于保险责任的，应当自作出核定之日起3日内向被保险人或者受益人发出拒绝赔偿或者拒绝给付保险金的通知书，并说明理由。保险人自收到赔偿或者给付保险金的请求和有关证明、资料之日起60日内，对其赔偿或者给付保险金的数额不能确定的，应当根据已有证明和资料对可以确定的数额先予支付；保险人最终确定赔偿或者给付保险金的数额后，应当支付相应的差额。

（五）保险合同的变更

保险合同的变更是指在保险合同的存续期间，其主体、内容及效力有所改变。保险合同依法成立，即具有法律约束力。《保险法》规定，投保人和保险人在合同成立后可以协商变更合同内容。变更保险合同的，应当由保险人在保险单或者其他保险凭证上批注或者附贴批单，或者由投保人和保险人订立变更的书面协议。各国保险法律一般都允许保险合同的主体和内容有所改变，我国也是如此。

1. 保险合同主体的变更

由于保险合同主体的变更中大部分是因为保险标的的权利义务发生转移而引起的，因此，这部分合同主体的变更也可以看成合同的转让。

（1）在财产保险中，合同主体的变更以保险标的的转移为基础。如保险标的的所有权等的转移、变动，使被保险人对该保险标的不再具有保险利益，因而须变更被保险人。当债权人将有抵押品的债务转移给第三人时，以抵押品为保险标的、以债权人为被保险人的保险合同就须随债务关系的变动而变更被保险人。

（2）在人身保险中，合同主体的变更取决于投保人与被保险人的主观意志。只要符合法律和有关规定，投保人、受益人等主体都可以变更。投保人的变更须征得被保险人同意并通知保险人，保险人核准后方可变更。这样做是为了保证变更后的投保人仍对保险标的具有保险利益，以防范道德风险；也为了保证新的投保人仍具有交费能力使合同继续有效。对于受益人的变更，可以由投保人或被保险人决定。需注意的是，投保人的变更须经保险人同意，受益人的变更无须保险人同意，但需书面通知保险人，由保险人在保险单上批注后才有效。

人身保险中的被保险人在合同中确定之后是不存在变更的。人身保险合同的承保与否和保险费的交纳与被保险人的年龄、健康状态等紧密联系，若投保人或被保险人变更被保险人，相当于对第三者重新投保。因此，人身保险的个人保险不存在被保险人变更的情况。但团体保险的被保险人可按合同约定变更。

【问与答】

问：投保人、被保险人、受益人、保险人可以变更吗？

答：投保人的变更必须经过保险人同意。被保险人在团体人身保险及财产保险中可变更，在个人人身保险中不可变更。受益人可由被保险人变更。保险人不得变更。

2. 保险合同客体的变更

保险合同客体变更的原因主要是保险标的的种类、数量的变化导致保险标的价值发生变化，从而引起保险利益发生变化。例如，某企业投保企业财产保险，保险标的为该企业的厂房和机器设备，在保险期间内，该企业购置了新的设备使得财产值上升，因此需要对保险合同作变更。保险合同客体变更，通常由投保人或保险人提出，经保险人同意，加批单后生效。保险人往往需要根据变更后的保险合同客体调整保险费率。

3. 保险合同内容的变更

保险主体不变时，保险合同内容的变更主要是指主体权利和义务的变更，即合同条款变更，如被保险人地址的变更，保险标的的数量、品种、价值、存放地点的变更，保险期限、保险金额的变更，保险责任范围的变更等。

保险合同中任何一方当事人都有变更合同内容的权利，同时也有与对方共同协商的义务。因此，投保人需要变更合同内容时，先要提出变更申请，并经保险人审批同意、签发批单或对原保险单进行批注，这样变更才产生法律效力。

（六）保险合同的终止

保险合同的终止是指保险合同当事人之间的权利与义务关系因法定或约定的事由发生而不再继续，保险合同的法律效力完全消失。保险合同的终止只能说明合同自终止之日以后，合同主体之间的原保险合同所规定的法律关系消失，而在合同终止前产生的法律关系和引起的法律责任仍然存在。保险合同终止的原因有以下几种情况。

（1）保险合同期限届满终止。保险合同的期限是保险人提供保险服务和经济保障的法律有效期。如果未发生保险事故，保险合同有效期届满，则保险人的保险责任自然终止。这也是保险合同最普遍、最基本的终止情况。

（2）保险合同履行终止。在保险事故发生后，保险人按照保险合同的约定承担了全部赔偿或给付保险金的责任，保险合同即履行终止。

（3）保险合同违约失效终止。因投保人或被保险人的某些违约行为，保险人有权终止合同。违约行为必须是违反合同基本条款，如不按期交纳保险费、随意改变保险标的的用途等。投保人违约致使保险合同终止的，保险人不承担保险责任并可以解除保险合同。《保险法》规定，保险人的合同解除权，自保险人知道有解除事由之日起，超过30日不行使而消灭。自合同成立之日起超过2年的，保险人就不得解除合同了；超过2年发生保险事故的，保险人应当承担赔偿或者给付保险金的责任。

（4）保险合同标的全部灭失终止。在保险合同期限内，保险标的由于非保险事故的发生而灭失。在这种情况下，保险标的已经不存在了，保险合同也就随之终止。

（5）保险合同解约终止。保险当事人某一方解除合同，引起保险合同的终止。

《保险法》规定：①未发生保险事故，被保险人或者受益人谎称发生了保险事故，向保险人提出赔偿或者给付保险金请求的，保险人有权解除合同，并不退还保险费。②投保人、被保险人故意制造保险事故的，保险人有权解除合同，不承担赔偿或者给付保险金的责任，不退还保险费。③保险事故发生后，投保人、被保险人或者受益人以伪造、变造的有关证明、资料或者其他证据，编造虚假的事故原因或者夸大损失程度的，保险人对其虚报的部分不承担赔偿或者给付保险金的责任。

投保人、被保险人或者受益人有前三款规定行为之一，致使保险人支付保险金或者支出费用的，应当退回或者赔偿。

第三节　人身保险合同和财产保险合同

本节简单介绍人身保险合同和财产保险合同中的特殊规定。

一、人身保险合同

人身保险合同是以人的生命或身体为保险标的的保险合同。

（一）人身保险的保险利益

人身保险的保险利益在于投保人与被保险人之间的法定利益关系，即被保险人的生存或身体健康能保证投保人原有的经济利益，而当被保险人死亡或伤残时，将使投保人遭受经济损失。

1. 人身保险利益的存在形式

投保人或被保险人对自己的生命或身体具有保险利益。

《保险法》第 31 条规定，投保人对下列人员具有保险利益：①本人；②配偶、子女、父母；③前项以外与投保人有抚养、赡养或者扶养关系的家庭其他成员、近亲属；④与投保人有劳动关系的劳动者。

除前款规定外，被保险人同意投保人为其订立合同的，视为投保人对被保险人具有保险利益。《保险法》规定，订立合同时，投保人对被保险人不具有保险利益的，合同无效。

此外，投保人对与其有经济利益关系的人也具有保险利益。例如，投保人与被保险人之间的关系是经济利益关系，如雇用关系、债权债务关系等。另外，合伙人对其他合伙人、财产所有人对财产管理人等也都因其存在的经济利益关系，前者对后者具有保险利益。

2. 人身保险利益的存在

在人身保险中，着重强调在订立保险合同时，投保人对被保险人必须具有保险利益，而不要求保险利益在保险合同有效期内始终存在。如某投保人为其配偶投保人身保险，即使在保险期限内该夫妻离婚，保险合同也依然有效，保险人必须按规定给付保险金。这样规定的原因在于人身保险的保险标的是人的生命或身体，同时人寿保险具有储蓄性。因此，保险合同订立时必须具有保险利益，而发生保险事故时不要求具有保险利益。

3. 人身保险利益的转移

保险利益的转移是指在保险合同有效期间，投保人或被保险人将保险利益转移给受让人，而保险合同依然有效。在人身保险中，由于保险标的是自然人的生命、身体或健康，因此，除因存在债权债务关系而订立的人身保险合同，保险利益可随债权人一同转让外，其他人身保险合同的保险利益不得转让。

4. 人身保险利益的消灭

保险利益的消灭是指投保人对保险标的的保险利益由于保险标的的灭失而消灭。在人身保险中，如果投保人与被保险人之间丧失了构成保险利益的各种利害关系，则原则上保险利益也就随之消灭了。

（二）人身保险合同中的常见问题

下面简要介绍人身保险合同中一些常见的问题。

> 思考讨论：确定人身保险的保险利益是为了保护谁？

1. 被保险人的年龄不实问题

投保人申报的被保险人年龄不真实，并且其真实年龄不符合合同约定的年龄限制的，保险人可以解除合同，并按照合同约定退还保险单的现金价值。投保人申报的被保险人年龄不真实，致使投保人支付的保险费少于应付保险费的，保险人有权更正并要求投保人补交保险费，或者在给付保险金时按照实付保险费与应付保险费的比例给付保险金。投保人申报的被保险人年龄不真实，致使投保人支付的保险费多于应付保险费的，保险人应当将多收的保险费退还投保人。

> **知识点滴**
>
> **对投保年龄不实的处理**
>
> 被保险人年龄有误分为在合同范围内的错误与不符合合同约定年龄的错误。在合同范围内的错误，双方可以协商多退少补以维持合同效力；不符合合同约定年龄的错误，保险人有权解除合同。

2. 无民事行为能力人的投保问题

除父母为其未成年子女投保的人身保险的情况外，投保人不得为无民事行为能力人投保以死亡为给付保险金条件的人身保险，保险人也不得承保。

3. 以死亡为给付保险金条件的合同

除父母为其未成年子女投保的人身保险的情况外，以死亡为给付保险金条件的合同，未经被保险人同意并认可保险金额的，合同无效。按照以死亡为给付保险金条件的合同所签发的保险单，未经被保险人书面同意，不得转让或质押。

4. 人身保险合同的中止与解除

合同约定分期支付保险费，投保人支付首期保险费后，除合同另有约定外，投保人自保险人催告之日起超过 30 日未支付当期保险费，或者超过约定的期限 60 日未支付当期保险费的，合同中止。

> **思考讨论**：父母为子女购买死亡保险有限额是为了保护谁？

被保险人在合同中止之前发生保险事故的，保险人应当按照合同约定给付保险金，但可以扣减投保人欠交的保险费，或者由保险人按照合同约定的条件减少赔付金额。

因未及时交纳保险费而中止的人身保险合同，经保险人与投保人协商并达成协议，在投保人补交保险费后，合同效力恢复。但是，自合同效力中止之日起满 2 年双方未达成协议的，保险人有权解除合同，并应当按照合同约定退还保险单的现金价值。

保险人对人寿保险的保险费，不得用诉讼方式要求投保人支付。

相关案例

2 年抗辩期已过，保险公司按约赔付

1979 年出生于江苏省南通市的姑娘龚某于 2009 年在南通某人寿保险公司购买了一份重大疾病保险，在"身故受益人"一栏，龚某填写的是"法定"；在投保所附的"健康告知"页中，龚某在所有的疾病选项后均手工勾选了"否"。投了这份重大疾病保险后，龚某每年交纳保险费 3 000 余元。2012 年 10 月 11 日，龚某感觉身体不适，去医院诊治，被确诊为原发性肝癌。其后龚某将之前投保的重大疾病保险受益人由"法定"变更为其父亲。11 月 4 日，确诊后不到一个月，龚某去世。保险公司在龚父到公司索赔后，即派出理

赔人员开展调查工作，查出龚某于 1998 年在西安读大学时，曾因患肝炎入院治疗一个多月。保险公司认为龚某在投保时隐瞒了这一重要事实，便作出不予理赔的决定。龚父遂将保险公司起诉至南通市崇川区人民法院。

审判法官认为，虽然投保人龚某在投保时隐瞒了曾患肝炎这一事实，未履行如实告知义务，但根据《保险法》的规定，自合同成立之日起超过 2 年的，保险人不得解除合同。发生保险事故的，保险人仍应承担赔偿或者给付保险金的责任。最终，人民法院判决保险公司一次性赔付龚父 109 000 元。

（来源：《中国保险报》2013 年 12 月 5 日《保险公司称女子投保时隐瞒肝炎 法院称二年抗辩期已过需赔》）

【点评】《保险法》第 16 条规定：订立保险合同，保险人就保险标的或者被保险人的有关情况提出询问的，投保人应当如实告知。投保人故意或者因重大过失未履行如实告知义务，足以影响保险人决定是否同意承保或者提高保险费率的，保险人有权解除合同。

合同解除权，自保险人知道有解除事由之日起，超过 30 日不行使而消灭。自合同成立之日起超过 2 年的，保险人不得解除合同；发生保险事故的，保险人应当承担赔偿或者给付保险金的责任。此期间称为可抗辩期或可争时期，超过这个时期即进入不可抗辩期或不可争时期，保险人不得提出异议。即使投保人确有告知不实的情形，在保险事故发生后保险人仍有赔偿或给付保险金的义务。

5. 人身保险合同的受益人

人身保险合同的受益人由被保险人或者投保人指定。

投保人指定受益人时须经被保险人同意。投保人为与其有劳动关系的劳动者投保人身保险，不得指定被保险人及其近亲属以外的人为受益人。

被保险人为无民事行为能力人或者限制民事行为能力人的，可以由其监护人指定受益人。

被保险人或者投保人可以指定一人或者多人为受益人。受益人为多人的，被保险人或者投保人可以确定受益顺序和受益份额；未确定受益份额的，受益人按照相等份额享有受益权。

被保险人或投保人可以变更受益人并书面通知保险人。保险人收到变更受益人的书面通知后，应当在保险单或者其他保险凭证上批注或者附贴批单。

被保险人死亡后，有下列情形之一的，保险金作为被保险人的遗产，由保险人依照《中华人民共和国民法典》(以下简称《民法典》)的规定履行给付保险金的义务：①没有指定受益人，或者受益人指定不明无法确定的；②受益人先于被保险人死亡，没有其他受益人的；③受益人依法丧失受益权或者放弃受益权，没有其他受益人的。

受益人与被保险人在同一事件中死亡，且不能确定死亡先后顺序的，推定受益人死亡在先。

📚 相关案例

人身保险保单受益人填写不可马虎，法定、指定差别大

据 2013 年 9 月 11 日《北京商报》报道（记者 崔启斌）　市民王先生之前购买了某保险公司保额为 40 万元的人身保险，受益人一栏填写为"法定"。三年后，王先生结婚不久便遭遇意外，不幸身故。保险公司在赔付 40 万元身故保险金时，王先生的母亲和妻子都声称自己是法定受益人，对身故保险金的分配数额互不相让，最后只能诉至人民法院。人民法院判决二人平分身故保险金。

【点评】在人身保险合同中，一般都有受益人这一栏，即在被保险人出险后，保险公司将会把保险金赔付给指定受益人，受益人既可以是投保人自己，也可以是他人。受益人是谁最能体现被保险人的意愿，一旦指定受益人，其他近亲属等法定受益人将与保单受益权无缘。而上述保险理赔案例中，因受益人指定不明，牵出家庭纠纷，这样的家庭矛盾在现实中经常上演。

在本案例中，由于王先生的保险单填写的受益人为"法定"，依据《保险法》的有关规定，在人身保险合同受益人一栏只填写"法定"字样的，将视为未指定受益人，保险金将作为被保险人的遗产由法定继承人继承。根据《民法典》的规定，第一顺序继承人为配偶、父母、子女，并且为均等分。王先生刚结婚尚未有子女，因此身故保险金由其母亲和妻子均分。

（三）人身保险合同中的特殊条款

人身保险不同于财产保险，有一定的特殊性。下面简要介绍其中一些比较特殊的条款。

（1）投保人故意造成被保险人死亡、伤残、疾病的，保险人不承担给付保险金的责任。投保人已交足2年以上保险费的，保险人应当按照合同约定向其他权利人退还保险单的现金价值。受益人故意造成被保险人死亡、伤残、疾病的，或者故意杀害被保险人未遂的，该受益人丧失受益权。

> 思考讨论：为何2年后自杀，保险公司就承担给付保险金的责任呢？

（2）以被保险人死亡为给付保险金条件的合同，自合同成立或者合同效力恢复之日起2年内，被保险人自杀的，除被保险人自杀时为无民事行为能力人的情况外，保险人不承担给付保险金的责任，但应当按照合同约定退还保险单的现金价值。

（3）因被保险人故意犯罪或者抗拒依法采取的刑事强制措施导致其伤残或者死亡的，保险人不承担给付保险金的责任。投保人已交足2年以上保险费的，保险人应当按照合同约定退还保险单的现金价值。

（4）被保险人因第三者的行为而发生死亡、伤残或者疾病等保险事故的，保险人向被保险人或者受益人给付保险金后，不享有向第三者追偿的权利，但被保险人或者受益人仍有权向第三者请求赔偿，即保险人不享有代位求偿的权利。

（5）投保人解除合同的，保险人应当自收到解除合同通知之日起30日内，按照合同约定退还保险单的现金价值。

二、财产保险合同

财产保险合同是以财产及其有关利益为保险标的的保险合同。

（一）财产保险的保险利益

财产保险的保险标的是财产及其有关利益，因此，投保人或被保险人对其受到法律承认和保护的，拥有所有权、占有权和债权等权利的财产及其有关利益具有保险利益。

1. 财产保险利益的种类

财产保险利益是由投保人或被保险人对保险标的具有某种经济上或法律上的利益关系而产生的利益，包括现有利益、预期利益、责任利益、合同利益。

现有利益是投保人或被保险人对财产已享有且可继续享有的利益。

预期利益是因财产的现有利益而存在确实可得的、依法律或合同产生的未来一定时期的利益。

　　责任利益是被保险人对第三者的民事损害行为依法应承担的赔偿责任而导致的利益，因承担赔偿责任而支付赔偿金额和其他费用的被保险人具有责任保险的保险利益。它是基于法律上的民事赔偿责任而产生的保险利益，如被保险人对第三者的责任、职业责任、产品责任、公众责任、雇主责任等。

　　合同利益是基于有效合同而产生的保险利益。如在国际贸易中，卖方对已经售出的货物具有保险利益，当卖方将货物卖给买方，并已发运，但由于某种原因买方拒收货物，就会造成卖方损失利益。再如雇员对雇主的不忠实、债务人因种种原因不履行应尽义务，使权利人遭受损失，权利人对义务人的信用就存在保险利益。

2. 财产保险利益的存在

　　在财产保险中，不仅要求投保人或被保险人在订立保险合同时对保险标的具有保险利益，而且要求保险利益在保险合同有效期内始终存在，特别是在发生保险事故时，被保险人对保险标的必须具有保险利益。保险事故发生时，被保险人对保险标的不具有保险利益的，不得向保险人请求赔偿保险金。

3. 财产保险利益的转移和消灭

　　所有权人对自己所有的财产有保险利益，在其投保后的保险合同有效期内，所有权人如果将财产所有权转让给他人，则其由于丧失了与保险标的的利益关系而失去了保险利益，发生保险事故后，保险人将不予赔偿；新的财产所有权人在法律上被认为自动取代原投保人或被保险人的地位，保险合同继续有效，但必须向保险人申请变更投保人与被保险人，取得保险人的同意后无须重新投保，合同

> **知识点滴**
>
> **财产保险投保人的变更**
>
> 　　由于财产可以转让、继承，所以为遵循保险利益原则，在财产转让、继承后，合同投保人必须变更为新投保人，否则合同无效。

继续有效。此情况称为保险利益的转移。在财产保险中，保险利益发生转移的原因有继承、让与、破产等。

　　在财产保险中，如果保险标的灭失，保险利益即消失。

（二）财产保险标的的转让

　　若保险标的发生转让，保险标的的受让人继承被保险人的权利和义务，除货物运输保险合同和另有约定的合同外，被保险人或者受让人应当及时通知保险人。因保险标的的转让导致危险程度显著增加的，保险人自收到保险标的的转让通知之日起30日内，可以按照合同约定增加保险费或者解除合同。保险人若解除合同，应当将已收取的保险费，按照合同约定扣除自保险责任开始之日起至合同解除之日止应收的部分后，退还投保人。被保险人、受让人未履行通知义务的，因转让导致保险标的的危险程度显著增加而发生的保险事故，保险人不承担赔偿保险金的责任。

　　对于货物运输保险合同和运输工具航程保险合同，保险责任开始后，合同当事人不得解除合同。

（三）被保险人维护保险标的的安全的责任

　　被保险人应当遵守国家有关消防、安全、生产操作、劳动保护等方面的规定，维护保险标

的的安全。保险人可以按照合同约定对保险标的的安全状况进行检查，及时向投保人、被保险人提出消除不安全因素和隐患的书面建议。投保人、被保险人未按合同约定履行其对保险标的的安全应尽的责任的，保险人有权要求增加保险费或者解除合同。保险人为维护保险标的的安全，经被保险人同意，可以采取安全预防措施。

《保险法》第52条规定，在合同有效期内，保险标的危险程度显著增加的，被保险人应当按照合同约定及时通知保险人，保险人可以按照合同约定增加保险费或者解除合同。保险人解除合同的，应当将已收取的保险费，按照合同约定扣除自保险责任开始之日起至合同解除之日止应收的部分后，退还投保人。被保险人未履行前款规定的通知义务的，因保险标的危险程度显著增加而发生的保险事故，保险人不承担赔偿保险金的责任。

（四）保险金额与保险价值的确定

投保人和保险人约定保险标的的保险价值并在合同中载明的定值保险，保险标的发生损失时，以约定的保险价值为赔偿计算标准。投保人和保险人未约定保险标的的保险价值的，保险标的发生损失时，以保险事故发生时保险标的的实际价值为赔偿计算标准。保险金额是指保险人承担赔偿或者给付保险金责任的最高限额，保险金额与保险价值相等的保险称为足额保险，低于保险价值的保险称为不足额保险，高于保险价值的保险称为超额保险。保险金额不得超过保险价值。超过保险价值的，超过部分无效，保险人应当退还相应的保险费。保险金额低于保险价值的，除合同另有约定外，保险人按照保险金额与保险价值的比例承担赔偿保险金的责任。

> 思考讨论：保险金额为何不能超过保险价值？

【示例】 一艘保险价值为 100 万元的小船购买了保险金额为 80 万元的船舶保险，某日航行时该船触礁，造成船体破损，其修复费用为 30 万元。保险公司按照保险金额与保险价值的比例，应承担的赔偿费用为 24 万元。

（五）重复保险的处理

重复保险的投保人应当将重复保险的有关情况通知各保险人。重复保险的各保险人赔偿保险金的总和不得超过保险价值。除合同另有约定外，各保险人按照其保险金额与保险金额总和的比例承担赔偿保险金的责任。重复保险的投保人可以就保险金额总和超过保险价值的部分，请求各保险人按比例返还保险费。

（六）保险事故发生后防止或者减少保险标的的损失所支付的费用的处理

保险事故发生时，被保险人应当尽力采取必要的措施，防止或者减少损失。保险事故发生后，被保险人为防止或者减少保险标的的损失所支付的必要的、合理的费用，由保险人承担；保险人所承担的费用数额在保险标的的损失赔偿金额以外另行计算，最高不得超过保险金额。

（七）保险标的发生部分损失后的处理

保险标的发生部分损失的，自保险人赔偿之日起 30 日内，投保人可以解除合同；除合同另有约定外，保险人也可以解除合同，但应当提前 15 日通知投保人。合同解除的，保险人应当将保险标的未受损失部分的保险费，按照合同约定扣除自保险责任开始之日起至合同解除之日止应收的部分后，退还投保人。

保险事故发生推定全损或实际全损后，保险人已支付了全部保险金额，并且保险金额等于保险价值的，受损保险标的的全部权利归于保险人；保险金额低于保险价值的，保险人按照保险金额与保险价值的比例取得受损保险标的的部分权利。

（八）第三者对保险标的造成损害的处理

因第三者对保险标的的损害而造成保险事故的，保险人自向被保险人赔偿保险金之日起，在赔偿金额范围内代位行使被保险人对第三者请求赔偿的权利。被保险人已经从第三者取得损害赔偿的，保险人赔偿保险金时，可以相应扣减被保险人从第三者已取得的赔偿金额。保险人行使代位求偿权，不影响被保险人就未取得赔偿的部分向第三者请求赔偿的权利。

保险事故发生后，保险人未赔偿保险金之前，被保险人放弃对第三者请求赔偿的权利的，保险人不承担赔偿保险金的责任。保险人向被保险人赔偿保险金后，被保险人未经保险人同意放弃对第三者请求赔偿的权利的，该行为无效。被保险人故意或者因重大过失致使保险人不能行使代位求偿权的，保险人可以扣减或者要求返还相应的保险金。

除被保险人的家庭成员或者其组成人员故意造成的保险事故外，保险人不得对被保险人的家庭成员或者其组成人员行使代位求偿权。

保险人向第三者行使代位求偿权时，被保险人应当向保险人提供必要的文件和所知道的有关情况。

保险人、被保险人为查明和确定保险事故的性质、原因和保险标的的损失程度所支付的必要的、合理的费用，由保险人承担。

（九）责任保险的被保险人给第三者造成的损害的赔偿

责任保险是指以被保险人对第三者依法应负的赔偿责任为保险标的的保险。责任保险的被保险人给第三者造成损害，被保险人对第三者应负的赔偿责任确定的，根据被保险人的请求，保险人应当直接向该第三者赔偿保险金。被保险人怠于请求的，第三者有权就其应获赔偿部分直接向保险人请求赔偿保险金。

责任保险的被保险人给第三者造成损害，被保险人未向该第三者赔偿的，保险人不得向被保险人赔偿保险金。责任保险的被保险人因给第三者造成损害的保险事故而被提起仲裁或者诉讼的，被保险人支付的仲裁或者诉讼费用以及其他必要的、合理的费用，除合同另有约定外，由保险人承担。

（十）降低保险费率的条件

除合同另有约定外，当有以下两种情况时，保险人应当降低保险费率，并按日计算退还相应的保险费：①据以确定保险费率的有关情况发生变化，保险标的的危险程度明显减少的；②保险标的的保险价值明显减少的。

> **课外实践**
>
> 推荐通过以下网站查找更多案例，了解保险纠纷的判决依据。
>
> （1）中国银行保险报网首页→案例。
>
> （2）中国保险行业协会首页→服务平台→保险诉讼典型案例库。

（十一）提前解除合同的处理

保险责任开始前，投保人要求解除合同的，应当按照合同约定向保险人支付手续费，保险人应当退还保险费。保险责任开始后，投保人要求解除合同的，保险人应当将已收取的保险费，按照合同约定扣除自保险责任开始之日起至合同解除之日止应收的部分后，退还投保人。

本章小结及重难点解析

1. 保险有四大基本原则，分别是保险利益原则、最大诚信原则、损失补偿原则和近因原则。

保险利益是指投保人或者被保险人对保险标的具有法律上承认的利益。也就是说，保险标的安全，投保人或被保险人可以从中获益，保险标的受损，投保人或被保险人必然遭受经济损失。保险利益必须是合法的利益，必须是经济利益，必须是确定的利益。

保险利益原则在运用中，财产保险和人身保险的规定略有不同。在保险事故发生时，财产保险的被保险人对保险标的不具有保险利益的，不得向保险人请求赔偿保险金，而人身保险却无此项约定。

最大诚信原则是指保险合同当事人在订立保险合同时及在合同有效期内，应依法向对方提供影响对方决定是否缔约及缔约条件的全部实质性重要事实；同时绝对信守合同订立的约定与承诺。通常，最大诚信原则的履行是通过告知、保证、弃权与禁止反言来体现的。

当被保险人具有保险利益的保险标的遭受保险责任范围内的损失时，保险人对被保险人的经济损失给予补偿的数额以弥补被保险人因保险事故而造成的经济损失为限，禁止被保险人获得额外利益。损失补偿原则有代位与分摊两个派生原则。代位原则分为权利代位与物上代位。

近因原则常用来判别在事故发生过程中，哪一个原因是引起保险损害最有效的、起主导作用或支配作用的原因，用来帮助保险公司确定保险事故和判明保险责任。

2. 保险合同也称为保险契约，是投保人与保险人约定权利和义务关系的协议。投保人与保险人是合同的签约方，投保人享有保险条款的知晓权、要求履约权、解约权和变更权。被保险人是其财产或者人身受保险合同保障，享有保险金请求权的人。保险合同主体还有保单所有人、受益人等。受益人是由被保险人或投保人指定的享有保险金请求权的人。投保人必须是有完全民事行为能力的人，被保险人和受益人没有此要求。

3. 保险合同的条款分为基本条款和利益条款，保险合同的订立、履行、变更与终止都有特别的规定。

本章小结
（视频）

本章重难点解析
（视频）

4. 人身保险是以人的生命和身体为保险标的的保险。人身保险合同有很多特殊的条款，包括如何确定保险利益，被保险人年龄不真实的处理，合同的宽限期与复效、失效，投保死亡保险的限制，被保险人自杀的处理，受益人的规定，代位求偿权的使用等。

5. 财产保险是以财产及其有关利益为保险标的的保险。财产保险也有很多特殊的条款，包括如何确定保险利益、标的的转让规定、保险金额与保险价值的确定、重复保险的处理、被保险人维护保险标的的安全责任、保险事故发生后防止或减少保险标的的损失所支付的费用的处理、保险标的的发生部分损失后的处理、第三者对保险标的的造成损害时如何行使代位求偿权、责任保险的被保险人给第三者造成的损害的赔偿、降低保险费率的条件、提前解除合同的处理。财产保险的保险金请求权自保险事故发生之日起 2 年不行使而消灭。

习题

一、名词解释

保险合同　投保人　保险人　被保险人　保险事故　受益人　保险金额　再保险　保险利益　最大诚信原则　告知　保证　明示保证　默示保证　弃权　禁止反言　损失补偿原则　代位求偿　物上代位实际全损　推定全损　分摊原则　近因原则

二、单项选择题

1. 保险保障是通过（　　）的经济补偿来实现其职能的。

　A. 原物形式　　　　　　　　　　　　B. 实物形式

　C. 货币形式　　　　　　　　　　　　D. 实物形式与货币形式

2. 财产保险合同，要求投保人或被保险人对保险标的在（　　）。

　A. 投保时有保险利益即可　　　　　　B. 合同终止时有保险利益即可

　C. 投保时和出险时要有保险利益　　　D. 没有特殊要求

3. 人身保险的保险利益存在于投保时，这样规定的原因在于（　　）。

　A. 人寿保险具有储蓄性　　　　　　　B. 人寿保险的延续性

　C. 人身保险具有恒定性　　　　　　　D. 人身保险的不可计算性

4. 弃权是（　　）。

　A. 指投保人放弃他在保险合同中可以主张的某种权利

　B. 指投保人放弃他在保险合同中的某种权利，将来不再向他方主张这种权利

　C. 指保险人放弃他在保险合同中可以主张的某种权利

　D. 指合同一方放弃他在保险合同中可以主张的某种权利

5. 下列各项中，不属于人身保险利益条件的是（　　）。

　A. 为自己投保　　　B. 较疏远的家族关系　　　C. 血缘或法律关系　　　D. 经济利益关系

6. 近因是指在危险和损失之间，导致损失的（　　）。

　A. 第一因素　　　　　　　　　　　　B. 最后因素

　C. 直接原因　　　　　　　　　　　　D. 主导或有效的原因

7. （　　）不属于最大诚信原则的原因。

　A. 保险经营具有特殊性　　　　　　　B. 保险合同属于附和合同

　C. 保险合同具有射幸性　　　　　　　D. 有利于保障保险关系的实现

8. 损失补偿原则是由保险的（　　）决定的。

　A. 保证　　　　　B. 告知义务　　　　C. 经济补偿职能　　　　D. 代位求偿

9. （　　）是指保险金额与保险价值完全相等的保险合同。

　A. 定值保险合同　　　B. 定额保险合同　　　C. 足额保险合同　　　D. 超额保险合同

10. 按照保险合同标的的不同，保险合同可以分为（　　　）。

  A. 定额保险合同和损失补偿保险合同 B. 足额保险合同和不足额保险合同

  C. 人身保险合同和财产保险合同 D. 定值保险合同和不定值保险合同

11. 投保要约自（　　　）时生效。

  A. 填写完投保单所列事项 B. 认可保险人规定的保险费率和保险条款

  C. 如实回答保险人所需了解的重要情况完毕 D. 填写完成后的投保单送达保险人

12. 下列不属于财产保险合同的是（　　　）。

  A. 农业保险合同 B. 责任保险合同 C. 健康保险合同 D. 保证保险合同

13. 下列说法正确的是（　　　）。

  A. 合同一旦宣告成立，必生效 B. 合同意思表示真实即生效

  C. 不违反法律或者社会公共利益的合同生效 D. 合同的成立要件与生效要件是不同的

14. 下面不符合保险合同变更的要件的是（　　　）。

  A. 保险人单方不愿意继续履行保险合同

  B. 存在合法有效的保险合同

  C. 当事人约定或法律规定的保险合同变更条件出现

  D. 保险合同变更形式符合法定形式

15. 保险合同解约权人是保险人与（　　　）。

  A. 被保险人 B. 受益人 C. 投保人 D. 以上都不是

三、多项选择题

1. 保险适用的基本原则有（　　　）。

  A. 近因原则 B. 弃权与禁止反言原则 C. 最大诚信原则

  D. 损失补偿原则 E. 保险利益原则

2. 最大诚信原则要求（　　　）。

  A. 投保人向对方告知保险标的的所有重要事实 B. 保险人对投保人充分告知

  C. 对投保人没有特殊要求 D. 对保险人没有特殊要求

  E. 对投保人要求多一些，对保险人要求少一些

3. 最大诚信原则的具体内容有（　　　）。

  A. 告知 B. 默示保证 C. 弃权

  D. 明示保证 E. 禁止反言

4. 在许多情况下，由于受（　　　）的限制，赔偿额小于被保险人的实际损失。

  A. 保险金额与保险价值比例 B. 损失范围

  C. 定额保险方式 D. 保险公司经营范围

  E. 灾害普遍性

5. 一批价值14万元的货物向甲保险公司投保水渍险10万元，同时又向乙保险公司投保水渍险10万元。下列情况成立的有（　　　）。

  A. 如果损失14万元，甲保险公司赔付7万元，乙保险公司也赔付7万元

  B. 如果损失14万元，甲保险公司赔付10万元，乙保险公司也赔付10万元

  C. 如果损失14万元，甲保险公司赔付10万元，乙保险公司赔付4万元

D. 如果损失 14 万元，乙保险公司赔付 10 万元，甲保险公司赔付 4 万元

E. 如果损失 14 万元，甲保险公司赔付 14 万元，乙保险公司赔付 14 万元

6. （   ）等情况投保人无须告知。

  A. 保险人理应知道的常识、时事   B. 推定保险人应知道的

  C. 投保人经营变动趋势   D. 人人皆知的法律常识

  E. 标的风险降低的

7. 以保险标的的价值是否事先在保险合同中约定，保险合同可分为（   ）。

  A. 定额保险合同   B. 不定额保险合同   C. 定值保险合同

  D. 超值保险合同   E. 不定值保险合同

8. 保险合同订立应遵循（   ）等原则。

  A. 平等互利，协商一致原则   B. 自愿原则

  C. 合法原则   D. 保险利益原则

  E. 诚实信用原则

9. 我国《保险法》规定："（   ）知道保险事故发生后，应当及时通知保险人。"

  A. 投保人   B. 受益人   C. 保险代理人

  D. 保险人   E. 被保险人

10. 无权提出保险合同变更的是（   ）。

  A. 投保人   B. 受益人   C. 被保险人

  D. 保险人   E. 以上都对

四、案例分析题

某公司从国外某农场进口一批种子，价值 20 万元。为确保运输安全，该公司分别向国外甲公司和国内乙公司投保水渍险 10 万元和 20 万元（该公司先向甲公司投保）。因在海运中漏水，大部分种子发芽，估计损失达 15 万元。

1. 该公司投保的水渍险属于（   ）。

  A. 责任保险   B. 保证保险   C. 财产保险   D. 人身保险

2. 在投保过程中该公司重复保险，在补偿过程中应首先采用（   ）。

  A. 保险利益原则   B. 近因原则   C. 分摊原则   D. 代位求偿原则

3. 在采用分摊方式中的比例责任制方式处理补偿责任时，甲公司应赔偿损失费（   ）元。

  A. 5 万   B. 10 万   C. 15 万   D. 3 万

人身保险

【学习目标】

学会分析社会中存在的人身风险，掌握人身保险的概念与特征；掌握人身保险的保障范围与基本类型，理解人身保险产品的特点与基本条款；了解人身保险的基本规律，提升识读人身保险产品的能力。

【案例导入】

李雯生活在一个幸福的家庭，父亲在某房地产公司任项目经理，收入颇丰，是全家的顶梁柱。母亲没有工作，长期在家中料理家务。家中还有奶奶需要赡养，李雯则在上大学。而这所有的幸福在 2019 年 11 月 28 日结束了，母亲持续发烧一个月，经专家会诊，确诊为急性粒细胞白血病，而母亲没有任何医疗保障，高额的医疗费用全部要由家庭支付。父亲为了挣更多的钱来支付医疗费，每天加班加点工作。不幸的事再次发生了。2021 年 2 月 2 日，李雯的父亲在施工工地被从天而降的一根钢筋砸中头部，经抢救无效死亡。全家唯一的经济支柱倒了，李雯的学费没有了来源，奶奶和母亲的生活费、医疗费也无法解决，一下子整个家庭陷入了困境。李雯顿时觉得未来全家的重担全部压在了自己的肩上。在绝境中，她多么盼望有人来帮助她渡过难关：帮她支付学费完成学业，帮母亲支付医疗费用，给年迈的奶奶提供养老金……她在思考：有什么办法能在这类事件发生前予以防范，在发生后得到补偿呢？你能帮李雯想出办法吗？

点评： 如果李雯的父亲购买了意外伤害保险，母亲购买了重大疾病保险，奶奶购买了养老保险，李雯购买了教育金保险，则所有的困难都可以克服。

第一节　人身保险概述

一、人身保险的含义与特点

人身保险是保险中的一个大类，具有许多特有的规律。品种繁多的人身保险产品为人们提供了充分的风险保障。

1. 人身保险的含义

人身保险 是以人的生命或身体为保险标的，当被保险人在保险期间内发生死亡、伤残和疾病等事故或生存至规定年龄期限时，保险人依照合同约定承担给付保险金责任的保险。

从上述定义中可以看出，人身保险有以下三个基本特点。

一是人身保险的保障对象是人的生命。人的生命是以生存或死亡为存在状态的，即人不是生存就是死亡。生存需要生活费用，尤其是在衰老、丧失劳动能力之后，需要有足够的资金。死亡则会丧失对扶（抚）养人口的扶（抚）养能力，所以需要有足够的资金使扶（抚）养人口免于陷入困境，生活得以继续。

二是人身保险的保障对象是人的身体。人的身体可能会出现疾病、伤残等状态，当人罹患疾病或因疾病或意外事故造成伤残后，需要费用来治疗，使身体康复。

三是由于保险是依据保险合同来承担保险责任的，所以只有在保险合同规定的保险期间内发生合同约定的保险事故，才可以获得保险赔偿或给付。

因此，人身保险就是人们在日常生活和工作中，在遭受保险合同约定的生、老、病、死、伤、残事故时，由保险人给付保险赔偿金的保险。

2. 人身保险的特点

人身保险除了具有保险的基本特点之外，还具有许多其他特点。

（1）承保风险的特殊性。人身保险承保的风险是死亡率和疾病发生率，而死亡率和疾病发生率受很多因素的影响，如人的年龄、性别、职业、环境、家族遗传病史等，较为复杂，并且死亡率和疾病发生率也会随着经济发展、医疗水平和生活水平的变化而改变。

（2）保险标的的不可估价性。人身保险的保险标的是人的身体和生命，而人的身体和生命很难用货币来衡量其价值。在保险实务中，人身保险的保险金额就是出险后给付的限额，保险金额是由保险合同签约双方当事人即投保人与保险人约定后确定的。

（3）保险金额的定额给付性。人身保险金的给付是按照约定的保险金额进行定额给付的（不包括健康保险中的医疗保险和收入损失保险）。人身保险不适用损失补偿原则，不存在比例分摊和代位求偿的问题，也没有重复投保、超额投保和不足投保的问题。

> 思考讨论：如何给人的生命定价？

（4）保险利益的特殊性。由于人身保险的保险标的是无价的，因此人身保险的保险利益是无限的。在人身保险中，保险利益只是订立保险合同的条件，并不是维持保险合同效力与保险人给付保险金的条件。只要投保人在投保时对被保险人具有保险利益，即使以后投保人与被保险人的关系发生了变化，也不影响保险合同的效力。

（5）保险期限的长期性。人身保险合同特别是人寿保险合同往往是长期合同，短则数年，长则终身。保险费会受利息、通货膨胀、费用率等因素的影响，而保险给付又受死亡率的影响。所以保险公司对长期的人身保险合同都有预定利率、死亡率、费用率。

（6）保险的储蓄性。对于投保人而言，人身保险的保险费不仅可以获得保险保障，还可以收回全部或部分保险金额，回报大于投资，所以具有储蓄性。

二、人身保险的种类

人身保险在实际运用中有多种分类方法，常见的有以下几种。

1. 按照保障范围划分

人身保险按照保障范围可分为人寿保险、人身意外伤害保险、健康保险。

人寿保险是以被保险人生存或死亡为给付保险金条件的人身保险。人寿保险所承保的风险可以是生存，也可以是死亡，还可以同时承保生存和死亡。即投保人可以约定在某一时间或期限，若被保险人尚生存则可获得保险给付；也可以约定被保险人若生存不到约定的时间或期限，被保险人的受益人可获得保险给付；还可以约定被保险人生存或不能生存至约定的时间或期限均可获得保险给付。养老保险就是生存险中的一种，它在人寿保险中占有很大的比例，因为每个人都需要养老保障。

人身意外伤害保险简称意外伤害保险，是以被保险人因遭受意外伤害事故造成死亡或残疾为保险给付条件的人身保险。由于意外伤害事故发生率低，所以意外伤害保险保险费低，只需付少量的保险费就可获得高额保障，且投保简便，无须体检，是比较受欢迎的保险。但意外伤害保险必须受伤至死亡或残疾才可获得保险赔偿。仅仅由于意外伤害事故受伤而达不到残疾的标准则不属于意外伤害保险的赔偿范围，而属于健康保险的赔偿范围。

健康保险是以被保险人在保险期内因患病所发生医疗费用支出或因疾病所致残疾或死亡时，或因疾病、伤害不能工作而收入减少时，或因疾病导致残疾需要长期护理时，由保险人负责给付保险金的人身保险。健康保险承保的是人的不健康造成的损失和风险，保险责任包括医疗、疾病、收入补偿、长期护理四大类。由于人的一生都可能伴随着疾病，生病之后都希望能重新获得健康，所以健康保险是最受欢迎的保险之一。健康保险的产品也呈现出多样化的趋势。

2. 按照保险期限划分

人身保险按照保险期限可分为长期保险与短期保险。**长期保险**是指保险期限超过 1 年的保险。**短期保险**是指保险期限在 1 年以内（含 1 年）的保险。

人寿保险一般长期保险较多，最长的保险是终身保险，即一直承保至被保险人身故为止。意外伤害保险以短期保险居多，一个飞机航程、一次旅游皆可承保。健康保险中的疾病保险以长期保险居多，而医疗保险和收入损失保险以短期保险居多。

3. 按照投保方式划分

人身保险按照投保方式可分为个人保险与团体保险。

个人保险是指一张保险单只为一个人提供保障的保险。个人保险即保险单中的被保险人为一个人的保险。

团体保险是指一张保险单为某一团体成员提供保障的保险。团体保险即保险单中的被保险人为数人的保险。

投保团体保险的团体需满足一定的条件，例如：参保人数必须达到团体人数的 75% 以上；最小的团体不得少于 3 人；被保险人必须是能参加全日制工作的人员；团体不得是以取得保险金为目的而组织起来的团体等。团体保险由于营销费用和管理费用较低，所以保险费低于个人保险。

4. 按照保险单是否分红划分

人身保险按照保险单是否分红可分为分红保险与不分红保险。

分红保险是指保险单除提供风险保障之外，还能够获得保险公司经营成果和投资收益的保险。**不分红保险**是指保险单只提供风险保障的保险。

一般来说，分红保险由于可能获得保障之外的收益，保险费高于不分红保险。保险公司将定期公布每份保险单获得的收益，以红利的形式分配给投保人。由于这种收益不是确定收益，而是以保险公司每年的实际收益为准，所以为浮动收益。

5. 按照被保险人的风险程度划分

人身保险按被保险人的风险程度可分为标准体保险、次标准体保险、完美体保险。

标准体保险是指被保险人的风险程度属于正常标准范围，可以按标准费率承保的人身保险。

次标准体保险又称弱体保险，是指由于被保险人风险程度较高，不能按照标准费率承保的人身保险。对于次标准体的被保险人，保险公司可采取附加条件承保或拒保的措施以分散风险。

完美体保险是指由于被保险人风险程度较低，不需要按照标准费率承保，而可以按照更为优惠的费率承保的人身保险。在保险实务中，很少有人获得此费率。

> **思考讨论**：为何要将被保险人按照风险程度划分？

6. 按照被保险人的年龄划分

人身保险按照被保险人的年龄可分为成年人保险和未成年人保险。

成年人保险是指按照一国法律规定，以超过一定年龄、有完全民事行为能力的人为被保险人的人身保险。

《民法典》规定，成年人是指年满18周岁的自然人。成年人为完全民事行为人，可以独立实施民事法律行为。在保险实务中，投保人必须是成年的自然人或法人，而被保险人可以不是成年人。

未成年人保险是指按照一国法律规定，以未达到成年人年龄、不具有完全民事行为能力的人为被保险人的人身保险。

《民法典》规定，未成年人是指未满18周岁的自然人。无民事行为能力和限制行为能力的自然人作为被保险人需要由监护人代签名后，保险单方可生效。为保护未成年人的生命安全，我国《保险法》特别规定，投保人不得为无民事行为能力的人投保以死亡为给付保险金条件的人身保险。父母为其未成年子女投保死亡保险的保险金额总和不得超过国务院保险监督管理机构规定的限额。

三、人身保险的作用

随着社会的变迁和人们生活水平的提高，现代社会已经离不开人身保险。它不仅对个人和企业有很好的保障作用，而且对社会的稳定也发挥着巨大的作用。

1. 对个人和家庭的作用

人身保险除了可以让人们在生、老、病、死、残时获得经济补偿外，按照国际惯例，保险赔偿金还可以让人们免交各种税收。许多人身保险产品都具有分红与投资功能，这使人身保险具有了更多的理财功能。在本章开头的案例中，如果李雯的父亲购买了意外伤害保险，母亲购买了重大疾病保险，奶奶购买了养老保险，李雯购买了教育金保险，那么，当意外发生时，全家就能够克服困难。

2. 对企业的作用

企业要想留住优秀的员工，提供高福利是重要的手段之一。人身保险作为福利的重要组成部分，能为员工提供一定的经济保障，已成为众多企业的福利选项。它对企业的作用体现在以下几个方面。

（1）分担企业对员工的人身风险责任。企业对员工退休、患病、负伤、因公致残、失业、生育、死亡有给付保障待遇的责任。一般企业很难承担上述责任，只有依靠保险来解决。

（2）增加员工福利，提高企业吸引力。企业要想吸引人才，需要提供令人满意的劳动报酬、充分的发展机会、良好的工作环境和人际关系环境、较多的培训机会等多方面条件。除此之外，提高员工养老金待遇和增加医疗救治费用等员工福利也是企业吸引人才的举措，能进一步免除企业员工的后顾之忧。所以很多企业将购买保险作为奖励优秀员工的方法。

（3）补偿企业重要员工死亡或伤残所带来的损失。高层管理人员、技术人员、营销人员是各企业的重要员工，他们的死亡或伤残将给企业带来重大的损失，而要弥补可能造成的损失，有效解决这一问题，为这类人群购买保险是最好的办法。

3. 对社会的作用

小家平安则社会和谐，当人人都拥有充分的人身保障后，则可实现安居乐业、国泰民安。具体来说，人身保险对社会有以下几项作用。

（1）有助于社会安定团结。老有所养，病有所医，小家平安则社会安定、和谐。人身保险的保障作用可以解除人们的后顾之忧，有利于社会稳定。

（2）有利于社会就业的扩大。保险行业并不消耗任何资源和能源，而人身保险在世界各国大多采用保险代理制度进行销售，所以保险行业可吸纳众多的人口就业，又不会造成环境污染和能源紧缺。

> **思考讨论：** 你身边有谁需要人身保险？

（3）是资本市场重要的资金来源。由于人身保险可以采用分期付款的方式交费，同时保险期间较长，有的保险期间甚至是终身，所以大量的保险费存积在保险人手中，已成为各国资本市场重要的资金来源。

四、人身保险的标准条款

为使人身保险公司采用的保险条款相对规范和统一，很多国家都通过立法规定了一些标准条款，要求保险人在设计人身保险产品时必须执行。以下条款已成为我国《保险法》对人身保险合同规定的标准条款。

（一）宽限期条款

人寿保险合同多为长期合同，交费期长达数十年，在这个漫长的过程中，不可避免地会出现投保人因遗忘、出差、经济困难等原因未能按期交费的情况。为使投保人不因未按期交费造成保险单失效，保险合同中约定分期支付保险费，投保人支付首期保险费后，自投保人应交纳续期保险费之日起计算，自保险人催告之日起超过 30 日未支付当期保险费或超过规定的期限 60 日未支付当期保险费的，合同效力中止；合同中止前被保险人在规定期限内发生保险事故的，保险人应当按照合同约定给付保险金，但可以扣减欠交的保险费。

宽限期条款是分期交费的人寿保险合同中不因投保人延期交费而失效的规定。也就是说，当投保人未按时交纳续期保险费后的 60 天宽限期内，保险合同依然有效；自投保人应交续期保险费的当日起计 60 天为宽限期，宽限期内若发生合同约定的保险事故，保险人依然要承担保险赔付责任。若投保人过了 60 天宽限期仍未交纳保险费，保险合同将中止，即过了宽限期发生保险合同约定的保险事故，保险人不再承担保险责任。

在保险实务中，保险公司客户服务人员会提前致电或致信通知投保人按期交费，以防保险单失效。宽限期条款给予了投保人更多的弹性交费空间，并且以法律的形式予以保证。

（二）复效条款

复效条款的基本内容是，人寿保险合同中，投保人未能按期交纳保险费且过了宽限期导致保险合同中止失效，自合同中止之日起 2 年内，投保人可以向保险人申请合同复效，以恢复保险单效力，但合同是否能够复效需经过保险人审核同意，即使审核同意还需补交失效期间的保险费及利息，经投保人与保险人协商达成协议，保险合同才能恢复效力。保险合同复效后，保险人对于失效期间发生的保险事故仍然不承担保险金给付责任，只承担保险合同复效后的责任。若不能达成协议则合同解除。

复效条款既保护了投保人的利益，同时也授予了保险人复效决定权。若保险人不同意复效，保险人有权解除保险合同，则保险合同过了宽限期后就彻底失效了。根据《保险法》的规定，即使保险单失效，保险单也不丧失保险合同的现金价值，在保险合同解除时，保险人应当退还保险单现金价值。

（三）不丧失价值条款

不丧失价值条款的基本内容是长期寿险合同的投保人享有保险单现金价值的权利不因保险合同效力中止而丧失。也就是说，即使保险单失效了，保险单上现金价值的所有权仍归投保人所有。

投保人不丧失保险单现金价值的原因是长期寿险需要不断地交费，保险费会逐年增加，在交纳一定年限之后，都具有一定量的现金价值，且现金价值会随着保险费的增加而增加，如同储蓄存款一样，为投保人所拥有。在保险实务中，长期寿险的保险合同已将每年的保险单现金价值列表明示，以便投保人退保前予以选择。

【问与答】

问：如何处理保险单现金价值？

答：保险单现金价值有多种处理办法：①解除合同，收回现金价值，又称退保；②用现金价值自动垫交保险费；③减少保险金额，交清后续保险费；④缩短保险期限，夏交保险费；⑤以现金价值作为抵押申请保单贷款。

（四）年龄误报条款

被保险人的年龄是保险人厘定费率的重要依据，也是判断能否承保的条件。投保人在申请投保时，应履行最大诚信原则，如实填写被保险人的真实年龄。虽然保险合同规定必须使用公历历法，即填写年龄时，应填写周岁，但由于我国存在农历和公历两种历法，所以仍有不少人将自己的年龄填错。常见的错误有以下两种。

> **思考讨论**：为何对年龄误报要有特别的规定？

1. 真实年龄不符合合同约定的年龄限制

投保人申报的被保险人年龄不真实，并且其真实年龄不符合合同约定的年龄限制的（真实年龄超出了该合同规定的被保险人年龄区间），根据《保险法》的规定，保险人可以解除合同，并按照合同约定退还保险单的现金价值。

保险人的合同解除权，自保险人知道有解除事由之日起，超过30日不行使则该权利消灭。自合同成立之日起超过2年的，保险人不得解除合同；发生保险事故的，保险人应当承担赔偿或者给付保险金的责任。保险人在合同订立时已经知道投保人未如实告知的情况的，保险人不得解除合同；发生保险事故的，保险人应当承担赔偿或者给付保险金的责任。

2. 真实年龄符合合同约定的年龄限制

真实年龄符合合同约定的年龄限制，即真实年龄符合该合同的被保险人年龄区间，但被保险人的年龄填写错误。

根据《保险法》的规定，投保人申报的被保险人年龄不真实，致使投保人支付的保险费少于应付保险费的，保险人有权更正并要求投保人补交保险费，或者在给付保险金时按照实付保险费与应付保险费的比例支付。投保人申报的被保险人年龄不真实，致使投保人支付的保险费多于应付保险费的，保险人应当将多收的保险费退还投保人。

（五）受益人条款

受益人是由被保险人或投保人指定，在被保险人死后享有保险金请求权的人。受益人不能在被保险人生存时向保险人索取保险金。投保人指定受益人时须经被保险人同意。投保人为与其有劳动关系的劳动者投保人身保险，不得指定被保险人及其近亲属以外的人为受益人。

被保险人为无民事行为能力人或者限制民事行为能力人的，可以由其监护人指定受益人。被保险人可以指定一人或者数人为受益人。受益人为数人的，被保险人或者投保人可以确定受益顺序和受益份额；未确定受益份额的，受益人按照相等份额享有受益权。

被保险人或者投保人可以在合同有效期内变更受益人，但必须书面通知保险人。保险人收到变更受益人的书面通知后，应当在保险单或者其他保险凭证上批注或者附贴批单，以记录和确认变更的内容和时间。

【问与答】

问：保险金在什么情况下可以作为被保险人的遗产？

答：略，见第二章第三节。

为防止道德风险，受益人故意造成被保险人死亡、伤残、疾病的，或者故意杀害被保险人未遂的，该受益人丧失受益权。

相关案例
不能判明是否为自杀的能否获得保险公司的赔偿

（六）自杀条款

为防止道德风险，《保险法》第44条规定，以被保险人死亡为给付保险金条件的合同，自合同成立或者合同效力恢复之日起2年内，被保险人自杀的，保险人不承担给付保险金的责任，但被保险人自杀时为无民事行为能力人的除外。保险人依照前款规定不承担给付保险金责任的，应当按照合同约定退还保险单的现金价值。

【问与答】

问：为何将2年作为自杀赔付与否的界限？

答：专家经过研究发现，一位有自杀倾向的人，将自杀念头保持到2年后再去实施的可能性不大，所以确定 2 年为界限。

（七）不可抗辩条款

不可抗辩条款又称"不可争议条款"，此条款规定，从保险单生效之日起满 2 年后，保险人不得以投保人或被保险人于投保时的故意隐瞒、过失、遗漏或不实说明为由解除保险合同或主张合同自始无效。也就是说，保险人有 2 年的时间来调查投保人或被保险人的诚信情况。在保险合同签订后的 2 年内，保险人若发现投保人或被保险人未履行最大诚信原则，保险人可以解除保险合同；但 2 年之后，保险人则丧失此项权利。

不可抗辩条款也适用于复效后的保险单，即复效后的保险单经过 2 年后，保险人不得以违反最大诚信原则为由解除保险合同。不可抗辩条款的本意是对投保人、被保险人及受益人的保护，但在保险实务中，由于道德缺失，发生了不少投保人故意隐瞒事实、故意不履行如实告知义务的保险欺诈事件。而不可抗辩条款的存在，对保险人的经营管理和风险防范提出了更高的要求，大多数保险人在承保审核时都加大了对投保人和被保险人的考察力度，同时也加强了对保险代理人的管理。

> 思考讨论：不可抗辩条款是为了保护谁？

（八）保险单贷款条款

人寿保险单经过一定的时间后都具有保险单现金价值，根据不丧失价值条款，保险单现金价值归投保人所有，因此当投保人确有需要时，可以以现金价值作为抵押，向保险公司申请抵押贷款。贷款金额一般低于保险单现金价值，约为保险单现金价值的 70%~80%；贷款期限较短，一般不超过 1 年。贷款将按规定的利率征收利息，当贷款本利达到保险单现金价值时，投保人应按保险人的通知还清款项，否则保险单将失效。此种失效一般不得申请复效，因为相当于投保人领取了退保金。当被保险人或受益人领取保险金时，若贷款本息尚未还清，保险人将从保险金额中扣除贷款本息。关于保险单可以抵押贷款的条款，我国并未立法。也不是所有的保险单都可以贷款，是否可以贷款需要在订立保险合同时在合同中约定。

> 思考讨论：保险单贷款与银行贷款有何区别？

（九）保险费自动垫交条款

保险费自动垫交条款是指当保险单经过一定的时间具有保险单现金价值后，若投保人过了宽限期仍未按期交纳保险费，保险单的现金价值足以垫交应交保险费时，保险人将按合同约定自动将现金价值垫交当期保险费，以使保险单不失效。若被保险人在垫交期间发生保险事故，保险人应从给付的保险金中扣除垫交的保险费。关于保险单自动垫交保险费的条款，我国并未立法。也不是所有的保险单都可以垫交保险费，是否能够垫交需要在订立保险合同时由投保人与保险人在合同中约定。保险费自动垫交条款的目的是降低保险单失效率，保证保险单续保率。

（十）红利任选条款

红利任选条款仅限于分红保险。如果投保人购买的是分红保险，便可享受分配红利的权利。

【问与答】

问：保险单红利有哪些处置方式？

答：红利条款规定了红利处置的多种方式：①领取现金，即投保人直接领取现金红利；②累积生息，即将红利存放在保险公司累积按复利计算利息；③抵交续期保险费，即若红利足够交纳当期保险费，可以冲抵当期保险费；④购买定期寿险，即以红利购买1年期的定期寿险；⑤提前满期，即当红利足够交清保险单未来所有的保险费时，投保人可以将红利作为保险费一次性交清所有保险费。

第二节 人寿保险

人寿保险是人身保险中最主要且历史最悠久的险种类别，尤其是其中的生存保险可提供终身的养老保障，已成为人人都需要的险种。人寿保险分为死亡保险、生存保险和两全保险。

一、人寿保险的特征和经营特点

1. 人寿保险的主要特征

人寿保险除具有人身保险的承保风险的特殊性、保险标的的不可估价性、保险金额的定额给付性、保险利益的特殊性、保险期限的长期性、保险的储蓄性之外，还具有精算技术的特殊性。

【问与答】

问：影响人寿保险费率的因素有哪些？

答：人寿保险由于保险期间较长，在计算保险费率和保险责任准备金时要考虑利息因素、期望寿命、年龄、性别、职业、健康状况、体格、居住环境、家族遗传病史等多种因素，要依据生命表、利率表等特殊的计算方法来完成。

经过数十年的发展，人寿保险已形成了一套专用的计算技术——寿险精算学。一些国家将保险业务分为寿险和非寿险两大类，主要考虑到人寿保险使用的是一种特殊的精算技术，与其他险种的精算技术差异较大。

2. 人寿保险的经营特点

相对于其他人身保险产品而言，人寿保险的经营具有以下特点。

（1）非渴求性。人寿保险提供的是过早死亡或养老需求的风险保障，是保障未来可能发生风险的责任，并不是每一个人都对其有迫切的需求，所以人们不会轻易主动购买。

（2）定制性。由于人寿保险产品较为复杂，需要为顾客量身定做，在人寿保险的销售中，常采用上门推销的方式。为数众多的保险代理人就是完成这一重要任务的职员。所以，保险产品的销售过程也是保险产品为顾客"定做"的制作过程，它们是完全同步的。

相关案例

骑共享单车出意外能获赔吗？

（3）经营风险大。投保人交纳的庞大保险费收入将作为未来的保险赔付资金，因此需要确保资金的安全。该笔资金实际是保险人对被保险人的负债，寿险公司收取的保险费越多，所承担的风险越大，经营风险也就越大。

（4）服务期限长。由于人寿保险可以选择分期付款，有续期保险费交纳的问题，加之保险期间较长，所以人寿保险的服务贯穿售前、售中、售后整个保险过程。从销售时的保险产品选择、保险合同签订、首期保险费交纳，到续期保险费交纳通知、红利分配通知，直至保险理赔的各环节均须提供专业的服务。所以保险服务对保险工作人员素质要求较高。

二、死亡保险

<u>死亡保险</u>是指以被保险人的死亡为给付保险金条件的保险。当被保险人未能生存至合同约定的时间或期限时，保险公司将按合同约定的保险金额予以给付。由于此时被保险人已死亡，保险赔偿金将给付被保险人生前指定的受益人。若被保险人未指定受益人，则保险金将作为被保险人的遗产按照《民法典》的继承法予以分配。若被保险人到了合同约定的时间或期限尚生存，则保险公司不予赔付，也不退还保险费（合同有约定的除外）。死亡保险分为定期死亡保险和终身死亡保险。

1. 定期死亡保险

定期死亡保险简称"定期寿险"，是一种当被保险人在合同约定的保险期限内发生死亡事故，由保险人负责给付被保险人指定的受益人保险金的保险。若被保险人在合同约定的保险期限届满时仍然生存，保险人无给付义务，也不退还保险费，合同即行终止。

合同约定的期限可以是 5 年、10 年或 20 年等以年数表示的期限，也可以是至被保险人 20 岁、30 岁、40 岁、50 岁等以年龄表示的期限。由于正常情况下，死亡的人数远少于生存的人数，所以死亡保险的保险费较低而保险给付金较高。对被保险人而言，定期寿险最大的优点是可以用低廉的保险费获得一定期限内较大的保险保障；不足之处在于当保险期限届满时仍生存，则得不到任何给付，也取不回交纳的保险费。

> 思考讨论：保险公司如何从死亡保险中赢利？

【问与答】

问：定期死亡保险适合哪些人群购买？

答：该险种适合在家庭中收入较高又承担较重家庭责任的人群或承担危险工作的人群购买。

2. 终身死亡保险

终身死亡保险简称"终身寿险"，是一种不约定保险期限的死亡保险，自合同生效起至被保险人死亡为止。也就是说，终身寿险中，保险人对被保险人要终身负责，无论被保险人何时死亡，保险人都要给付保险金。由于人终有一死，所以该保险金一定能够被被保险人指定的受益人领取到，只是何时领取的问题，所以终身寿险的保险费高于定期寿险。

三、生存保险

<u>生存保险</u>是以被保险人的生存为给付保险金条件的人寿保险。被保险人在保险期届满或达到合同约定的年龄时仍然生存，保险人负责给付保险金。被保险人中途死亡，保险人既不给付保险金，也不退还已交的保险费。生存保险可以使被保险人到了一定时期后领取一定数额的保

思考讨论： 生存保险与养老保险有何关系？购买终身死亡保险有何意义？

险金，以满足日后的生活需要。生存保险金以年金的方式给付就是年金保险，如养老保险。

生存保险是投保人储蓄、保险人聚集所有投保人资金的过程，被保险人期满所得的保险金除了自己交纳的保险费外还包括期内死亡者放弃的那部分保险费及其利息。生存保险费的厘定较为复杂，需要考虑预期寿命、利息、死亡率等众多参数。

四、两全保险

两全保险也称"生死合险"，即生存保险与死亡保险的结合。它是指被保险人在保险期间内死亡或保险期满时尚生存，保险人均给付保险金的人寿保险。该险种既可保障被保险人退休后的生活需要，又可以解除被保险人死亡给家庭生活带来的后顾之忧。由于保障全面，所以两全保险的保险费较单独的生存保险或死亡保险高。

五、团体人寿保险

团体人寿保险是指一份保险合同为一个团体中的多个被保险人提供保障的人寿保险。团体人寿保险有以下特点。

（1）被保险人拥有一份共同的总保险合同，保险单的投保人一般为雇主。

（2）由于营销费用和管理费用低，费率低于个人保险费率。

（3）保险人更关注团体的可保性，不太计较个人的可保性。

（4）保险费的厘定根据行业特征及以往理赔数据使用经验费率法。

（5）投保的团体必须满足一定的条件，包括投保的团体不能是单纯以取得保险金为目的而组织起来的；团体中参保人数不得低于团体人数的75%；最小的团体总人数不得低于3人；被保险人必须是能够全日制工作的在职人员并符合健康标准。

（6）由于团体成员有流动性，所以团体保险的被保险人在保险期间内允许增减。

（7）免体检。

思考讨论： 团体保险费率为何比个人保险费率低？

六、人寿保险常见产品种类

人寿保险根据客户需求不同可设计出不同的产品，品种繁多，但大致可分为定期寿险、终身寿险、生存保险、年金保险、两全保险几大类（年金保险在第五章中介绍）。

（一）定期寿险

定期寿险突出对被保险人抚养人口的保障。定期寿险在保险实务中会以多种形态出现：①普通定期寿险，以年数表示期限；②特殊定期寿险，以特定年龄表示期限；③平准式定期寿险，即被保险人在保险期间内任何时候死亡，受益人领取的保险金均相同；④递减式定期寿险，即受益人领到的保险金随着保险单年数的增加而递减；⑤递增式定期寿险，即受益人领到的保险金随着保险单年数的增加而递增；⑥每年更新的定期寿险，即每年签发新的保险单，按新的年龄收取保险费，年龄越大，保险费越高。

（二）终身寿险

终身寿险的保障期限长至终身。终身寿险在保险实务中分为以下几种：①普通终身寿险，是指终身分期交付保险费的终身寿险（一直交费至被保险人死亡）；②限期交费终身寿险，是指保险费在规定期限内分期交付，期满后不再交付，但仍享受终身保障的终身寿险；③趸交终身寿险，是指在投保时一次交清全部保险费的终身寿险。

（三）生存保险

生存保险在保险实务中会以多种形态出现，常见的有定期年金和终身年金，即期年金和延期年金，有保证年金和无保证年金，个人年金、联合年金和联合生存者年金，定额年金和变额年金。

1. 定期年金和终身年金

定期年金是指以被保险人在规定期限内生存为给付条件的年金保险。若期限届满或被保险人在约定的期限内死亡，则保险人停止给付保险金。

终身年金是指年金的给付没有期限的规定，保险人给付年金至被保险人死亡为止的年金保险。

2. 即期年金和延期年金

即期年金是指投保后立即开始领取年金，其年金现价采取趸交的形式的年金保险。

延期年金是指在保险合同成立投保人完成保险费交纳后，保险人经过一定时期后才开始给付保险金的年金保险。（有时有等待期）

3. 有保证年金和无保证年金

有保证年金是为防止年金领取人过早死亡、丧失领取年金的权利而设计的一种年金保险。无保证年金是指被保险人死亡或合同期满即停止给付年金的年金保险。

有保证年金分为期间保证年金和金额保证年金。期间保证年金是指无论被保险人寿命长短，年金的给付都有一个保证期，在保证期内，被保险人若死亡，保险人继续给付年金至保险期满为止。金额保证年金是指保证被保险人能领回其所交的年金现价，若被保险人死亡时未领足，由受益人继续领取直至领足为止。

金额保证年金又可分为退还现款年金和分期退款年金。退还现款年金是指年金现价减去已付年金的余额一次性以现金方式退还给受益人。分期退款年金是指将余额以年金的方式支付给受益人。

4. 个人年金、联合年金和联合生存者年金

个人年金是指以一个被保险人的生存作为给付条件的年金保险。

联合年金是指以两个或两个以上被保险人的生存作为给付条件的年金保险。当其中一个被

保险人死亡时，合同终止。

联合生存者年金是指以两个或两个以上被保险人中至少还有一个人生存作为给付条件的年金保险。当被保险人最后一个生存者死亡时，合同终止。

5. 定额年金和变额年金

定额年金是指在每一个给付周期中，年金受领人领取的年金额都相等的年金保险。

变额年金是指在每一个给付周期中，年金受领人领取的年金额都有所不同的年金保险。

（四）两全保险

在保险实务中，两全保险常出现以下形态：①普通两全保险，是指不论被保险人在期内死亡还是期满生存，保险人给付的保险金均相同的保险；②生存双倍两全保险，是指被保险人生存至期满，保险人给付保险金的两倍，在期内死亡，则只给付保险金的一倍（侧重生存保障）的保险；③死亡多倍两全保险，是指被保险人生存至期满，给付一倍保险金，在期内死亡，则按保险金的多倍进行给付（侧重死亡补偿）的保险。

第三节　健 康 保 险

健康保险是每个人都需要的保险，它承保的是人的不健康造成的损失和风险，主要包括医疗保险、疾病保险、收入补偿保险、长期护理保险等四大险种。

一、健康保险概述

健康保险是以被保险人在保险期内因患病所发生医疗费用支出或因疾病所致残疾或死亡时，或因疾病、伤害不能工作而收入减少时，因疾病导致残疾需要长期护理的费用时，由保险人负责给付保险金的一种保险。

1. 健康保险的责任

健康保险主要承担以下责任：①疾病或意外伤害所发生的医疗费用（医疗保险）；②疾病或意外伤害所造成的收入损失（收入补偿保险）；③因疾病导致残疾需要长期护理的费用补偿（长期护理保险）。

可以看出，健康保险的保险责任与被保险人面临的健康风险是密切相关的。一般而言，被保险人主要面临三类健康风险：一是因疾病需要看门诊、做手术、住院治疗，从而需花费大量医疗费用而无法承担的风险；二是因疾病无法工作而造成收入损失的风险；三是因疾病造成残疾，生活不能自理需要长期护理所产生高额护理费用的风险。

2. 健康保险承保疾病的条件限制

健康保险承保的疾病是有条件限制的，并不是什么疾病都可承保。健康保险承保的疾病是指由于人体内在的原因而造成精神上或肉体上的痛苦或不健全，需满足以下条件：①必须是明显的非外来原因造成的；②必须是非先天的原因造成的；③必须是非长存的原因造成的。

外来的原因对身体造成的伤害属于意外伤害保险承保的范围，而健康保险承保的疾病只限于身体内部的原因造成的疾病。因此是身体内部原因造成的伤害还是外来原因造成的伤害是区分健康保险与意外伤害保险的主要标准。健康保险仅对被保险人的身体由健康状态转入病态承担责任，即健康保险承保时被保险人必须是健康的。先天原因造成被保险人的身体疾病或缺陷，不属于健康保险承保的范围，不能由保险人承担责任。生育、衰老等自然原因造成的生理现象，也不属于健康保险承保的范围。值得注意的是，生育不属于疾病，不属于健康保险的保障范围，但因生育而诱发的其他疾病则属于健康保险的保障范围。自然衰老也不是疾病，但因衰老而诱发的其他疾病则属于健康保险的保障范围。

> **知识点滴**
>
> **健康保险的承保范围**
>
> 健康保险承保的是人因不健康造成的损失和风险，人不健康就需要前往医院花费医药费治疗，可能因病死亡或残疾，这都属于健康保险的承保范围。因残疾而产生的长期护理费用，因病损失的工作收入补偿，都属于健康保险的延伸承保范围。

相关案例

少儿白血病104万元快速获赔理赔案例

王女士很有保险意识，在孩子刚上小学时就为孩子购买了需交费20年的重大疾病保险。2019年10月，王女士上初中的孩子因发烧在老家抽血检验，被发现白细胞指标异常，随即被送往某三甲医院就诊，最终被确诊为白血病。虽然白血病并非绝症，但80多万元的骨髓移植手术费用及后期康复费用，对并不富裕的王女士一家，显然是个沉重的打击。孩子遭遇重疾让王女士情绪紧张，精神恍惚。王女士想起了还没有交完保险费的重大疾病保险，但她不知道保险费没有交完是否可以领取保险金。她怀着忐忑的心情前往保险公司申请理赔。

保险公司收到报案后，立即前往医院进行病情申调，经审核，孩子的病情符合重大疾病条款约定，随即给付84万元重疾赔款，以及后续每月给付重疾和少儿特定重疾陪护金4万元，连续给付5个月，共计20万元，并豁免以后剩余各期保险费，总计赔付104万元。

【点评】交费期内出险，保险公司是否应该赔付？根据合同约定，虽然交费尚未结束，但合同已经成立并生效，即合同自生效之日起双方就应该履行合同责任。王女士按期交费是履行合同责任的行为，保险公司按照合同约定进行赔付也是履行合同责任的行为。因此无论交费是否结束，保险公司都应赔付。而赔付后免交后期的保险费则不是每份合同都有的。因为王女士的合同中包含免交的条款，因此王女士尚未交纳的后期保险费就可以免交。

3. 健康保险的主要特征

健康保险除具有人身保险的特征外，由于存在道德风险，因此具有许多独特的特征。

（1）保险金额定额给付。健康保险中的疾病保险采用定额给付的方式给付保险金，即在投保时投保人与保险人约定一旦被保险人罹患合同中约定的疾病就须按照保险金额赔付。

（2）适用补偿原则。健康保险的医疗保险和收入补偿保险采用补偿原则，即花费多少医疗费用就赔付多少、收入损失多少就赔付多少，被保险人获得的补偿不能高于其实际损失。由于健康保险的部分险种具有与财产保险相同的补偿原则，所以《保险法》规定，财产保险公司可经营短期健康保险。

（3）没有受益人。受益人是在被保险人死后享有保险金请求权的人。健康保险保障的是被保险人的身体，是以被保险人生存为前提的，除非被保险人因病死亡，否则享受健康保险保险金的人即被保险人本人，无须指定受益人。

（4）承保标准严格。由于疾病是受家族史及既往病史影响的，加之职业、年龄、生活环境都会影响人的身体状况，为防止道德风险，所以健康保险的承保条件较为严格。承保时不仅要考察被保险人的家族史、既往病史、职业、年龄等因素，而且对投保金额较高和年龄较长的被保险人要进行体检方可承保。

（5）设观察期。为防止已罹患疾病的被保险人恶意投保，通常健康保险合同在保险合同成立后，并不立即承担保险责任，而是等待一段时间后保险合同才生效。等待的时间称为观察期。在观察期内，即使罹患疾病或发生医疗费用或收入损失，保险公司也不予赔付。观察期因险种不同而不同，从 30 天至 180 天不等。

（6）规定免赔额。为防止道德风险，健康保险中的医疗保险均要求被保险人先自付一小部分医疗费用，超出部分再由保险人赔付。这一小部分费用称为免赔额。免赔额的设立主要是为了防止被保险人因小病而发生大额的医疗费用给保险人带来的风险，同时减少保险人小额赔付造成的管理困难。免赔额有多种计算方式：一是单一赔款免赔额，即针对每次赔款计算免赔额；二是全年免赔额，即针对全年赔款总额计算免赔额；三是团体免赔额，即针对团体所有成员累计计算免赔额。

（7）按比例赔偿。健康保险中的医疗保险对超出免赔额的医疗费用都设有一个赔付比例，保险公司只赔付发生的医疗费用的 60%～90%，其余部分由被保险人承担。保险人与被保险人共同分摊医疗费用，既可以促使被保险人节约医疗费用，也有利于保险公司的稳定经营。

（8）除外责任。战争，军事行动，自杀造成的疾病、残疾、死亡，生育，整形、变性手术，违法行为造成的医疗费用等都是除外责任。

4. 健康保险的特点

由于人的健康与遗传、生存环境、医疗条件等因素关联度较高，同时医疗费用、道德风险等因素保险公司又无法控制，因此健康保险具有许多特点。

（1）承保风险复杂。疾病是健康保险承保的主要风险。被保险人的逆向选择和道德风险、保险欺诈案给保险公司的经营带来很大风险。另外，疾病受生存环境的影响，而环境的恶化也给保险公司的经营带来了风险。还有一种风险则来自医疗机构的医务人员。在医疗花费方面，医疗机构的医务人员起着决定性作用，是保险公司无法掌控的风险，加之医疗费用、药品价格的提高都会给保险公司带来风险。

（2）具有明显的地域性。由于疾病带有明显的地域特征，特别在我国这样幅员辽阔的国家，不同省份、城市的发病率、疾病种类都不相同，若保险公司采用同一保险条款，显然不能适应。所以很多保险公司都允许各省市保险分公司自行设计健康保险产品，自行计算费率。

（3）精算计算特殊。健康保险精算主要考虑疾病发生率、疾病伤残率、疾病死亡率和被保险人的收入水平。健康保险的保险期限包括短期和长期，对于不同期限的健康保险，责任准备金提存方式各有不同：对于短期健康保险，往往采用非寿险方式计提；对于长期健康保险，则采用寿险方式计提。

（4）续保的特殊性。健康保险的续保分为保证续保和条件续保两种。对于长期健康保险，大多采用保证续保的方式，即只要被保险人继续交费，合同就继续有效，直到规定的年龄，在此期间，保险人不能单方面解除合同。对于短期健康保险，则大多采用条件续保的方式，即续保时，被保险人必须符合合同规定的条件，否则保险人有权拒绝或要求变更保险费或保险责任。

（5）期内发生式。健康保险的赔付按照期内发生式进行，即以被保险人因病入院或发生疾病当年的保险期限的保险金额为赔付限额，对已经发生尚未处理完的保险事故，仍按原来的合同期限承担保险责任。也就是说，即使出院发生在下一个保险年度，也仍按入院时的保险年度计算。

二、医疗保险

医疗保险是医疗费用保险的简称，是以被保险人因疾病或因意外伤害需要治疗和支出的医疗费用为给付条件的健康保险。医疗保险中的疾病保险通常都设有观察期，而意外伤害医疗保险不设观察期。医疗保险的作用是当被保险人发生较大额医疗费用支出时，可以得到经济上的帮助。

医疗保险包括门诊医疗保险、住院医疗保险、手术医疗保险、住院津贴保险、综合医疗保险等险种。医疗费用主要包括门诊医疗费用（仅限于意外伤害造成的门诊医疗和团体保险中）；住院的诊疗费、检查费、药费、床位费；住院手术的手术费、麻醉费、材料费、器械费、手术室费用等。

医疗保险一般规定一个最高的保险金额，保险人只赔付保险期限内在保险金额限度内被保险人支付的费用，超过此限额，保险人将不予赔付。由于医疗保险有免赔额和按比例赔偿的特征，所以在总的保险金额之下，各类医疗项目费用都单独设有一个保险金额。

> **思考讨论：** 医疗保险为何适用补偿原则？

保险人承担免赔额以上各项目保险金额以下按比例给付的部分。被保险人在发生医疗费用后，先自付免赔额部分的医疗费用，再按比例支付各项目下应由被保险人承担的医疗费用。为防止个别不良医院的医务人员开具不必要的药物，出具虚假住院证明，保险人一般都要求被保险人在指定的医院就诊，在国家规定的医疗药品目录中取药，否则不予赔付。

三、疾病保险

疾病保险又称重大疾病保险，是以被保险人罹患特定重大疾病为保险金给付条件的保险。由于医疗费用不断上涨，某些特定的疾病会给病人带来巨大的费用支出，如白血病、癌症、尿毒症、心脏病、中风等，这些病不仅对人的危害大而且治疗费用很高。因此疾病保险的保险金额都比较高，并且不适用补偿原则，而是按照保险金额直接给付。

疾病保险通常都有比较长的观察期，在观察期内被保险人即使罹患合同中约定的重大疾病，保险人也不承担赔偿责任。疾病保险以长期保险居多，可以分期付款，也可一次交清，并且以主险居多。疾病保险分为定期重大疾病保险和终身重大疾病保险。

疾病保险常包含因病致残和因病死亡的保险赔付责任。因病致残时，保险人将按照残疾程度给予残疾保险金；因病死亡时，保险人除前期医疗赔付外还将单独赔付死亡保险金。高度残疾的赔付金额与死亡赔付金额一般是相同的。但疾病赔付的保险金额与死亡赔付的保险金额是分别列明的。

📚 相关案例

重大疾病大额理赔案例

天津的张先生自2014年开始陆续为自己投保了医疗保险和重大疾病保险；2020年2月8日，张先生突发脑梗昏迷，生命垂危，急需巨额救治费用，但其名下银行存款却因家人不知道密码无法取出，因费用问题治疗一度面临中断。保险公司接到报案后，立即前往医院核实情况，于张先生昏迷4日后即支付了首笔赔款20.6万元，缓解了家属筹款为其治疗的压力。

不幸的是，张先生终因病情危重去世。保险公司立即又将第二笔400万元身故理赔款顺利送达其家属手中。

【点评】张先生购买的重大疾病保险涵盖了脑梗的疾病和死亡保障，因此在张先生发生脑梗时，保险公司可以根据张先生当时的病情先行赔付一部分保险金用于紧急救治，待治疗结束后再补齐保险金额限额内的保险金。而张先生因病去世后，保险公司按合同中约定的死亡保险金进行赔付，但死亡保险金只能赔付给张先生指定的受益人。

四、收入补偿保险

收入补偿保险又称失能收入损失保险或伤病失能健康保险，是指当被保险人因意外伤害或疾病丧失工作能力，不能获得正常收入或收入减少时，保险人在一定期限内分期给付保险金的一种健康保险。该险种的主要作用是为被保险人因丧失工作能力导致收入的丧失或减少提供经济保障，但不承担因疾病或意外伤害所发生的医疗费用。以前的收入补偿保险主要针对因病致残的赔付，所以被称为残疾收入补偿保险，但目前出现了一些因病非致残收入减少的补偿险种。

失能分为完全失能和部分失能。完全失能是指被保险人完全丧失工作能力，不能从事任何工作。部分失能是指被保险人不能从事原来的工作，但可以从事其他工作。一般情况下，保险人对被保险人失能的赔付需要满足一定的条件，包括：失能期间要在医生的监护之下；疾病为在保险期内首次发生的疾病；被保险人符合社会保险疾病和伤残标准等。

收入补偿保险的给付期有长有短。短期补偿是补偿被保险人在身体恢复之前不能工作的损失，一般不超过2年；而长期补偿是补偿被保险人完全残疾而不能恢复工作所造成的损失，长期补偿可至被保险人退休或到70岁为止。

收入补偿保险存在免责期，又称等待期，是指被保险人从发生残疾失能到开始领取收入损失保险金有一段等待的时间。等待期的确定主要是由于伤病可以治疗，只有到等待期后才可准确确定失能状况。一般等待期为30天到6个月。收入补偿保险的保险金给付有最高限额，赔付常低于伤残前正常水平,赔付标准只能达到原收入的 30%~70%,分为比例给付和固定给付两种。

五、长期护理保险

　　长期护理保险又称护理保险,是为因年老、疾病残疾需要长期照顾的被保险人提供护理费用补偿的保险。长期护理保险按照护理等级分为医护护理、中级护理、照顾式护理和家中护理等四个等级。医护护理等级最高,由专业的医护人员进行 24 小时护理,例如医院的 ICU 护理;中级护理由专业的医护人员护理,但无须 24 小时护理;照顾式护理由非医护人员进行基本的生活护理;家中护理由非医护人员前往被保险人家中进行护理或提供家政服务。投保人在签订保险合同时可选择护理等级及保险金额,保险人根据投保人的选择确定保险费。

　　长期护理保险要求被保险人必须达到保险人规定的条件才可获得保险赔付,如被保险人不能自己完成吃饭、沐浴、穿衣、如厕、移动等基本生活动作,或患有阿尔茨海默病(老年痴呆)等认知障碍疾病需要长期护理。

　　长期护理保险期限有长有短,最长可到终身,有免赔额。长期护理保险具有现金价值。

六、健康保险的特殊条款

　　在健康保险合同中,除了适用人身保险的不可抗辩条款、宽限期条款、不丧失价值条款等条款外,还存在一些特殊条款,主要包括以下几项。

　　(1)既存状况条款。该条款规定在保险合同约定的期限内,保险人对被保险人的既往病症不承担保险金赔偿责任。既往病症是被保险人在保险合同生效前就已经存在但未在投保单中如实告知的病症。

　　(2)体检条款。该条款允许保险人指定的医院或医生对被保险人在承保和理赔时进行体格检查和残疾鉴定。其目的是对承保的风险和理赔的有效性作出鉴定。

　　(3)转换条款。该条款允许团体健康保险的被保险人在脱离团体后购买个人医疗保险时,无须提供可保证明。也就是说,被保险人无须再体检和经历观察期,只需根据新的保险单要求补足保险费。

　　(4)协调给付条款。该条款规定当被保险人购买了两份以上健康保险而发生理赔时,被保险人可以优先申请理赔其中一份保险,再向第二份保险的保险人申请理赔余下的保险金。也就是说,该条款规定了被保险人的优先给付计划和第二给付计划。该条款主要是为了防止被保险人通过重复保险不当得利。

　　(5)职业变更条款。该条款规定被保险人职业变更造成风险程度增加或减少时,保险人有权要求增加或减少保险费,也可以减少保险金额或增加保险金额。

　　(6)保证续保条款。该条款规定投保人在前一保险期间届满后,若提出续保申请,保险人必须按照约定条款继续承保,并且免除续保的观察期。

　　(7)政府税收优惠。财政部、国家税务总局、原保监会联合下发文件,自 2017 年 7 月 1 日起,将商业健康保险个人所得税试点政策推广到全国范围实施。具体的政策内容为:对个人购买符合规定的商业健康保险产品的支出,允许在当年(月)计算应纳税所得额时予以税前扣除,扣除限额为 2 400 元/年(200 元/月)。单位统一为员工购买符合规定的商业健康保险产品的支出，应分别计入员工个人工资薪金，视同个人购买，按上述限额予以扣除。2 400 元/年（200元/月）的限额扣除为个人所得税法规定减除费用标准之外的扣除。

相关案例

个人税优型健康险单笔最高赔付案例

被保险人韩先生、胡女士于 2019 年分别购买了人保健康和阳光人寿两家保险机构的税收优惠型健康保险产品。2020 年 4 月，韩先生因病住院，住院费用 5 837.15 元，人保健康对被保险人个人承担的 2 023.56 元进行赔付，给付保险金 1 821.21 元。经税收优惠型健康保险赔付后，被保险人本次就诊仅花费 202.35 元。胡女士于同年 9 月体检发现肝部病变，后被确诊为肝癌。住院期间先后进行了两次介入手术，并实施了肝脏移植手术，共花费医疗费用 53 万多元，个人支付费用近 40 万元。阳光人寿按照条款约定给付被保险人 25 万元整，起到了有效的补偿作用。

【点评】该案是两个单独个体的案例，虽然涉及金额不大，但属于个人税收优惠型健康保险的典型案件。个人税收优惠型健康保险，即由商业保险公司承保、能够享受个人所得税减免政策的健康保险，同时，提供高报销比例的医疗保障，涵盖住院、特定门诊和慢性病医疗费用给付责任。其特点在于：一是被保险人享受税收优惠，所交保险费可按照 2 400 元/年（200 元/月）的限额标准予以税前扣除，降低了被保险人购买健康保险的经济支出；二是产品采取万能险方式，包含医疗保险和个人账户积累两项责任，对个人账户积累起到了资金的保值增值作用。

第四节　人身意外伤害保险

一、意外伤害与人身意外伤害保险

保险承保的"意外伤害"与人们观念中的"意外伤害"略有不同，保险承保的"意外伤害"有明确的界定和独特的含义。

> **思考讨论：** 如何界定保险承保的"意外伤害"？

1. 意外伤害的界定

意外伤害包括"意外"和"伤害"两层含义。

意外是指侵害的发生事先没有预见到，或违背人的主观意愿。界定是否为意外需要满足以下三个要素：非本意、外来、突然。其中，"非本意"是指伤害的发生是受害者没有预见到的（包括无法预见和疏于遇见）、非故意的或违背受害者主观愿望的；"外来"是指伤害是由受害者自身以外的原因造成的（不包括疾病）；"突然"是指事件发生的原因不是早已存在的，受害者在面临风险时来不及预防。

伤害是指外来的致害物以某种方式作用于人身体的客观事实。致害物、伤害对象、伤害事实是构成伤害的三个要素，缺一不可。其中，"致害物"是指对受害者直接造成伤害的物体或物质，可以是物理类的、化学类的或生物类的。"伤害对象"是指致害物所侵害的客体，即人身体的某个或某几个部位。它指对人的生理上的伤害，即对人的生理机能造成了破坏。"伤害事实"是指致害物破坏性地接触或作用于人身体的客观事实。

人身意外伤害保险中所称的"意外伤害"，是指在被保险人没有预见到或违背被保险人意愿的情况下，突然发生的外来致害物对被保险人身体明显、剧烈侵害的客观事实。它包含以下三层含义：①必须有客观的意外事故发生，且事故是意外的、偶然的、不可预见的。②被保险人必须有因客观事故造成死亡或残疾的结果。③意外事故的发生和被保险人遭受人身伤亡的结果，两者之间有着内在的、必然的联系，即意外事故的发生是被保险人遭受伤害的原因，而被保险人遭受伤害是意外事故的结果。

我国界定意外伤害常采用"三要素"法；国外常采用列举法，即将可保的意外事件逐一列举。

2. 人身意外伤害保险的含义

人身意外伤害保险是以被保险人因遭受意外伤害造成死亡或残疾为给付保险金条件的人身保险。人身意外伤害保险的基本内容是：投保人向保险人交纳一定数量的保险费，如果被保险人在保险期限内遭受意外伤害并以此为直接原因或近因，在自遭受意外伤害之日起的一定时期内造成死亡、残疾、支出医疗费用或暂时丧失劳动能力，则保险人给付被保险人或其受益人一定数额的保险金。

保险承保的"意外伤害"由于具有特别的定义，因此并不是所有的"意外伤害"都属于赔偿范围。

二、人身意外伤害保险的特征

相对于其他险种，人身意外伤害保险有明显的特殊性，主要表现在以下几个方面。

1. 以死亡给付和残疾给付为主要内容

人身意外伤害保险的保障项目主要有以下两项。

（1）死亡给付。被保险人因遭受意外伤害而死亡时，保险人给付死亡保险金。死亡包括两种情况：一是生理死亡，即已被证实的死亡；二是宣告死亡，即按照法律程序推定的死亡。

（2）残疾给付。残疾包括两种情况：一是人体组织的永久性残缺，如肢体缺损等；二是人体器官正常机能的永久性丧失，如丧失视觉、听觉、嗅觉、语言机能、运动能力等。被保险人因遭受意外伤害造成残疾时，保险人给付残疾保险金。

人身意外死亡给付和人身意外伤残给付是人身意外伤害保险的基本责任，其派生责任包括医疗费用给付、误工费给付、丧葬费给付和遗属生活费给付等责任。在一般情况下，人身意外伤害保险以意外死亡和意外残疾为主要承保责任。而意外伤害造成的医疗费用支出和误工费则属于健康保险承保范围。

2. 并不是所有的意外伤害都可承保

人身意外伤害保险承保的风险是意外对人体造成的伤害，但是并非一切意外伤害都是人身意外伤害保险所承保的范围。不可以承保的意外伤害被称为不可保意外伤害。不可保意外伤害也可理解为人身意外伤害保险的除外责任。从保险原理上讲，保险人不应该承保的意外伤害，如果承保，则违反法律的规定或违反社会公共利益。

> **知识点滴**
>
> **不可保意外伤害范围**
>
> ①被保险人在犯罪活动中所受的意外伤害；②被保险人在寻衅殴斗中所受的意外伤害；③被保险人在醉酒、吸食（或注射）毒品（如海洛因、鸦片、大麻、吗啡等麻醉剂、兴奋剂、致幻剂）后发生的意外伤害；④被保险人的自杀行为造成的伤害。

对于不可保意外伤害，在人身意外伤害保险条款中会明确列为除外责任。

3. 有些意外伤害可以特别约定的方式承保

特约保意外伤害是指由于超过常规的风险，只有经过投保人与保险人特别约定，有时还要另外加收保险费后才予承保的意外伤害。特约保意外伤害包括以下几类。

（1）战争使被保险人遭受的意外伤害。由于战争使被保险人遭受意外伤害的风险过大，所以保险公司一般没有能力承保。但前往战区进行采访的记者若风险可控就可以作为特约保承保的对象。

（2）被保险人在从事登山、跳伞、滑雪、江河漂流、赛车、拳击、摔跤等剧烈的体育活动或比赛中遭受的意外伤害。

（3）医疗事故造成的意外伤害，如医生误诊、药剂师发错药品、检查时造成的损伤、动手术切错部位等对被保险人造成的伤害。

相关案例
埃及热气球事故

4. 设有责任期限

由于在意外伤害事故发生后大多需要一定的治疗时间，无法立即确定被保险人的伤残情况，需要等待一定期限后才能确定被保险人的伤残情况，所以人身意外伤害保险通常将被保险人遭受意外伤害之日起的一定期限（如 90 天、180 天、360 天）设立为责任期限。在责任期限到期时，无论被保险人的组织残缺或器官机能的丧失程度将来如何，都推定被保险人的残疾程度是永久性的，并据以给付残疾保险金。之后，无论被保险人的残疾程度是减轻还是加重，保险人均不再承担残疾保险金的追偿或给付责任。

5. 费率厘定特殊

人身意外伤害保险的费率与被保险人的年龄、性别、健康状况无关，而与被保险人的职业、工种、所从事工作的危险程度有关。费率厘定更注重职业风险，也更重视意外伤害事故发生的概率统计数据。

6. 采取定额给付的形式

人身意外伤害保险采取定额给付的形式，意外死亡按照死亡定额给付，意外残疾按照残疾程度分类定额给付。无超额投保和不足额投保问题。

7. 短期限居多

人身意外伤害保险大多采用 1 年以内的短期保险，所以不考虑预定利率，而是以被保险人的风险程度进行分类，每年可根据风险概率进行调整。

8. 承保条件较宽

由于意外伤害风险与年龄关系不大，且身体疾病不属于人身意外伤害保险的保障范围，所以高龄也可投保，不必进行体检。

相关案例

意外无处不在，让保险成为爱的"保护伞"

张女士家庭贫困，为了给女儿撑起一把"保护伞"，于 2019 年 5 月 31 日为女儿购买了人身意外伤害保险和医疗保险，作为儿童节礼物送给女儿。

天有不测风云，同年 6 月 3 日下午，张女士的女儿在从幼儿园放学回家的途中不慎摔伤，家人迅速将其送往医院救治，经医生确诊为左臂骨折，需交纳 5.2 万元治疗押金。就在一家人为治疗费用焦虑之际，张女士想起了自己刚刚购买的保险，不过由于保险单还未下发，她并不确定保险责任是否生效，就忐忑地拿起电话拨打了客服专线。保险公司接到张女士的报案后，第一时间安排理赔人员赶往医院慰问，并协助张女士准备理赔资料。经过快速审核，认定该案件保险事故属实，符合保险责任，理赔人员及时将 37 542.87 元的理赔款送到张女士手中。

【点评】保险单尚未下发标志着合同尚未成立，保险公司怎么可能理赔呢？根据《保险法司法解释二》，保险人接受了投保人提交的投保单并收取了保险费，尚未作出是否承保的意思表示，发生保险事故，被保险人或者受益人请求保险人按照保险合同承担赔偿或者给付保险金责任，符合承保条件的，人民法院应予支持；不符合承保条件的，保险人不承担保险责任，但应当退还已经收取的保险费。张女士的孩子显然是符合承保条件的，即如果没有发生此次保险事故，保险公司会正常承保，保险单不久就会下发。

三、人身意外伤害保险的给付

人身意外伤害保险给付之前需要进行界定，属于理赔范围时再以特定的方法进行计算。

（一）人身意外伤害保险的界定

人身意外伤害保险中对意外伤害的界定需要从发生时间、事件、被保险人受伤害程度三方面进行。

1. 意外伤害发生时间的界定

人身意外伤害保险规定意外伤害事件的发生必须在保险合同约定的保险期限内。在人身意外伤害保险中，专门有关于责任期限的规定。只要被保险人遭受意外伤害的事件发生在保险期限以内，而且自遭受意外伤害之日起的一定时期内即责任期限内（如 90 天、180 天等）造成死亡或残疾的后果，保险人就要承担保险责任，并给付保险金；即使被保险人在死亡或确定残疾时保险期限已过，只要未超过责任期限，保险人就要承担赔偿责任。

2. 意外伤害事件的界定

意外伤害事件的界定十分严格，除了要满足非本意、突然、外来三要素外，还要同时满足下列三个条件，才可以界定为人身意外伤害保险的承保范围：①被保险人在保险期限内发生了意外伤害；②被保险人在责任期限内死亡或残疾；③被保险人所遭受的意外伤害是其死亡或残疾的直接原因或近因。

3. 被保险人受伤害的程度

被保险人在责任期限内死亡或残疾，是构成人身意外伤害保险的保险责任的必要条件之一。对于意外伤害造成的残疾，责任期限实际是确定残疾程度的期限。如果被保险人在保险期限内遭受意外伤害，治疗结束后被确定为残疾，责任期限尚未结束，那么将根据确定的残疾程度给付残疾保险金。但是，如果被保险人在保险期限内遭受意外伤害，责任期限结束时治疗仍未结束，尚不能确定最终是否造成残疾以及造成何种程度的残疾，那么就应推定在责任期限结束这一时点上，被保险人的生理组织残缺或器官正常机能的丧失是不是永久性的，即以这一时点的情况确定残疾程度，并按照这一残疾程度给付残疾保险金。即使以后被保险人经过治疗痊愈或残疾程度有所减轻，保险人也能不追回全部或部分残疾保险金。同样，即使被保险人残疾程度加重甚至死亡，保险人也不追加给付保险金。

（二）人身意外伤害保险的给付计算

被保险人因意外事故死亡时，按合同约定的保险金额给付。

被保险人因意外事故残疾时，在保险金额上按照残疾程度百分比进行给付，计算公式为

$$残疾保险金 = 保险金额 \times 残疾程度百分比$$

人身意外伤害保险残疾程度与保险金给付比例见表 3.1。

表 3.1　人身意外伤害保险残疾程度与保险金给付比例

等级	项目	残疾程度	给付比例
第一级	1	双目永久完全失明的	100%
	2	两上肢腕关节以上或两下肢踝关节以上缺失的	
	3	一上肢腕关节以上及一下肢踝关节以上缺失的	
	4	一目永久完全失明及一上肢腕关节以上缺失的	
	5	一目永久完全失明及一下肢踝关节以上缺失的	
	6	四肢关节机能永久完全丧失的	
	7	咀嚼、吞咽机能永久完全丧失的	
	8	中枢神经系统机能或胸、腹部脏器机能极度障碍，终身不能从事任何工作，为维持生命必要的日常生活活动，全需他人扶助的	
第二级	9	两上肢或两下肢或一上肢及一下肢，各有三大关节中的两个关节以上机能永久完全丧失的	75%
	10	十手指缺失的	
第三级	11	一上肢腕关节以上缺失或一上肢的三大关节全部机能永久完全丧失的	50%
	12	一下肢踝关节以上缺失或一下肢的三大关节全部机能永久完全丧失的	
	13	双耳听觉机能永久完全丧失的	
	14	十手指机能永久完全丧失的	
	15	十足趾缺失的	
第四级	16	一目永久完全失明的	30%
	17	一上肢三大关节中，有二关节之机能永久完全丧失的	
	18	一下肢三大关节中，有二关节之机能永久完全丧失的	
	19	一手含拇指及食指，有四手指以上缺失的	
	20	一下肢永久缩短 5 厘米以上的	
	21	语言机能永久完全丧失的	
	22	十足趾机能永久完全丧失的	

续表

等级	项目	残疾程度	给付比例
第五级	23	一上肢三大关节中，有一关节之机能永久完全丧失的	20%
	24	一下肢三大关节中，有一关节之机能永久完全丧失的	
	25	两手拇指缺失的	
	26	一足五趾缺失的	
	27	两眼眼睑显著缺损的	
	28	一耳听觉机能永久完全丧失的	
	29	鼻部缺损且嗅觉机能遗存显著障碍的	
第六级	30	一手拇指及食指缺失，或含拇指或食指有三个或三个以上手指缺失的	15%
	31	一手含拇指或食指有三个或三个以上手指机能永久完全丧失的	
	32	一足五趾机能永久完全丧失的	
第七级	33	一手拇指或食指缺失，或中指、无名指和小指中有两个或两个以上手指缺失的	10%
	34	一手拇指及食指机能永久完全丧失的	

多次伤害的给付存在多种情况，具体如下。

（1）不论被保险人在保险期限内是一次还是连续多次发生意外伤害事件，保险人均应按合同给付保险金，但累计给付金额以不超过保险金额为限，即达到保险金额时，合同效力终止。

（2）若一次意外伤害造成被保险人身体多处部位残疾，保险人按被保险人身体各部位残疾程度百分比之和计算残疾保险金，但如果各部位残疾程度百分比之和超过100%，则按保险金额给付残疾保险金。

（3）若一次意外事故造成被保险人一个肢体多处残疾，则按残疾程度百分比最高的比率计算残疾保险金。

（4）若意外事故造成被保险人先残后死，则先按残疾程度百分比赔付残疾保险金，死亡时再补足已赔付残疾保险金与保险金额的差额，但死亡时间必须在保险责任期限内。

四、人身意外伤害保险的种类

人身意外伤害保险在实务中被设计出多种产品，以满足不同客户的需要。

1. 人身意外伤害死亡残疾保险

人身意外伤害死亡残疾保险是以被保险人因遭受人身意外伤害造成死亡或残疾为给付保险金条件的保险。它是人身意外伤害保险最基本的类型。该保险采用期内发生式，即只要人身意外伤害发生的时间是在保险有效期内，即使后续治疗时间已超过保险有效期，也属于保险责任赔偿范围。保险人将在责任期限到期时对被保险人进行残疾鉴定，并依据残疾程度进行赔付。

2. 指定交通工具意外伤害保险

指定交通工具意外伤害保险是以被保险人在保险期间内乘坐保险合同指定的交通工具（包括飞机、轮船、汽车）造成意外事故致被保险人死亡或残疾为保险赔付条件的保险。

最常见的航空意外保险就属于指定交通工具意外伤害保险的一种。由于此类保险限定了范围，所以保险费低而保额高，很受欢迎。客户可根据自身工作与生活条件自由选择。

3. 人身意外伤害医疗保险

人身意外伤害医疗保险是指以被保险人因遭受人身意外伤害后的治疗费用为给付保险金条件的保险。人身意外伤害医疗保险一般不单独承保，而是作为人身意外伤害死亡残疾保险的附加险承保。人身意外伤害医疗保险的赔付不仅包括住院医疗，还包括因意外伤害而发生的门诊医疗。

4. 人身意外伤害停工保险

人身意外伤害停工保险是指以被保险人因遭受人身意外伤害，暂时丧失劳动能力而不能工作为给付保险金条件的保险。当被保险人在保险期间内遭受人身意外伤害暂时丧失劳动能力不能工作时，保险人给付被保险人停工保险金。人身意外伤害停工保险一般不单独承保，而是作为人身意外伤害死亡残疾保险的附加险承保。其作用主要在于补偿被保险人因遭受人身意外伤害暂时不能工作而减少的劳动收入。

停工保险金自被保险人遭受人身意外伤害，经医疗机构确定不能工作之日起给付。遇到下列情形之一的，立即停止支付：①被保险人死亡；②被保险人恢复工作能力，能够从事有劳动收入的工作；③被保险人的残疾程度被确定，开始领取残疾保险金；④责任期限结束。

人身意外伤害停工保险采用定额给付方式。当被保险人发生停工损失时，保险人在责任期限内按保险金额每日或每周定额给付停工保险金，但不能超过被保险人的实际收入水平。一般情况下，停工保险金为实际收入水平的 70%～80%。停工保险条款一般规定，停工保险金的给付在残疾保险金的给付之前的，被保险人在领取残疾保险金时，如果被保险人曾领取停工保险金，则保险人要从残疾保险金中扣除这部分停工保险金。

📋 本章小结及重难点解析

1. 人身保险按照保障范围可分为人寿保险、人身意外伤害保险和健康保险等三大类。人身保险的标准条款包括宽限期条款、复效条款、不丧失价值条款、年龄误报条款、受益人条款、自杀条款、不可抗辩条款、保险单贷款条款、保险费自动垫交条款、红利任选条款等。

2. 人寿保险是以被保险人生存或死亡为给付保险金条件的人身保险，分为死亡保险、生存保险和两全保险，养老保险即为生存保险的一种。

3. 健康保险是以被保险人在保险期内因患病发生医疗费用支出或因疾病所致残疾或死亡时，或因疾病、伤害不能工作而收入减少时，因疾病导致残疾需要长期护理的费用时，由保险人负责给付保险金的一种保险。

健康保险承保的是人的不健康造成的损失和风险，健康保险分为医疗保险、疾病保险、收入补偿保险、长期护理保险等四大类。为防止道德风险，健康保险通常设置有观察期与免赔额，具有承保风险复杂、具有明显的地域性、精算计算特殊、续保的特殊性、期内发生式等特点。

健康保险有很多特殊条款，包括既存状况条款、体检条款、转换条款、协调给付

本章小结
（视频）

本章重难点解析
（视频）

条款、职业变更条款、保证续保条款、政府税收优惠等特殊规定。

4. 人身意外伤害保险是以被保险人遭受意外伤害事故造成死亡或残疾为保险给附条件的人身保险。界定是否为意外需要满足非本意、外来、突然这三个要素，伤害要致死亡和残疾才能获得给付。

死亡按照保险金额给付，残疾保险金给付是在保险金额上按照残疾程度百分比给付的。人身意外伤害保险还设计有人身意外伤害死亡残疾保险、指定交通工具意外伤害保险、人身意外伤害医疗保险、人身意外伤害停工保险等险种。

习题

一、名词解释

人身保险　人寿保险　生存保险　死亡保险　个人保险　团体保险　弱体保险　健康保险　医疗保险　疾病保险　收入补偿保险　人身意外伤害保险

二、单项选择题

1. 人寿保险的保险事故是（　　）。
   A. 被保险人的生存
   B. 投保人的生存或死亡
   C. 被保险人的死亡
   D. 被保险人的死亡或生存

2. 生存保险主要用来解决被保险人的（　　），保险期间终身居多。
   A. 丧葬给付问题
   B. 养老问题
   C. 疾病治疗问题
   D. 疾病后的收入问题

3. 人寿保险的保险费有（　　）之分。
   A. 首年保险费和次年保险费
   B. 首年保险费和续期保险费
   C. 头年保险费和滚存保险费
   D. 头年保险费和续期保险费

4. 定期寿险的保险费（　　）两全保险与终身寿险。
   A. 低于
   B. 等于
   C. 高于
   D. 近似于

5. 按照交费方法的不同，年金保险可以分为（　　）。
   A. 趸交年金和期交年金
   B. 即期年金和延期年金
   C. 个人年金和联合年金
   D. 定期年金和终身年金

6. 以下关于分红保险的说法中正确的是（　　）。
   A. 分红保险的收益是固定的
   B. 分红保险的保险费高于不分红保险
   C. 分红保险的收益来源于股票投资
   D. 分红保险是抵御通货紧缩的主力险种

7. 医疗保险设置免赔额与给付比例是为了防止（　　）风险。
   A. 医生乱开药
   B. 被保险人谎报病情
   C. 道德
   D. 被保险人逆向选择

8. 不丧失价值条款的内容是（　　）合同的投保人享有保险单现金价值的权利，不因保险合同效力中止而丧失。
   A. 短期寿险
   B. 长期寿险
   C. 年金保险
   D. 人寿保险

9. 在可变更受益人的情况下，投保人对保险单享有的各种权益，比如退保、抵押贷款等，（　　）经过受益人的同意。

    A. 无须   B. 基本上无须   C. 必须   D. 有时必须

10. 意外伤害保险的责任期限自（   ）开始计算。

    A. 保险期间结束之日起   B. 保险合同开始之日起

    C. 被保险人遭受意外伤害之日起   D. 被保险人残疾程度被确定之日起

11. 人身意外伤害保险的保险责任是被保险人（   ）。

    A. 因意外伤害所致的死亡和残疾

    B. 因疾病所致的死亡和残疾

    C. 因疾病或意外伤害所致的死亡和残疾

    D. 因意外伤害所致的死亡以及被保险人生存到保险期满

12. 一名跳水运动员投保人身意外伤害保险，保险金额为15万元，保险期间是1年。在这一年遭遇的三次保险事故中，受伤程度分别是5%、10%、80%。该运动员一共得到的残疾保险金是（   ）。

    A. 14.25万元   B. 15万元   C. 12万元   D. 0.75万元

13. 在确诊被保险人患有特种疾病后，保险人不用等到治疗结束立即一次性支付保险金额。这种给付方式更多地应用于（   ）。

    A. 长期护理保险   B. 医疗保险   C. 失能收入损失保险   D. 疾病保险

14. 与医疗行为相关的医疗保险一般包括（   ）。

    A. 普通医疗保险、住院保险、手术保险、综合医疗保险

    B. 费用补偿型医疗保险、普通医疗保险、住院保险、手术保险

    C. 定额给付型医疗保险、普通医疗保险、住院保险、手术保险

    D. 普通医疗保险、混合型医疗保险、补充医疗保险、高额医疗保险

15. 关于团体健康保险和个人健康保险，以下说法中正确的是（   ）。

    A. 团体健康保险的费率一般要低于个人健康保险的费率

    B. 团体健康保险对员工参保时的健康状况没有要求

    C. 团体健康保险的道德风险高于个人健康保险

    D. 团体健康保险对参保人数没有限制

三、多项选择题

1. 人寿保险除具有人身保险的一般特征外，还具有（   ）等特征。

    A. 承保风险的特殊性   B. 保险的储蓄性

    C. 保险期限的长期性   D. 保险给付的补偿性

    E. 精算技术的特殊性

2. 人寿保险不能适用损失补偿原则，所以不存在（   ）等问题。

    A. 比例分摊   B. 代位求偿

    C. 重复投保   D. 超额投保

    E. 定额给付

3. 投保人处置保险单现金价值的方式一般有（   ）。

    A. 投保人办理退保，领取保险单现金价值   B. 用现金价值垫交当期保险费

    C. 减少保险金额，交清后续保险费   D. 用现金价值抵押贷款

    E. 用现金价值购买其他保险

4. 保险人规定保险费自动垫交条款的目的是（　　　）。

　　A. 减少保险单失效率　　　　　　　　　　B. 维护被保险人的合法权益

　　C. 维护投保人的合法权益　　　　　　　　D. 维持较高的续保率

　　E. 维护保险人的合法权益

5. 意外伤害保险中的意外界定必须满足（　　　）条件。

　　A. 突然　　　　　　B. 必然的　　　　　　C. 外来

　　D. 非被保险人本意　　E. 保险合同事先确定

6. 下列有关人身意外伤害保险的说法正确的有（　　　）。

　　A. 意外事故是伤害被保险人身体或生命的直接原因或者近因

　　B. 保险人一般根据实际损失情况给予全部或部分赔偿

　　C. 有客观的事故发生，而且是不可预料、不可控制、非受害者所愿的

　　D. 被保险人身体或生命所遭受的伤害是客观的、看得见的

　　E. 保险费率根据生命表严格计算

7. 健康保险承保的疾病风险具有（　　　）等特点。

　　A. 疾病是由被保险人自身内在原因引起的　　B. 疾病不是由长存的原因引起的

　　C. 疾病不是由偶然的原因引起的　　　　　　D. 疾病不是由明显的外来因素引起的

　　E. 疾病不是先天原因造成的

8. 健康保险经营的主要特征包括（　　　）。

　　A. 承保风险较为特殊　　　　　　　　　　B. 不适用年龄误报条款

　　C. 适用人寿保险的给付原则和方法　　　　D. 给付条件经常参照理赔经验

　　E. 承保标准十分严格

9. 医疗保险一般通过（　　　）进行成本分摊。

　　A. 规定免赔额　　　　B. 实行共同保险　　　　C. 规定给付比例

　　D. 规定给付限额　　　E. 再保险

10. 对于身体状况不能达到标准条款规定但可以有条件承保的被保险人，保险人在制订费率时所采用的方法包括（　　　）。

　　A. 提高保险费　　　　B. 减少保险金额　　　　C. 延长观察期天数

　　D. 规定特别的除外责任　　　　　　　　　E. 进行限制保障

四、简答题

1. 人身保险有哪些标准条款？这些条款的含义分别是什么？

2. 人身保险有何特点？

3. 人身保险有哪几种分类？

4. 健康保险有哪些特征？

5. 健康保险有哪些特殊条款？

6. 如何界定意外伤害事故？

7. 人身意外伤害保险是如何赔付的？

8. 人身意外伤害保险有哪些特征？

五、案例分析题

1. 张先生购买了 50 万元的人身意外伤害保险，2020 年下雪天骑摩托车不慎摔倒致骨折，后经过治疗痊愈，共花费医疗费 2.8 万元。请问保险公司是否该赔付给张先生保险金？

2. 李女士购买了 5 万元的医疗保险，保险期间为 2019 年 3 月 4 日—2020 年 3 月 3 日。李女士 2020 年 3 月 1 日与朋友吃饭时突发胆结石入院治疗，进行胆囊切除术，共计花费医药费 1.5 万元，出院时已是 2020 年 3 月 15 日。请问保险公司是否该赔付给李女士保险金？

3. 30 岁的娄小姐已婚并有一子，她于 2019 年 8 月 8 日为自己购买了定期寿险，保险合同约定若娄小姐在 70 岁前死亡，保险公司赔付 50 万元保险金给娄小姐指定的受益人。但在购买保险时，娄小姐并未指定受益人。2020 年 9 月 30 日娄小姐不幸患上白血病，经过治疗仍不见好转。娄小姐担心拖累家庭，于 2021 年 2 月 28 日用自杀的方式结束了自己的生命。请问保险公司是否应赔付 50 万元保险金？若赔，50 万元保险金应赔付给谁？

第四章

财 产 保 险

【学习目标】

了解企业财产保险、家庭财产保险、国内货物运输保险、运输工具保险、工程保险、责任保险、信用保险和保证保险等险种；理解上述各种财产保险的基本特征；掌握各种财产保险的概念、保险责任、除外责任、保险期限、保险费率、保险金额、保险价值和赔偿处理方式；能运用所学的财产保险的基本原理解决保险中的一些实际问题，对实务中的案例予以正确分析。

【案例导入】

某市佳美食品冷冻加工厂与华丽织布印染厂合资购买、共同使用的供电变压器，在一个雷雨交加的夜晚受雷击损坏，造成两厂突然停电，致使食品冷冻加工厂正在负荷运转的自动投料设备损坏；同时由于停电时间较长，冷库内的温度升高，部分冷冻食品变质。织布印染厂印染车间正运转的高热烘筒因突然停电而停转，烘筒上的布匹被烘焦。两厂的全部财产都投保了企业财产保险，在保险财产发生事故的次日清晨，两厂立即通知保险公司，并提出了赔偿损失的要求。

问题：保险公司是否应该承担赔偿责任？

点评：保险公司是否应该赔偿要根据当时两厂购买的企业财产保险的保险责任中是否涵盖雷击责任造成的损失，并在损失中是否包含直接损失与间接损失来确定。通常保险对自然灾害造成的企业财产损失进行赔偿要求自然灾害必须是在合同中列明的自然灾害，未列明的不予赔偿，并且只赔偿直接损失，间接损失需要通过购买相应的附加险才能获得赔偿。

《保险法》规定："财产保险业务，包括财产损失保险、责任保险、信用保险、保证保险等保险业务。"其中，财产损失保险包括企业财产保险、家庭财产保险、运输工具保险、货物运输保险和工程保险等。农业保险属于一种特殊的财产保险，也由财产保险公司经营，不受《保险法》约束，而受《农业保险条例》约束。本章将介绍财产保险的几个主要险种。

第一节 企业财产保险

企业财产保险简称企财险，是以企事业单位和机关团体的固定资产和流动资产及有关利益为保险标的，由保险人承担自然灾害和意外事故损失赔偿责任的财产损失保险。

相较于其他险种，企业财产保险以团体为投保单位，保险标的是陆地上处于相对静止状态的财产，而且承保财产的地址不得随意变动。

企业财产保险有许多种类，其中企业财产保险基本险和企业财产保险综合险两个险种最为普遍，以下的介绍主要涉及这两个险种。

一、企业财产保险的保险标的

企业财产保险保障的对象只包括存放在固定地点且处于相对静止状态的财产，而不包括处于运动状态的财产。

1. 可保财产

下列财产属于保险标的范围：①属于被保险人所有或者与他人共有而由被保险人负责的财产；②由被保险人经营管理或替他人保管的财产，如仓储公司可以将他人储存于其仓库里的货物投保企业财产保险；③具有其他法律上承认的、与被保险人有经济利害关系的财产，如被保险人享有留置权的财产、依据租约被保险人享有承租利益的承保财产。

可保财产规定了凡是投保的财产，被保险人必须对其具有保险利益，即被保险人与投保财产具有经济利害关系。

2. 特保财产

特保财产的全称为特约可保财产，与一般可保财产不同，是经保险双方特别约定后在保险单中载明的保险财产。特保财产有以下两种。一种是不增加费率的特保财产。这类财产的特点是：市场价格变化较大或无固定价格，或受某些风险的影响较大。这类财产有：金银、首饰、珠宝、古玩、古画、古书、邮票、艺术品、稀有金属和其他珍贵财物，堤堰、水闸、铁路、道路、涵洞、桥梁、码头等。另一种是增加费率的特保财产，如矿井、矿坑内的设备和物资等环境风险较大的财产。将这些财产作为特保财产予以承保主要是满足风险较大行业的特殊需要。

3. 不保财产

下列财产不属于保险标的范围：①土地、矿藏、矿井、矿坑、森林、水产资源以及未经收割或收割后尚未入库的农作物；②货币、票证、有价证券、文件、账册、图表、技术资料、计算机资料、枪支弹药以及无法鉴定价值的财产；③违章建筑、危险建筑、非法占用的财产；④运输过程中的物资；⑤领取执照并正常运行的机动车；⑥牲畜、禽类和其他饲养动物；⑦保险人根据保险业务风险管理的需要声明不予承保的财产。

> **知识点滴**
>
> **财产损失保险的保险标的承保规则**
>
> 标的必须是可保的合法财产并且符合保险利益原则。由于标的会在不同的条件下使用，因此财产损失保险不仅要确定保险标的，而且还要确定损失类型、损失范围、损失的价值及保险金额才可承保。

上述财产不属于保险标的范围，其主要原因是：①不能用货币衡量其价值的财产或利益，如土地、矿藏、矿井、矿坑、森林、水产资源及文件、账册、图表、技术资料等；②不是实际的物资，如货币、票证、有价证券；③不利于贯彻执行政府有关命令或规定，如违章建筑及其他政府命令限期拆除、改建的房屋、建筑物；④不属于财产保险范围，如运输途中的物资、领取执照并正常运行的机动车和畜禽类等，应由其他险种来承保。

二、企业财产保险的保险责任

企业财产保险基本险和综合险的主要区别在于综合险的保险责任比基本险的范围要广一些。

（一）企业财产保险基本险的保险责任

1. 列明的保险责任

在保险条款中列明的保险责任，如火灾、雷击、爆炸、飞行物体及其他空中运行物体坠落等，都属于基本险的保险责任。

2. "三停"损失

"三停"损失即自然灾害或意外事故引起的停电、停水、停气的损失，具体是指保险人对被保险人拥有财产所有权且自己使用的供电、供水、供气设备因保险事故停电、停水、停气造成的在产品和贮藏物品等保险标的的损坏承担赔偿责任。

3. 施救损失

施救损失即被保险人因施救、抢救而造成的保险标的的损失。例如，因抢救受灾物资而将保险房屋的墙壁、门窗等破坏造成的损失；发生火灾时隔断火道，将未着火的保险房屋拆毁造成的损失等。

4. 施救费用

当发生保险范围内的灾害事故时，被保险人为减少保险财产损失，对保险财产采取施救、保护、整理措施而支付的必要且合理的费用，由保险人负责赔偿。如果被施救的财产中包括未参加保险的财产，保险人只根据被施救的保险财产占全部被施救财产的比例负责施救费用的赔偿。如保险财产因抗洪抢险而搬运，其搬运费用可由保险人负责；被抢救出的保险财产临时堆存、摊晒、整理、监护等合理费用及因整理需要临时搭盖简易货棚的工时费用，可以由保险人负责等。

（二）企业财产保险综合险的保险责任

企业财产保险综合险条款中列明的保险责任项目有以下几种。

（1）意外事故三项：火灾、爆炸、飞行物体及其他空中运行物体坠落。

（2）自然灾害十三项：①雷击；②暴雨；③洪水；④台风；⑤暴风；⑥龙卷风；⑦雪灾；⑧雹灾；⑨冰凌；⑩泥石流；⑪崖崩；⑫突发性滑坡；⑬地面突然塌陷。

（3）"三停"责任损失、施救损失和施救费用。

综合险的"三停"保险责任与基本险相同。

三、企业财产保险的除外责任

1. 企业财产保险基本险的除外责任

企业财产保险基本险的除外责任有以下三种情况。

（1）由于以下原因造成保险标的的损失，保险人不承担赔偿责任：①战争、敌对行为、军事行动、武装冲突、罢工、暴动。②被保险人及其代表的故意行为或纵容所致。被保险人及其代表一般是指一个单位或公司的法人代表；故意行为是指"明知自己的行为会发生损害的结果，还放任或希望这种结果发生的各种行为"。③核反应、核辐射和放射性污染。④地震、暴雨、洪水、台风、暴风、龙卷风、雪灾、雹灾、泥石流、崖崩、滑坡、水暖管爆裂、抢劫、盗窃。

（2）保险标的若发生以下损失，保险人不承担赔偿责任：①保险标的遭受保险事故引起的各种间接损失，包括停工、停业期间支出的工资、各项费用、利润损失及因财产损毁导致的有关收益的损失等；②保险标的本身缺陷、保管不善导致的损毁，保险标的变质、霉烂、受潮、虫咬、自然磨损、自然损耗、自燃、烘焙所造成的损失；③由行政行为或执法行为导致的损失，如政府部门对保险标的没收、征用、销毁或毁坏等损失。

（3）不属于保险责任范围内的损失和费用。

2. 企业财产保险综合险的除外责任

企业财产保险综合险的除外责任有以下两种情况。

（1）以下原因造成保险标的发生损失的，保险人不承担赔偿责任：①战争、敌对行为、军事行动、武装冲突、罢工、暴动；②被保险人及其代表的故意行为或纵容所致；③核反应、核辐射和放射性污染。

（2）保险标的若发生以下损失，保险人不承担赔偿责任：①保险标的遭受保险事故引起的各种间接损失；②地震造成的一切损失；③保险标的本身缺陷、保管不善导致的损毁，保险标的变质、霉烂、受潮、虫咬、自然磨损、自然损耗、自燃、烘焙所造成的损失；④堆放在露天或罩棚下的保险标的以及罩棚由于暴风、暴雨造成的损失；⑤由行政行为或执法行为所造成的损失。

> **相关案例**
> 出租人为承租人投保财产保险 出了事故怎么赔？

四、企业财产保险的保险金额和保险价值

1. 固定资产保险金额与保险价值的确定

固定资产保险金额的确定有以下几种方法：①按照账面原值确定保险金额。账面原值是指在建造或购置固定资产时所支出的货币总额。②按照账面原值加成数确定保险金额。账面原值加成数即在固定资产账面原值基础上再附加一定比例，使其趋近于重置价值。③按照重置价值确定保险金额。重置价值即重新购置或重建某项财产所需支付的全部费用。④通过其他方式确定保险金额，如被保险人依据估价或评估后的市场价确定保险金额等。

> **思考讨论**：什么样的财产按照账面原值确定保险金额对企业更合算？

根据《保险法》的规定，投保人和保险人未约定保险标的的保险价值的，保险标的发生损失时，以保险事故发生时保险标的的实际价值为赔偿计算标准。固定资产的保险价值一般按出险时的重置价值确定。

2. 流动资产保险金额与保险价值的确定

流动资产保险金额的确定有以下两种方法：①由被保险人按最近12个月的账面平均余额确定；②由被保险人自行确定，即以投保月份往前倒推12个月的其中任意一个月的流动资产账面余额作为流动资产的保险金额，如被保险人可按投保时流动资产的账面余额投保。

此外，账外财产和代保管财产可以由被保险人自行估价或按重置价值确定保险金额。流动资产的保险价值一般按照出险时的账面余额或重置价值确定。

五、企业财产保险的保险费率

1. 厘定保险费率应考虑的主要因素

保险费率根据保险标的的风险程度、损失概率、责任范围、保险期限和经营管理费用等确定。在厘定企业财产保险费率时，主要考虑以下因素。

（1）建筑结构及建筑等级。建筑结构是指建筑物中由承重构件组成的体系，用以承受作用在建筑物上的各种负荷。房屋及其他建筑结构不同，其强度、刚度、稳定性和耐久性会有较大差异，因而遭遇风险的频率和风险发生后的损毁程度亦会有所区别，如钢筋水泥结构的建筑要比砖木结构的建筑更能抵御火灾及其他灾害。建筑等级是根据建筑结构来划分的。房屋建筑等级一般可以分为三等。建筑等级不同，风险状况亦不同，如一等建筑的风险抵抗能力明显高于二等建筑和三等建筑。既然建筑结构及建筑等级影响房屋及其他建筑物的风险概率及其损毁程度，保险人就应该充分考虑建筑结构及建筑等级的影响，厘定出更加科学、合理的企业财产保险费率。

（2）占用性质。占用性质是指建筑物的使用性质。不同类别、不同风险性质的财产存放于同一建筑等级的建筑物中，风险程度会有很大差别。如易燃品的风险程度就大大高于金属材料。制订企业财产保险费率时必须考虑建筑物的占用性质，并根据占用性质及其相应的风险状况，实行分类级差费率。

（3）承保风险的种类。企业财产保险承保的风险不仅有火灾，还有其他多种灾害事故。一般而言，承保的风险种类越多，保险人承担的责任越大。本着权利义务对等原则，承保风险的种类越多，保险费率就越高；承保的风险种类越少，保险费率就越低。如我国 1996 年实施的《财产保险基本险》和《财产保险综合险》，作为企业财产保险的表现形式，在厘定保险费率时就考虑了承保风险种类这一因素：财产保险基本险仅承保火灾、爆炸、雷击、飞行物体及其他空中运行物体坠落四种风险；财产保险综合险既承保以上风险，又承保暴雨、洪水、台风等多种风险。因此，财产保险综合险的保险费率几乎全部高于财产保险基本险的保险费率。

（4）地理位置。保险标的所处的地理位置不同，风险及其损失的情况也会完全不同。如我国南方城市砖木结构建筑居多，火灾的发生频率较大；江河沿岸的财产遭受洪水的可能性较大；沿海城市常遭台风袭击，而内陆城市则无台风之患等。因此，保险人应根据地理位置的不同，厘定出有差别的保险费率。

此外，在具体确定保险费率时还应考虑被保险人的防火设备、保险标的所处环境、交通状况等因素的影响。在实际工作中一般以表定费率为基础，根据具体风险情况等因素在一定的浮动范围内确定保险费率。

2. 保险费率的分类

企业财产保险的保险费率采用分类级差费率制。它可以分为工业类、仓储类和普通类三类，每类又按占用性质及风险大小等确定不同档次的保险费率。

（1）工业类。工业类保险费率分为六级，号次为 1~6。一级工业危险程度最小，保险费率最低，如钢铁、机器制造、耐火材料等工业企业。六级工业危险程度最大，保险费率最高，如以特别危险品及其他爆炸品为主要原材料进行生产的企业、染料工业企业。

思考讨论：保险费率分类级差的依据是什么？

（2）仓储类。仓储类保险费率分为四级，号次为7~10。根据仓储商品和物资的性质及危险程度把仓储类保险费率分为一般物资、危险品、特别危险品、金属材料和粮食专储四个级别。

（3）普通类。普通类保险费率分为三级，号次为11~13。它主要适用于工业类保险费率和仓储类保险费率中不包括的各类企事业单位。这三个号次分别为：社会团体、机关、事业单位；综合商业、饮食服务业、商贸、写字楼展览馆、体育场所、交通运输业、牧场、农场、林场、科研院所、住宅、邮政、电信、供电高压电路、输电设备；石油化工商店、石油液化气供应站、日用杂货品商店、废旧物资收购站、修理行、文化娱乐场所、加油站。其中，社会团体、机关、事业单位保险费率最低，石油化工商店、文化娱乐场所、加油站等单位保险费率最高。

3．短期保险费率

企业财产保险一般以1年为期，标准费率表是年费率表。如果保险期限不足1年，应按照短期费率表计收保险费。如中途退保，亦适用短期费率。短期费率有两种计算方法：一是按月计算，保险期限不足1个月的，按1个月收取（表4.1为1996年开始实施并沿用至今的按月短期费率表）。二是按日计算，即按实际投保天数计算保险费。它以应交保险费乘以退保天数占全年天数的比例计算退保保险费，然后以实交年保险费扣除退保保险费，即得应交保险费。保险期间应交保险费计算公式为

知识点滴

财产保险的保险费率是如何确定的

首先，根据历年的有效索赔额，计算出单位保额的平均有效索赔额，即平均保险损失率。然后，通过计算均方差以及稳定系数估算未来单位保额的有效索赔额，进而得出纯费率，加上附加费率后确定。

$$应交保险费=全年应交保险费×（1–退保天数/全年天数）$$

或

$$=全年应交保险费×（实际投保天数/全年天数）$$

表4.1　财产保险短期基本险、综合险费率表

保险期限（月）	1	2	3	4	5	6	7	8	9	10	11	12
按年费率（%）	10	20	30	40	50	60	70	80	85	90	95	100

六、企业财产保险的保险赔偿

在企业财产保险中，发生在保险责任范围内的损失，保险人按照保险金额与保险价值的比例承担赔偿责任，即按以下方式计算赔偿金额。

1．固定资产

固定资产的赔偿需要分项计算。在具体赔偿时，分为以下两种情况。

（1）全部损失。受损保险标的的保险金额等于或高于出险时的重置价值的，其赔偿金额以不超过出险时的重置价值为限；受损保险标的的保险金额低于出险时的重置价值的，其赔偿金

额不得超过该保险标的的保险金额。

（2）部分损失。受损保险标的的保险金额等于或高于出险时重置价值的，按实际损失计算赔偿金额；受损保险标的的保险金额低于出险时的重置价值的，应根据实际损失或恢复原状所需修复费用，按保险金额占出险时重置价值的比例计算赔偿金额，即

$$保险赔偿金额 = \frac{保险金额}{出险时重置价值} \times 实际损失或受损财产恢复原状所需修复费用$$

2. 流动资产

流动资产的保险赔偿分为以下两种情况。

（1）全部损失。受损保险标的的保险金额等于或高于出险时的账面余额的，其赔偿金额以不超过出险时的账面余额为限；受损保险标的的保险金额低于出险时的账面余额的，其赔偿金额不得超过该保险标的的保险金额。

（2）部分损失。受损保险标的的保险金额等于或高于出险时的账面余额的，按实际损失计算赔偿金额；受损保险标的的保险金额低于出险时的账面余额的，应以实际损失或恢复原状所需修复费用按保险金额占出险时账面余额的比例计算赔偿金额，即

$$保险赔偿金额 = \frac{保险金额}{出险时账面余额} \times 实际损失或受损财产恢复原状所需修复费用$$

七、企业财产保险的附加险

为满足投保人的特殊需要，保险人还可以在企业财产保险基本险、企业财产保险综合险的基础上特约承保各种附加险，如盗抢险、露堆财产保险、矿下财产保险等。

1. 盗抢险

在企业财产保险中，盗抢险一般不属于承保范围，也不能单独承保，而只能以企业财产保险基本险种附加盗抢险的形式存在。在投保了附加盗抢险之后，凡是保卫值班制度健全的单位存放在保险地址室内的保险标的，因遭受外来的、明显的盗抢行为所致的损失，并报公安部门立案的，保险人承担赔偿责任。但监守自盗属除外责任。

2. 露堆财产保险

投保人对符合仓储管理规定的露天堆放的财产要求保险人特约承保时，可以在企业财产保险基本险种的基础上增加保险费后以附加险形式投保。经特别约定后，承保的露堆财产因遭受暴风、暴雨所致的损失，保险人负责赔偿。但被保险人对其露堆财产的存放，必须符合仓储及有关部门的规定，并采取相应的防护安全措；否则，保险人有权拒赔。

3. 矿下财产保险

对矿井、矿坑内的设备和物资，经保险双方特别约定，可以在保险单上以"加贴"的方式承保。保险人对保险单上列明的自然灾害、意外事故以及因瓦斯爆炸、冒顶塌方、提升机脱钩和地下水穿孔等原因致矿下财产的损失，承担赔偿责任。

相关案例

宁波某控股公司重大火灾事故

2016年1月9日，宁波某控股公司租用的2个仓库发生火灾，过火面积近2万平方米，消防队动用20余辆消防车连续作业7个小时才将火扑灭，火灾造成大量库存服装烧毁。接到报案后，太平洋财产保险公司第一时间赶到现场开展查勘工作，使用无人机记录了燃烧过程及消防作业过程，为下一步施救及清点工作的开展提供支持。同时，组织人员持续14天夜以继日开展清点工作，救回40余万件价值为5000万元的货物，挽回大量经济损失。本案发生后不到一个月，太平洋财产保险公司即向企业赔偿2000万元，在案件处理过程中再次赔偿1000万元，最终总计赔付6850万元结案。

【点评】使用无人机可以更加明确哪些财产是现场被火灾损毁的，也便于发现仓库日常的防火措施是否达到国家标准，同时也可以看出哪些财产在仓库中还可以施救。由于火灾燃烧面积较大，清点损失需要花费一定时间，保险公司可以先行赔偿保险范围内已确定的损失，待清点完毕后再进行最终的赔偿。

第二节　家庭财产保险

家庭财产保险简称家财险，是以我国城乡居民的家庭财产为保险标的，由保险人承担火灾、自然灾害以及意外事故损失赔偿责任的财产损失保险。

一、家庭财产保险的基本特征

家庭财产保险的基本特征有以下几个方面。

1. 保险标的分散

家庭财产保险以城乡居民的家庭财产为保险标的。由于城乡居民尤其是农村居民居住十分分散，除少数城镇居民通过其所在单位统一投保家庭财产保险外，绝大多数居民都是各自分散地向保险公司投保此险种。因而，家庭财产保险的保险标的具有分散性的特点。

2. 盗窃是保险标的面临的主要风险之一

家庭财产保险的保险标的，既面临着火灾及其他各种自然灾害、意外事故风险，又面临着盗窃风险。盗窃是家庭财产面临的除火灾以外的主要风险，转移盗窃风险是城乡居民对家庭财产保险的基本需求。然而，由于盗窃风险是严重的社会风险，其所致赔偿普遍偏高，保险人承保后，会影响保险人经营的稳定性。因此，在我国的保险实践中，盗窃风险既有作为家庭财产保险的基本险种责任承保的，也有作为家庭财产保险的附加险种责任承保的。

相关案例
自然灾害造成家庭财产损失能否获赔？

3. 保险金额普遍较低

随着我国国民经济的持续发展和人民生活水平的不断提高，城乡居民的家庭财富日益增加。但是，与企业财产保险相比，居民的家庭财产总是有限的，而且家庭财产保险通常未将汽车这一高档消费品作为保险标的，所以家庭财产保险的保险金额也就比较低，一般少则几千元，多则几十万元，几百万元的较为少见。因此，保险金额普遍偏低是家庭财产保险的基本特征。

4. 保险损失普遍采用第一危险责任赔偿方式

我国家庭财产保险损失一般采用第一危险责任赔偿方式，而其他的财产保险损失则一般采用比例责任赔偿方式。发生家庭财产保险理赔案时，不论是否足额投保，在采用第一危险责任赔偿方式下，对保险金额内的保险标的损失，保险人都要全额赔偿。采用第一危险责任赔偿方式较之采用比例责任赔偿方式，显然更有利于被保险人。

二、家庭财产保险的主要内容

1. 保险标的

凡是城乡居民家庭或个人的自有财产、代他人保管的财产或与他人共有的财产等，都可以作为保险标的投保家庭财产保险。具体而言，家庭财产保险的保险标的主要包括以下项目。

（1）自有房屋及其附属设备。房屋的附属设备是指固定装置在房屋中的冷暖设备、卫生设备、照明设备、供水设备等。

（2）各种生活资料。这包括衣服、行李、家具、家用电器、文化娱乐用品、非机动交通工具等。如果投保人有机动交通工具，应当另行投保机动车辆保险及其第三者责任保险。

（3）农村家庭的农具、工具和已经收获的农副产品。

（4）与他人共有的财产。共有是指所有权主体有两个或两个以上。与他人共有并由其负责的财产可以投保家庭财产保险。

（5）代保管财产。这是指被保险人受他人之托，代其保管并负责维护其安全的财产。但从事生产、经营的个体工商业者，如洗染店、寄售店、修理店、服装加工店、代购代销店、私人旅馆小件寄存等，代他人加工、修理、保管的财产，不在家庭财产保险中代保管财产之列，从而不能纳入家庭财产保险中承保。

（6）租用的财产。它是指以付出一定租金为代价而使用的他人财产，如租用房屋、家具、电器等。

> **相关案例**
> 家中被盗，家庭财产保险能赔吗？

2. 保险责任

家庭财产保险基本险的责任范围与企业财产保险综合险的责任范围相似，主要承保火灾、爆炸、雷击及其他各种自然灾害、意外事故。

对家庭财产保险的被保险人为防止灾害蔓延或因采取必要的施救、保护措施形成的保险标的损失及支付的合理费用，保险人也予以负责。

3. 保险金额

家庭财产保险的保险金额，一般由被保险人根据其家庭财产的实际价值自行确定。由于家庭财产一般无账目可查，所以保险金额往往难以准确确定。因此，一般应以购置该财产时的支出金额作为家庭财产的实际价值，并以此作为保险金额。

4. 保险费率

家庭财产保险的保险费率，主要依据以下因素确定。

（1）房屋建筑结构及其等级。被保险人居住的房屋建筑结构及其等级，直接影响着保险标的的风险状况。如木结构的房屋较之砖结构的房屋，遭受火灾致损的可能性更大。因此，房屋建筑结构及其等级是决定家庭财产保险保险费率的主要因素。

（2）家庭财产的构成。家庭财产的构成不同，风险状况也会不同。如家用电器的多少与火灾、爆炸等风险损失紧密相关。因此，制订保险费率时应当考虑家庭财产的构成情况。

（3）地理位置及社会环境。一方面，地理位置不同，家庭财产的风险状况就不一样，如长江沿岸财产比内陆地区财产的水患严重；另一方面，一个城市或社区的社会治安状况良好，盗窃风险必定较小，保险人因盗窃损失支付保险赔偿金的概率就较低。因此，保险人在制订家庭财产保险的保险费率时，应将地理位置及社会环境作为依据。

三、家庭财产保险的主要险种

家庭财产保险一般由若干险种组成。我国家庭财产保险的基本险种有普通家财险、家财两全险和团体家财险等，附加险种有附加盗窃险及其他险种。下面仅对普通家财险、家财两全险、团体家财险及附加盗窃险进行介绍。

1. 普通家财险

普通家财险是保险人为城乡居民开设的一种通用型家庭财产保险险种。它是家庭财产保险中最主要的险种，其他家庭财产保险的基本险种都是在普通家财险的基础上发展而来的。普通家财险的保险期限为1年。前面家庭财产保险的主要内容描述的即普通家财险的内容。

2. 家财两全险

家财两全险是适用于城乡居民家庭的、兼具财产保险和满期还本两全性质的家庭财产保险业务。它是在普通家财险的基础上产生的一种家庭财产保险的基本险种，其保险标的、保险责任与普通家财险无异。家财两全险有以下几个主要特点。

（1）保险金额固定。与普通家财险不同，家财两全险的保险金额采取固定的方式，一般以1 000元为一份，投保份数至少一份，多者不限（但限定在家庭财产价值以内）。因此，家财两全险的保险金额通常是1 000元的整数倍。

（2）保险期限多样。财产保险的保险期限一般以1年为期，而家财两全险的保险期限既可以1年为期，也可以3年、5年为期，呈现出多样化的特点。

（3）以保险储金代替保险费。在家财两全险中，投保人以交纳保险储金代替保险费，保险人则将投保人所交储金的利息作为保险费收入。

（4）保险期满退还保险储金。家财两全险的期满还本性质体现为投保人交纳保险储金后，不论在保险期间内是否发生过保险赔款，保险期满时保险人都要将保险储金全部退还给被保险人。

在家财两全险的基础上，一些地方的保险公司又推出了一种长效还本家庭财产保险险种。它与家财两全险的主要区别是，保险期满时只要被保险人未主动退保，保险单就自动续保，继续有效，保险期限最长可达几十年。

3. 团体家财险

为适应企事业单位及机关团体为职工办理家庭财产保险的需要，保险人开设了团体家财险。凡单位职工的家庭财产都可以参保团体家财险。团体家财险的保险条款与普通家财险基本相同。团体家财险具有以下特点。

（1）投保人与被保险人分离。在团体家财险中，投保人是单位，被保险人是单位职工。这种投保人与被保险人相分离的情况，与其他财产保险中投保人与被保险人往往合二为一的情况相区别，从而成为团体家财险的一个特点。

（2）投保单位的职工必须全部投保。保险人在承保时，以投保时约定月份发放工资时的职工名册为准，确定被保险人的人数；凡中途调出、调入者，均应办理批改手续或加保手续；投保财产坐落地址以附列的地址清单上被保险人填报的地址为准，投保财产以被保险人常住住址中的财产为限。对于居住在单位的单身职工和家住农村的职工，均应附列地址和保险金额。

（3）保险金额由投保单位统一确定。在团体家财险中，所有被保险人的保险金额是一致的；同一家庭中有两个或两个以上的职工参加团体家财险的，其保险金额可合并计算，但以不超过家庭财产的实际价值为限。

（4）团体家财险适用优惠费率。单位统一投保能够省去保险公司的大量展业费用，既满足了投保单位的需要，又节约了保险公司经营家庭财产保险业务的成本，从而为降低费率奠定了基础。保险公司对团体家财险往往在同等条件下给予优惠费率。

4. 附加盗窃险

附加盗窃险，是附加在普通家财险或家财两全险或团体家财险上的一个附加险种。虽然它不能作为独立业务承保，但因盗窃是家庭面临的主要风险，因此亦成为多数家庭投保时必然选择的保险，并在家庭财产保险中具有重要地位。

保险公司在经营附加盗窃险业务时，主要把握以下事项。

（1）盗窃责任是指存放在保险地址室内的被保险财产，因遭受外来的、有明显痕迹的盗窃损失，包括被盗财产和被砸坏财产等，均由保险公司负责赔偿。但对于顺手牵羊、窗外钩物等造成的损失，保险公司不负责赔偿；对于被保险人及其家庭成员、服务人员、寄居人员的盗窃或纵容他人盗窃所致的被保险财产损失，保险公司也不负责赔偿。

（2）被保险人在遭受保险责任范围内的盗窃损失后，应当保护好现场，及时向当地公安机关报案，并尽快报告保险公司，取得公安部门的证明且经过三个月等待期仍然未破案，这些是被保险人索赔的重要条件。

除以上险种外，保险公司还可以根据投保人的要求开设一些专门的保险服务，如家用煤气及液化气保险、家用房屋保险、自行车保险、家用电器保险等。

四、家庭财产保险的赔偿处理

家庭财产保险的赔偿处理主要包括以下内容。

思考讨论：家庭机动车辆是否属于家庭财产保险的承保范围？

（一）普通家财险的赔偿处理

1. 房屋及室内附属设备和室内装修赔偿金额的计算

全部损失。当保险金额≥出险时重置价值，赔偿金额以不超过出险时重置价值为限；当保险金额＜出险时重置价值，赔偿金额不得超过保险金额。

部分损失。当保险金额≥出险时重置价值，赔偿金额按实际损失计算；当保险金额＜出险时重置价值，赔偿金额按保险金额与出险时重置价值的比例计算。其公式为

$$赔偿金额=（保险金额/出险时重置价值）×（实际损失-应扣残值）$$

2. 室内财产赔偿金额的计算

家庭财产保险对室内财产的损失一般采用第一危险责任赔偿方式，即在发生保险责任范围内的损失时，应按实际损失赔偿，而不是按比例分摊损失，但最高赔偿金额不得超过保险金额。

按实际损失赔偿是根据实际损失的数量和程度，再根据保险责任按照保险标的损失发生时的市场价格，并根据新旧程度规定的折旧标准折旧后的实际价值计算赔偿金额；一般是分项投保、分项赔偿，最高以不超过保险单上分项列明的保险金额为限。

（二）家财两全险的赔偿处理

在保险期限内任意一个保险年度，如果累计赔款金额达到保险金额，当年的保险责任即行终止，下个保险年度开始时自动恢复原保险责任。保险人对部分损失赔偿后，当年保险年度的有效保险金额则相应减少，有效保险金额为原保险金额减去赔偿金额后的余额。当被保险人要求恢复当年保险年度的原保险金额时，应补交相应的保险费并由保险人出具批单批注，至下个保险年度开始时保险金额自动恢复。保险标的遭受全部损失经保险人赔偿后，保险责任终止，保险人到下个年度全额退还保险储金给被保险人。

（三）盗窃险的赔偿处理

（1）保险标的发生盗窃事故后，被保险人应当立即向当地公安部门报案，并同时告知保险人，否则保险人可能有权拒赔。

（2）被保险人向保险人报案后，从案发时起三个月后被盗窃的保险标的仍未查获，方可办理赔偿手续。

（3）赔偿盗窃责任损失后，被保险人应将财产权益转让给保险人，破案追回的保险标的应当归保险人所有。被保险人如愿意收回被追回的保险标的的，其已领取的赔款必须退还给保险人，保险人对被追回保险标的的损毁部分按照实际损失给予补偿。

（4）本保险规定有绝对免赔额。

第三节　运输工具保险

运输工具保险是以各种运输工具和运输工具所引起的对第三者依法应负的赔偿责任为保险

标的的保险。该险种主要承保各类运输工具遭受自然灾害和意外事故而造成的损失，以及对第三者造成的财产直接损失和人身伤害依法应负的赔偿责任。一般按运输工具的种类不同，将运输工具保险分为机动车辆保险、飞机保险、船舶保险、其他运输工具保险。

运输工具保险在财产保险中占有非常重要的地位，尤其是与机动车辆保险相关的险种在财产保险业务中占比最高，包括机动车辆保险，摩托车、拖拉机、特种车保险，驾乘人员意外伤害保险，机动车单车提车保险，等等。本节重点介绍机动车辆保险、船舶保险和飞机保险。

一、机动车辆保险

机动车辆保险是指以在中华人民共和国境内（不含港、澳、台地区）行驶，以动力装置驱动或者牵引，上道路行驶的供人员乘用或者用于运送物品以及进行专项作业的轮式车辆（含挂车）、履带式车辆和其他运载工具（但不包括摩托车、拖拉机、特种车）为保险标的，承保机动车辆遭受自然灾害和意外事故而造成的财产损失或者因意外事故致使他人遭受人身伤亡或财产的直接损失依法应负的赔偿责任的财产损失保险。

机动车辆保险属于不定值保险，保险标的的出险率较高，赔偿方式主要是修复，并采取无赔款优待方式。

机动车辆保险包括机动车商业保险和机动车交通事故责任强制保险（以下简称"交强险"），前者属于商业保险范畴，后者属于强制保险范畴。机动车商业保险又包括主险和附加险。其中，主险包括车辆损失保险、第三者责任保险、机动车车上人员责任保险；附加险包括绝对免赔额特约条款、车轮单独损失险、新增设备损失险、车身划痕损失险、修理期间费用补偿险、发动机进水损坏除外特约条款、车上货物责任险、精神损害抚慰金责任险、法定节假日限额翻倍险、医保外医疗费用责任险、机动车增值服务特约条款等。各保险公司可以自主决定主险中涵盖哪些附加条款，并报银保监会批准后即可销售。各保险公司也可自主研发新的险种，如机动车延长保修险、新能源车险、机动车里程保险等，以扩大机动车辆保险的服务范围。

（一）交强险

1. 交强险的保险责任

根据 2020 年 9 月 19 日实施的《机动车交通事故责任强制保险条例》的规定，在中国境内（不含港、澳、台地区），被保险人在使用被保险车辆过程中发生交通事故，致使受害人遭受人身伤亡或者财产损失，依法应当由被保险人承担的损害赔偿责任，保险人按照交强险合同的约定对每次事故在赔偿限额内负责赔偿。公安机关交通管理部门、农业（农业机械）主管部门（以下统称"机动车管理部门"）应当依法对机动车参加交强险的情况实施监督检查。对未参加交强险的机动车，机动车管理部门不得予以登记，机动车安全技术检验机构不得予以检验。

为保障人身安全，对于符合规定的抢救费用，保险人可在医疗费用补偿限额内垫付。被保险人在交通事故中无责任的，保险人可在无责任医疗费用赔偿限额内垫付。对于其他损失和费用，保险人不负责垫付和赔偿。

相关案例

机动车第三者责任保险是否包含人身伤害赔偿？

有下列情形的，保险人在医疗费用赔偿限额内予以垫付并有权向致害人追偿：①驾驶人未取得驾驶资格的；②驾驶人醉酒的；③被保险机动车辆在被盗抢期间肇事的；④被保险人故意制造交通事故的。

2. 交强险的除外责任

根据《机动车交通事故责任强制保险条例》的规定，下列损失和费用，保险人不负责赔偿和垫付：①受害人故意造成的交通事故的损失；②被保险人所有的财产及被保险机动车上的财产遭受的损失；③被保险机动车发生交通事故，致使受害人停业、停驶、停电、停水、停气、停产、通信或者网络中断、数据丢失、电压变化等造成的损失，以及受害人财产因市场价格变动贬值、修理后因价值降低造成的损失等其他各种间接损失；④因交通事故产生的仲裁或者诉讼费用以及其他相关费用。

3. 交强险的责任限额

交强险的责任限额分为有责任的赔偿限额和无责任的赔偿限额。被保险人有责任时，死亡伤残赔偿限额为 18 万元、医疗费用赔偿限额为 1.8 万元、财产损失赔偿限额为 0.2 万元；被保险人无责任时，上述赔偿限额依次为 1.8 万元、1 800 元和 100 元。

4. 交强险的保险费率

交强险实行全国统一的保险条款和基础保险费率。国务院保险监督管理机构按照交强险业务总体不盈不亏的原则审批保险费率。交强险业务应当与其他保险业务分开管理，单独核算。国务院保险监督管理机构应当每年对交强险业务情况进行核查，并向社会公布；根据总体赢利或者亏损情况，可以要求或者允许保险公司相应调整保险费率。被保险机动车没有发生道路交通安全违法行为和道路交通事故的，保险公司应当在下一年度降低其保险费率，在此后年度内仍然没有发生道路交通安全违法行为和道路交通安全事故的，保险公司应当继续降低其保险费率，以提高对未发生赔付消费者的费率优惠幅度，直到最低-50%的标准；反之，提高其保险费率至 30%。中国银保监会考虑到我国各地区情况，将保险费率浮动系数差异分为 A、B、C、D、E 五级，每级中又分为 1~6 级，共 30 级。

交强险的基础保险费率，按机动车种类、使用性质分为家庭自用汽车、非营业客车、营业客车、非营业货车、营业货车、特种车、摩托车和拖拉机八大类和 42 个小类，保险费率水平全国统一。以 6 座以下家庭自用汽车为例，每年基础保险费为 950 元。

> **思考讨论**：为何要依据保险单个人因素浮动保险费率？

在实行交强险的保险费率浮动办法后，最终保险费=基础保险费×（1+与道路交通事故相联系的浮动比率）。

5. 交强险的保险期限

除国家法律、行政法规另有规定外，交强险合同的保险期限为 1 年，以保险单载明的起止时间为准。

（二）车辆损失保险

1. 车辆损失保险的保险责任

根据《中国保险行业协会机动车商业保险示范条款（2020）版》的规定，保险人承担保险责任的范围包括以下几个方面。

（1）保险期间内，被保险人或被保险机动车驾驶人在使用被保险机动车过程中，因自然灾害、意外事故造成被保险机动车直接损失，且不属于免除保险人责任的范围，保险人依照保险合同的约定负责赔偿。

（2）保险期间内，被保险机动车被盗窃、抢劫、抢夺，经出险地县级以上公安刑侦部门立案证明，满60天未查明下落的全车损失，以及因被盗窃、抢劫、抢夺受到损坏造成的直接损失，且不属于免除保险人责任的范围，保险人依照保险合同的约定负责赔偿。

（3）发生保险事故时，被保险人或驾驶人为防止或者减少被保险机动车的损失所支付的必要的、合理的施救费用，由保险人承担；施救费用数额在被保险机动车损失赔偿金额以外另行计算，最高不超过保险金额。

2. 车辆损失保险的除外责任

在上述保险责任范围内，下列情况下，不论任何原因造成被保险机动车损失的任何损失和费用，保险人均不负责赔偿。

（1）事故发生后，被保险人或驾驶人故意破坏、伪造现场，毁灭证据。

（2）驾驶人有下列情形之一者：交通肇事逃逸；饮酒、吸食或注射毒品、服用国家管制的精神药品或者麻醉药品；无驾驶证，驾驶证被依法扣留、暂扣、吊销、注销期间；驾驶与驾驶证载明的准驾车型不相符合的机动车。

> **相关案例**
>
> 驾驶人员故意破坏伪造现场该不该赔？私自改装汽车，属于除外责任的哪一条？车辆涉水行驶造成发动机损坏该不该赔偿？建议读者扫描二维码查阅相关案例后寻找这些问题的答案。
>
> 案例1　案例2　案例3

（3）被保险机动车有下列情形之一者：发生保险事故时被保险机动车行驶证、号牌被注销；被扣留、收缴、没收期间；竞赛、测试期间，在营业性场所维修、保养、改装期间；被保险人或驾驶人故意或重大过失，导致被保险机动车被利用从事犯罪行为。

（4）下列原因导致的被保险机动车的损失和费用：战争、军事冲突、恐怖活动、暴乱、污染（含放射性污染）、核反应、核辐射；违反安全装载规定；被保险机动车被转让、改装、加装或改变使用性质等，导致被保险机动车危险程度显著增加，且未及时通知保险人，因危险程度显著增加而发生保险事故的；投保人、被保险人或驾驶人故意制造保险事故。

（5）下列损失和费用：因市场价格变动造成的贬值、修理后因价值降低引起的减值损失；自然磨损、朽蚀、腐蚀、故障、本身质量缺陷；投保人、被保险人或驾驶人知道保险事故发生后，故意或者因重大过失未及时通知，致使保险事故的性质、原因、损失程度等难以确定的，保险人对无法确定的部分，不承担赔偿责任，但保险人通过其他途径已经知道或者应当及时知道保险事故发生的除外；因保险事故损坏的被保险机动车，被保险与保险人无法协商确定损失；车轮单独损失，无明显碰撞痕迹的车身划痕，以及新增加设备的损失；非全车盗抢，仅车上零部件或附属设备被盗窃。

值得注意的是，在2020版的条款中，玻璃单独破碎、全车盗抢、机动车自燃、发动机进水等都未列在除外责任中，即意味着这几项属于保险责任范围，扩大了机动车辆保险的保障范围。

3. 车辆损失的免赔额

对于投保人与保险人在投保时协商确定绝对免赔额的，保险人在依据保险合同约定计算赔款的基础上，增加每次事故绝对免赔额。

4. 车辆损失保险的保险金额

保险金额按投保时被保险机动车的实际价值确定。

投保时被保险机动车的实际价值由投保人与保险人根据投保时的新车购置价减去折旧金额后的价格协商确定或其他市场公允价值协商确定。即新车的实际价值就是新车购置价，旧车的实际价值就是新车购置价减去折旧金额后的价格。

折旧金额可根据保险合同列明的参考折旧系数表确定（见表4.2）。

表4.2 参考折旧系数表

车辆种类	月折旧系数			
	家庭自用	非营业	营业	
			出租	其他
9座以下客车	0.60%	0.60%	1.10%	0.90%
10座以上客车	0.90%	0.90%	1.10%	0.90%
微型载货汽车	—	0.90%	1.10%	1.10%
带拖挂的载货汽车	—	0.90%	1.10%	1.10%
低速货车和三轮汽车	—	1.10%	1.40%	1.40%
其他车辆	—	0.90%	1.10%	0.90%

折旧按月计算，不足1个月的部分不计折旧。最高折旧金额不超过投保时被保险机动车新车购置价的80%。折旧金额的计算公式为

折旧金额=新车购置价×被保险机动车已使用的月数×月折旧系数

5. 车辆损失保险的保险期限和保险费

车辆损失保险的保险期限为1年，以保险单载明的起讫时间为准。

车辆损失保险按照被保险人的类别、车辆用途、座位数/吨位数/排量/功率、车辆使用年限所属档次查找基础保险费和保险费率计算保险费，公式为

保险费=基础保险费+保险金额×保险费率

6. 车辆损失保险的赔偿处理

（1）发生保险事故后，保险人依据条款约定在保险责任范围内承担赔偿责任。赔偿方式由保险人与被保险人协商确定。

（2）因保险事故损坏的被保险机动车，修理前被保险人应当会同保险人检验，协商确定维修机构、修理项目、方式和费用。无法协商确定的，双方委托共同认可的有资质的第三方进行评估。

（3）被保险机动车遭受损失后的残余部分由保险人、被保险人协商处理。如折归被保险人的，由双方协商确定其价值并在赔款中扣除。

（4）因第三方对被保险机动车的损害而造成保险事故，被保险人向第三方索赔的，保险人应积极协助；被保险人也可以直接向保险人索赔，保险人在保

知识点滴

车辆损失保险不包含车辆哪些损失？

车辆损失保险不包含车辆乘坐人的人身伤亡损失、车辆货物造成的车辆损失，以上损失均需购买相应的附加险。

险金额内先行赔付被保险人，并在赔偿金额内代位行使被保险人对第三方请求赔偿的权利。被保险人已经从第三方取得损害赔偿的，保险人进行赔偿时，相应扣减被保险人从第三方已取得的赔偿金额。保险人未赔偿之前，被保险人放弃对第三方请求赔偿的权利的，保险人不承担赔

偿责任。被保险人故意或者因重大过失致使保险人不能行使代位求偿权的，保险人可以扣减或者要求返还相应的赔款。保险人向被保险人先行赔付的，保险人向第三方行使代位求偿权时，被保险人应当向保险人提供必要的文件和所知道的有关情况。

7. 车辆损失保险的理赔计算

在被保险人承担的事故责任比例下，车辆损失保险的理赔计算按以下规则进行。

> 思考讨论：为何要设置免赔额（率）？

（1）全部损失。被保险机动车发生全部损失，保险人按以下公式计算赔偿金额：

$$赔偿金额 = 保险金额 - 被保险人已从第三方获得的赔偿金额 - 绝对免赔额$$

（2）部分损失。被保险机动车发生部分损失，保险人按实际修复费用在保险金额内计算赔偿金额：

$$赔偿金额 = 实际修复费用 - 被保险人已从第三方获得的赔偿金额 - 绝对免赔额$$

（3）施救费。施救的财产中，含有保险合同之外的财产，应按保险合同保险财产的实际价值占总施救财产的实际价值比例分摊施救费用。

相关案例

家用轿车拉滴滴乘客，出了事自己担

2020年2月9日，岳某某将自己的京×××××号小轿车作为滴滴顺风车带客期间在北京市永丰路交叉路口撞到了路缘石，导致车辆受损。交警支队认定，岳某某负此次事故的全部责任。事故发生后，岳某某及时向所投保的保险公司报案，并要求保险公司依法在承保范围内向其支付该车辆的修理费26 062.2元。但保险公司拒赔，拒赔的理由是岳某某的车是作为私家用车投保的，岳某某出险时改变了使用性质导致被保险机动车危险程度显著增加而未按照《保险法》的规定及时通知保险人。保险公司不可能对岳某某违法营运造成的损失进行赔偿，拒赔的决定既符合保险合同的约定，也符合政府关于网约车的相关规定。岳某某因此将保险公司上诉至人民法院。

【点评】本案争议的焦点是被保险车辆出险时是否改变了使用性质，相关情况是否属于免责条款的范围。保险公司对发生交通事故的事实和责任认定无异议，认为按照机动车辆损失保险的规定，被保险机动车被转让、改装、加装或改变使用性质等，被保险人、受让人未及时通知保险人，且因转让、改装、加装或改变使用性质等被保险机动车危险程度显著增加，保险人有免责权，因此拒赔。人民法院审理认为，机动车辆损失保险有关免责条款有效，并根据《保险法》第52条的规定，岳某某通过滴滴平台注册并用被保险车辆进行旅客运输的行为显著增加了被保险车辆的行驶风险，且未向保险公司履行通知义务，故因保险标的的危险程度显著增加而发生的保险事故，保险人不负赔偿责任。

（三）第三者责任保险

1. 第三者责任保险的保险责任

根据《中国保险行业协会机动车商业保险示范条款（2020）版》的规定，保险期间内，被保险人或其允许的驾驶人在使用被保险机动车过程中发生意外事故，致使第三者遭受人身伤亡或财产直接损毁，依法应当对第三者承担的损害赔偿责任，且不属于免除保险人责任的范围，保险人依照保险合同的约定，对于超过交强险各分项赔偿限额的部分负责赔偿。

2. 第三者责任保险的除外责任

在保险责任范围内，下列情况下，不论任何原因造成的人身伤亡、财产损失和费用，保险人均不负责赔偿。

（1）事故发生后，被保险人或驾驶人故意破坏、伪造现场，毁灭证据。

> **思考讨论**：谁是机动车第三者责任保险中的第三者？

（2）驾驶人有下列情形之一者：①交通肇事逃逸；②饮酒、吸食或注射毒品、服用国家管制的精神药品或者麻醉药品；③无驾驶证，驾驶证被依法扣留、暂扣、吊销、注销期间；④驾驶与驾驶证载明的准驾车型不相符合的机动车；⑤非被保险人允许的驾驶人。

（3）被保险机动车有下列情形之一者：①发生保险事故时被保险机动车行驶证、号牌被注销；②被扣留、收缴、没收期间；③竞赛、测试期间，在营业性场所维修、保养、改装期间；④全车被盗窃、被抢劫、被抢夺、下落不明期间。

（4）下列原因导致的人身伤亡、财产损失和费用：①战争、军事冲突、恐怖活动、暴乱、污染（含放射性污染）、核反应、核辐射；②第三者、被保险人或驾驶人故意制造保险事故、犯罪行为，第三者与被保险人或其他致害人恶意串通的行为；③被保险机动车被转让、改装、加装或改变使用性质等，导致被保险机动车危险程度显著增加，且未及时通知保险人，因危险程度显著增加而发生保险事故的。

（5）下列人身伤亡、财产损失和费用：①被保险机动车发生意外事故，致使任何单位或个人停业、停驶、停电、停水、停气、停产、通信或网络中断、电压变化、数据丢失造成的损失以及其他各种间接损失；②第三者财产因市场价格变动造成的贬值，修理后因价值降低引起的减值损失；③被保险人及其家庭成员、驾驶人及其家庭成员所有、承租、使用、管理、运输或代管的财产的损失，以及本车上财产的损失；④被保险人、驾驶人、本车车上人员的人身伤亡；⑤停车费、保管费、扣车费、罚款、罚金或惩罚性赔款；⑥超出《道路交通事故受伤人员临床诊疗指南》和国家基本医疗保险同类医疗费用标准的费用部分；⑦律师费，未经保险人事先书面同意的诉讼费、仲裁费；⑧投保人、被保险人或驾驶人知道保险事故发生后，故意或者因重大过失未及时通知，致使保险事故的性质、原因、损失程度等难以确定的，保险人对无法确定的部分，不承担赔偿责任，但保险人通过其他途径已经知道或者应当及时知道保险事故发生的除外；⑨因被保险人发生保险事故损坏的第三者财产中，因被保险人导致的无法确定的损失；⑩精神损害抚慰金；⑪应当由交强险赔偿的损失和费用。

保险事故发生时，被保险机动车未投保交强险或交强险合同已经失效的，对于交强险责任限额以内的损失和费用，保险人不负责赔偿。

3. 第三者责任保险的责任限额

第三者责任保险每次事故的责任限额，由投保人和保险人在签订保险合同时按国务院保险监督管理机构批准的限额档次协商确定。2020 年 9 月 19 日起执行的限额为 10 万元到 1 000 万元。

4. 第三者责任保险的保险期限和保险费

第三者责任保险的保险期限为 1 年，以保险单载明的起讫时间为准。

第三者责任保险的保险费按照被保险人类别、车辆用途、座位数/吨位数/排量/功率、责任限额等直接在保险表中查找。

5. 第三者责任保险的赔偿处理

（1）免赔规定。我国机动车第三者责任保险条款规定了每次保险事故的赔款计算应按责任免赔比例的原则，在符合赔偿规定的责任限额内实行绝对免赔率。保险人依据被保险机动车一方在事故中所负的事故责任比例，承担相应的赔偿责任。被保险人或被保险机动车一方根据有关法律法规选择自行协商或由公安机关交通管理部门处理事故，但未确定事故责任比例的，按照下列规定确定事故责任比例：被保险机动车一方负主要事故责任的，事故责任比例为70%；被保险机动车一方负同等事故责任的，事故责任比例为50%；被保险机动车一方负次要事故责任的，事故责任比例为30%。涉及司法或仲裁程序的，以人民法院或仲裁机构最终生效的法律文书为准。

（2）理赔计算。当（依合同约定核定的第三者损失金额－交强险的分项赔偿限额）×事故责任比例等于或高于每次事故责任限额时：

$$赔偿金额=每次事故责任限额$$

当（依合同约定核定的第三者损失金额－交强险的分项赔偿限额）×事故责任比例低于每次事故责任限额时：

$$赔偿金额=（依合同约定核定的第三者损失金额－交强险的分项赔偿限额）×事故责任比例$$

保险人按照《道路交通事故受伤人员临床诊疗指南》和国家基本医疗保险的同类医疗费用标准核定医疗费用的赔偿金额。

未经保险人书面同意，被保险人自行承诺或支付的赔偿金额，保险人有权重新核定。不属于保险人赔偿范围或超出保险人应赔偿金额的，保险人不承担赔偿责任。

📚 相关案例

自己的车撞死自己，交强险都不赔

某年6月5日10时20分许，杨某驾驶辽B×××××号车辆，将该车停放在厂区北侧路段，下车后步行至厂内由高某停放的叉车右侧，这时停在叉车北侧的辽B×××××号车辆由北向南溜车，与杨某的身体及叉车相撞，杨某受伤后经救治无效死亡，两车受损。经交警大队认定，杨某驾驶制动性不符合标准的车辆上道行驶是事故发生的全部原因，负事故全部责任，叉车驾驶人高某不负事故责任。辽B×××××号车辆投保交强险及第三者责任保险50万元，叉车无保险。另查明，辽B×××××号车辆投保人及被保险人为叉车驾驶人高某，高某是杨某的雇主，车辆管理及保养人为杨某。杨某家属诉至人民法院请求保险公司在交强险及第三者责任保险限额内承担赔偿责任，叉车驾驶人高某在保险责任外承担赔偿责任。本案经一审判定保险公司承担交强险及第三者责任保险赔偿责任。保险公司与一审原告均提出上诉，本案二审判定驳回一审原告的诉讼请求，保险公司不承担保险赔偿责任。

【点评】本案争议的焦点是杨某下车后被本车撞伤致死是否属于交强险及第三者责任保险的保险责任。一审人民法院观点：机动车辆保险合同所涉及的"第三者"与"车上人员"必须以该人员在事故发生这一

特定时间是否身处被保险车辆之上为依据，在车上即为"车上人员"，在车下即为"第三者"。本案杨某被撞时已身处车辆之外，应属于交强险及第三者责任保险合同约定的"第三者"，因此，保险公司应当承担交强险及第三者责任保险的赔偿责任。二审人民法院观点：杨某在发生交通事故时确系车下人员，但其作为投保人允许的驾驶人，属于交强险保险条款约定的被保险人，故依据交强险保险条例的规定，杨某作为人身损害的受害人同时也是交强险的被保险人，被排除在交强险保险责任范畴之外。另外，依据《保险法》第65条第4款的规定，责任保险是指以被保险人对第三者依法应负的赔偿责任为保险标的的保险，本案杨某作为被保险人不属于第三者。最高人民法院最后认定：驾驶人本人就是被保险人，且对机动车有实际的控制力，同时，因驾驶人自己行为造成自身损害，对其赔偿不符合我国交强险的规定，故在现有法律的规定下，这种情况下的驾驶人不属于"第三者"。

二、船舶保险

船舶保险是指以各种船舶、水上装置及其碰撞责任为保险标的的运输工具保险。船舶保险适用于各种团体单位、个人所有者或者与他人共有的机动船舶与非机动船舶，以及股份制航运企业和合资企业、外商独资企业所有或租用的机动船舶与非机动船舶。船舶保险必须具有港航监督管理部门签发的适航证明和按规定配备持有职务证书的船员，从事客货营业运输的，还必须持有工商行政管理部门核发的营业执照。船舶保险的主要条款包括以下几个方面的内容。

1. 保险责任

船舶保险的保险责任有以下几种：①八级及八级以上的大风、洪水、海啸、地震、崖崩、滑坡、泥石流、冰凌、雷击；②火灾、爆炸；③碰撞、搁浅、触礁、倾覆、沉没；④船舶在航行中失踪6个月以上；⑤碰撞责任；⑥共同海损分摊费用；⑦施救费用；⑧救助费用。

支付救助费用的原则是：有效果有报酬、无效果无报酬。

2. 除外责任

船舶保险的除外责任有以下几种：①战争、军事行动和政府征用；②不具备适航条件；③被保险人及其代表的故意行为；④超载、浪损、座浅引起的事故损失；⑤船体和机件的正常维修、油漆费用和自然磨损、腐蚀、机器本身发生的故障；⑥因保险事故导致停航、停业的损失以及因海损事故造成的第三者的一切间接损失；⑦木船、水泥船的锚及锚链（缆）或子船的单独损失；⑧清理航道、清理污泥的费用；⑨其他不属于保险责任范围内的损失。

3. 保险期限

船舶保险的保险期限一般为1年，起止日期以保险单载明的时间为准。期满续保另办手续；逾期不续保，保险公司不负责赔偿发生事故后导致的损失。

4. 保险金额

船龄在3年（含3年）以内的船舶视为新船，新船的保险价值按重置价值确定，重置价值是指市场新船的购置价；船龄在3年以上的船舶视为旧船，旧船的保险价值按实际价值确定，实际价值是指船舶市场价或出险时的市场价格。保险金额按保险价值确定，也可以由保险双方协商确定，但保险金额不得超过保险价值。

5. 保险赔偿

保险船舶发生保险事故，被保险人应及时采取合理救助措施，避免事故扩大，而且必须在到达第一港口后 48 小时内向港航监督管理部门及保险公司报告，并对保险事故负有举证义务及对举证的真实性负责。

根据赔款规定计算应赔金额，具体包括以下四种情况。

（1）船舶全损赔偿。船舶全损按照保险金额赔偿。但在确定全损以前，被保险人为了进行施救或采取紧急措施而支付的费用，也一并赔偿。对此项费用，保险公司在赔付船舶保险金额外，另行按照保险金额限度负责。保险公司按全损赔付以后，船舶所有权即转让给保险公司。如果船舶构成推定全损，被保险人应当向保险公司办理委付手续，保险公司可接受委付或拒绝，但不影响保险公司对推定全损的赔偿义务。

（2）船舶部分损失赔偿。新船按实际发生的损失、费用赔偿，当保险金额低于保险价值时，按保险金额与保险价值的比例计算赔偿。旧船按保险金额与投保时或出险时的新船重置价值的比例计算赔偿，两者以价高的为准。部分损失的赔偿金额以不超过保险金额或实际价值为限，两者以价低的为准。当无论一次或多次累计的赔款都等于保险金额的全数时（含免赔额），保险责任即行终止。在保险金额限度内需支付的修理费用，须经保险人、被保险人和修理厂三方根据受损船舶情况确定修理项目，签订协议书，任何一方不得随意变更；对超范围修理、超正常维修，以及延迟修理而扩大损失程度的修理费用，保险公司不予负责。

（3）船舶碰撞、触碰责任赔偿。该项赔偿在保险金额限度内遵循过失责任赔偿的原则：全过失全赔，无过失不赔，有过失分摊。但每次碰撞、触碰责任仅负责赔偿金额的 3/4。

（4）共同海损和施救费用、救助费用、救助报酬的赔偿。共同海损按照国家有关法律规定摊付费用。保险船舶发生共同海损事故时，对施救费用、救助费用、救助报酬的赔偿，保险公司根据获救的船舶价值与获救的船、货、运费总价值的比例分摊。

知识点滴

施救费与救助费有何不同？

施救费是自己采取措施救自己所发生的费用。救助费是委托第三者救自己所发生的费用。施救费保险公司可以依据保险金额给予赔偿；救助费则要看是否救助成功，不成功则保险公司不承担赔偿责任。

相关案例

船舶拖航南海海域沉没理赔案

中交航道局下属某企业为响应国家南海岛礁填海建岛号召，于 2015 年 1 月相继调派多艘大功率工程船赴南海海域执行该任务。被派遣的 T 轮在广州接受中国船级社的适拖检验后，拖带起航，至近南海海域附近，遭遇持续大风浪，船体进水致沉没，沉没海域水深达 4 000 米。事故导致船舶实际全损，无人员伤亡。

事发后，被保险人及时向保险公司报案。考虑到涉案金额巨大，且 T 轮为执行国家海上战略需要前往南海执行任务，社会影响广泛。太平洋财产保险作为首席承保人，当即通知国内其他共保公司（平安财产保险、大地保险、阳光保险）及国外再保人，多家机构联合派出专业人员第一时间在船到达的第一港口海南进行事故调查。查明事实后，当即预付 50% 赔款 7 727 万元；在获得海事主管机关对事故原因的调查报告后，迅速赔付余款 7 727 万元结案。

【点评】本案的赔偿需要确定事故的原因是保险事故还是人为错误操作，因此原保险公司与各再保公司在能够确定的保险金额内先行赔偿50%，待事故原因调查报告公布后补齐余款。本案是一起典型的工程船远距离拖航沉没案件，因该船为执行国家海上战略任务沉没，保险理赔具有积极的社会影响。

三、飞机保险

飞机保险是指以飞机及其有关责任、利益为保险标的的运输工具保险。飞机保险具有险种多、价格高、损失大的特点。在我国，飞机保险按责任范围可分为飞机机身保险、第三者责任保险、旅客责任保险三种基本险及承运货物责任保险与战争、劫持保险两种附加险。飞机保险的主要条款包括以下内容。

（一）保险责任

1. 飞机机身保险

飞机机身保险的保险责任包括：飞机在飞行或滑行中以及在地面上，因自然灾害或意外事故造成飞机及其附件的损失；飞机起飞后15天尚未得到其行踪消息所构成的失踪损失；因意外事故引起飞机拆卸、重装和运输的费用；清理残骸的合理费用；飞机发生上述自然灾害或意外事故时，采取施救、保护措施所支付的合理费用，但最高限额不得超过该飞机机身保险金额的10%。

2. 第三者责任保险

由于飞机或从飞机上坠人、坠物所造成的第三者人身伤亡或财产的直接损失，依照法律或有关规定应由被保险人承担的经济赔偿责任，保险公司负责赔偿。涉及被保险人的赔偿责任所引起的诉讼费用，保险公司应另行负责赔偿，并不受保险单上载明的最高赔偿限额的限制。

3. 旅客责任保险

航空公司在经营过程中造成旅客人身伤亡和行李损失，在法律上应负赔偿责任时，保险公司在规定的赔偿限额内予以赔偿。保险责任一般从乘客验票后开始到离开飞机场之前提取行李时为止。

4. 附加险

在承保基本险的同时，还可以承保附加险，主要包括：①承运货物责任保险。凡办妥托运手续装载在飞机上的货物，如在运输过程中发生损失，根据法律或合同规定应由承运人负责的，由保险公司赔偿。②战争、劫持保险。凡由于战争、敌对行为或武装冲突、拘留、扣押、没收、劫持或被第三者破坏等原因造成的损失和费用，以及引起被保险人对第三者或旅客应负的赔偿责任或费用，由保险公司负责赔偿。

（二）除外责任

飞机保险责任的除外责任具体包括：飞机不符合适航条件而飞行；被保险人的故意行为；飞机任何部件的自然磨损、制造及机械缺陷；飞机受损后引起被保险人停航、停运等间接损失；飞机因战争、劫持保险条款规定的除外责任。

（三）保险金额

在我国，飞机保险的保险金额一般采用定值保险方式确定。

飞机机身保险的保险金额可以按照净值确定，也可以由被保险人和保险公司协商确定，新购置的飞机可按原值确定。

飞机第三者责任保险按照飞机种类收取固定保险费，赔偿限额也是按飞机种类确定。

（四）保险费

飞机的保险费因其保险责任范围不同而不一样。飞机机身保险的保险费一般按照保险金额的一定比例收取；第三者责任保险的保险费按照飞机种类和机型规定最高赔偿限额和固定保险费计算；旅客责任保险的保险费按照飞机的座位数计算。

（五）赔偿处理

飞机在保险有效期内发生保险责任范围内的损失和费用，保险公司按下列规定赔偿：发生全部损失，按保险金额赔偿；发生部分损失，在保险金额限度内，按实际修理费用赔偿。按照净值或协商确定保险金额的飞机，则按保险金额与损失当时的市场价值的比例进行赔偿。以上飞机损失的一次赔款等于飞机机身保险的保险金额时，飞机机身保险责任即行终止。

第四节　货物运输保险

一、货物运输保险的含义与特点

货物运输保险是以运输过程中的各种货物为保险标的，以运行过程中可能发生的有关风险为保险责任的一种财产保险。被保险人或投保人在货物装运之前，按货物的价值确定保险金额，向保险公司投保货物运输保险。投保人按投保金额、投保险种及保险费率，向保险人支付保险费并取得保险单据。被保险货物如果在运输过程中发生保险事故造成损失，则保险公司负责保险责任范围内的损失，按保险金额及损失程度，赔偿给保险单据的持有人。

货物运输保险具有以下特点。

（1）保险标的具有流动性。普通财产保险（如企业财产保险和家庭财产保险）的保险标的通常处于相对静止的状态，而货物运输保险的保险标的经常处于运输状态。

（2）出险地点的不确定性。货物运输保险的保险标的由于处于流动过程当中，因此出险地点具有不确定性。

（3）保险标的由承运人控制。普通财产保险的保险标的通常在被保险人的直接控制之下，而货物运输保险的保险标的在交给承运人运输之后，则完全在承运人的控制之下，被保险人根本无法控制。

（4）保险责任起讫以保险标的实际所需的运输航程为限。普通财产保险的保险期限一般按照具体的时间来确定，而货物运输保险的保险期限往往以货物远离发货人仓库时开始，到达目的地收货人仓库时终止。

（5）根据《保险法》的规定，货物运输保险合同和运输工具航程保险合同，保险责任开始后，合同当事人不得解除合同。

二、海洋货物运输保险的风险

海洋货物运输保险包括以下几种风险。

1. 海上风险

海上风险包括两大类：①自然灾害，如恶劣气候、雷电、海啸、地震、火山爆发、洪水等。②意外事故，如搁浅、触礁、沉没、失踪、碰撞、触碰任何固定或浮动物体及其他物体等意外事故。

2. 海上损失

海上损失按货物损失的程度分为全部损失和部分损失。

全部损失分为实际全损和推定全损。实际全损是指保险标的发生保险事故后灭失，或者受到严重损坏完全失去原有形体、效用，或者不能再归被保险人所拥有的（如被盗、沉没等）；推定全损是指货物发生保险事故后，认为实际全损已不可避免，或者为避免发生实际全损所需支付的费用与继续将货物运抵目的地的费用之和超过保险价值的。

发生推定全损时，被保险人可以要求保险人按部分损失赔偿；也可以要求按全部损失赔偿，这时需向保险人发出委付通知。

不属于实际全损和推定全损的损失为部分损失。部分损失按货物损失的性质分为共同海损和单独海损。共同海损是指在同一海上航程中，船舶、货物和其他财产遭遇共同危险，为了共同安全，有意地、合理地采取措施所直接造成的特种牺牲、支付的特殊费用。例如，船舶发生倾斜吃水过深，为了保持船舶的平衡而有意抛弃部分货物，被抛弃的货物即共同海损，由受益各方共同分担。共同海损分摊时，涉及的受益方包括货方、船方和运输方。共同海损的分摊原则有两个：一是以实际遭受的损失或额外增加的费用为准；二是无论受损方还是未受损方，均按标的物价值比例分摊。

除了共同海损之外的其他损失，由船方或货方单独承担的损失即单独海损。

3. 费用

费用分为施救费用、救助费用和其他费用。

施救费用是指保险船舶或货物处于危险之中，本船尽一切可能采取自救行为，由此而支付的必要的、合理的费用。保险人对施救不论有无效果都赔偿。

救助费用是指保险船舶或货物处于危险之中，借助其他人的帮助使船舶或货物脱险，由此引起的必要的、合理的费用。救助费用通常可以列为共同海损费用，参加共同海损分摊。保险人对救助费用赔偿采取"无效果无报酬"原则。

其他费用是指诉讼费用和为确定保险责任的损失进行检验、查勘等发生的合理费用。

4. 委付

保险标的发生实际全损或推定全损，被保险人要求保险人按照全部损失赔偿的，应当向保险人委付保险标的。保险人可以接受委付，也可以不接受委付，但是，应当在合理的时间内将接受或者不接受委付的决定通知被保险人。被保险人在委付时不得附带任何条件，委付一经保险人接受，不得撤回。保险人接受委付的，被保险人将委付保险标的的全部权利和义务转移给保险人，保险人实现物上代位权。

三、海洋货物运输保险的险种

海洋货物运输保险的基本险有平安险、水渍险、一切险，附加险有一般附加险、特别附加险、特殊附加险等。

基本险可以单独承保，不必附加在其他险别上；附加险是投保人在投保基本险时，为补偿基本险范围以外可能发生的某些风险造成的损失所附加的保险。

（一）基本险

1. 平安险

平安险责任范围如下：自然灾害造成的全损或推定全损；意外事故造成的全部或部分损失；在运输工具已经发生搁浅、触礁、沉没等意外事故的情况下，在此前后又因自然灾害造成的部分损失；装卸或转运时由于整件货物落海造成的该件货物的全部或部分损失；被保险人的施救费用；在避难港卸货引起的损失以及在中途卸货港所产生的特别费用；共同海损的牺牲、分摊和救助费用；运输合同中订有"船舶互撞责任"条款的，根据该条款的规定，应由货方赔偿船方的损失。

平安险由于责任范围比较小，因此一般适用于不易损坏的低值裸装的大宗货物，如矿砂、钢材、铸铁制品。

2. 水渍险

水渍险责任范围除了包括平安险的各项责任外，还包括恶劣天气、雷电、海啸、地震、洪水等自然灾害造成的被保险货物部分损失。简单地说，其可以表示如下：

水渍险=平安险+自然灾害造成的部分损失

水渍险适用于不大可能发生碰撞、破碎，或者容易生锈但不影响使用的货物，如铁钉、铁丝、螺丝等小五金类商品，以及旧汽车、旧机床、旧设备等二手货。

3. 一切险

一切险责任范围除了包括水渍险的所有责任外，还包括各种外来原因造成的被保险货物全部损失或部分损失。这里的外来原因并非一切外来风险，而是以一般附加险的 11 种风险为限。简单地说，其可以表示如下：

一切险＝水渍险+一般外来原因（11 种一般附加险）造成的全部或部分损失

4. 补充说明

（1）三种基本险按责任范围的大小顺序排列为：一切险＞水渍险＞平安险。

（2）投保人可根据货物的特点、运输路线等情况选择投保平安险、水渍险和一切险三种险别中的任意一种，也可以在投保平安险或水渍险的基础上，选择投保 11 种附加险中的一种或几种。

5. 基本险共同的除外责任

基本险共同的除外责任有以下几项：①被保险人的故意行为或过失造成的损失；②由于发货人责任所引起的损失；③保险责任开始前，被保险货物已经存在的品质不良或数量短差所造成的损失；④被保险货物的自然损耗、本质缺陷、特性以及市场跌落、运输延迟所引起的损失；⑤属于海洋运输货物战争险条款和货物运输罢工险条款规定的范围和除外责任的货物损失。

6. 保险期限

基本险的保险期限通常采用"仓至仓"条款，即从被保险货物运离保险单所载明的起运地发货人仓库或储存处所时开始，到货物到达保险单所载明的目的地收货人仓库或储存处所时终止。如果被保险货物运抵卸货港并全部卸离海轮后，收货人没有立即运到自己的仓库，保险责任从货物全部卸离海轮时起算满 60 天终止。被保险货物运抵卸货港之后，并且卸货港是目的地的，如果收货人提货后，不将货物运往自己的仓库，而是将货物进行分配、分派或分散转运，那么保险责任从开始分配、分派或分散转运货物时终止。

7. 索赔时效

索赔时效是指在被保险人知道或者应该知道发生保险事故之后，如果被保险人不及时向保险公司要求赔偿，在经过法律规定的一定时期后，被保险人将会失去胜诉权。海洋货物运输保险的索赔时效是自被保险货物在最后卸货港全部卸离海轮后起算，最多不超过 2 年。

（二）附加险

附加险就是只有在投保基本险后方能加保的险别，主要包括以下内容。

1. 一般附加险

一般附加险也称普通附加险，承保一般外来原因所造成的损失，主要有以下 11 种。

（1）偷窃、提货不着险。该险别主要承保被保险货物由于偷窃行为，以及货物运抵目的地后，收货人未能提取到整件货物或全部货物的损失。

（2）淡水雨淋险。该险别承保被保险货物直接因淡水、雨淋、冰雪融化所造成的损失。淡水所致损失包括船上淡水仓库或水管漏水、船舱内水汽凝结而成的舱汗造成货物的损失；淡水是相对海水而言的，由于平安险和水渍险只对海水所致的各种损失负赔偿责任，因此，当货物或其包装外部出现水渍斑损时，被保险人要及时申请检验，弄清楚损失是由淡水雨淋还是被海水浸泡所致。如果只是前者又未加保淡水雨淋险，保险公司无须负责。

（3）短量险。该险别承保货物在运输过程中因外包装破裂、裂口、扯缝或散装货物发生散失，比实际重量短少的损失，不包括正常损耗。

（4）混杂、玷污险。该险别承保货物在运输过程中，因混进杂质或被玷污所造成的损失。

（5）渗漏险。该险别承保液体、流质类货物由容器损坏而引起的渗漏损失，以及用液体储装的货物因液体渗漏而发生的腐烂、变质的损失。

（6）碰损、破碎险。该险别承保货物在运输过程中，因外来原因的震动、碰撞、挤压造成的碰损或破碎损失。

（7）串味险。该险别承保货物因受其他物品气味的影响而引起的串味、变味损失。

（8）受潮受热险。该险别承保货物因船舱内水汽凝结引起受潮或发热所造成的霉烂、变质或融化的损失。

（9）钩损险。该险别承保货物在运输、装卸过程中，因使用钩子等工具致使外包装破漏造成货物外漏或货物被直接钩破的损失。

（10）包装破裂险。该险别承保货物因装运不慎使包装破裂造成的短少、玷污、受潮等损失，目的在于补偿对包装进行修补或调换所产生的费用。

（11）锈损险。该险别承保货物在运输途中因生锈而造成的损失，但对于极易生锈的铁丝、水管零件或必然生锈的金属板块，以及一些体积大、习惯装载于舱面的大型金属物件，都不予承保。

2. 特别附加险

特别附加险和一般附加险的不同之处有两点：一是特别附加险不包括在一切险责任范围之内；二是导致特别附加险的货物损失的原因往往同政治、国家行政管理以及一些特殊的风险相关联。特别附加险主要有以下六种。

（1）交货不到险。该险别的保险责任从货物装船时开始，不论何种原因，货物不能在预定抵达目的地的日期起6个月内交货，保险公司按全损赔付，但货物的权益转让给保险公司。

（2）进口关税险。该险别承保货物已经受损，但仍需按完好价值缴纳进口关税所造成的损失。

（3）舱面险。该险别承保装载于舱面的货物因被抛弃或被风浪冲击落水所造成的损失。对于装载于舱面的货物，保险公司通常只愿意在平安险的基础上加保舱面险，但是对于使用集装箱运输的货物，把装载于舱面的集装箱内的货物视为舱内货物，不另加收保险费，也不限制于投保平安险，允许选择投保适当的险别。

（4）拒收险。该险别承保货物在进口港被当局拒绝进口或没收造成的损失。

（5）黄曲霉毒素险。该险别承保含有黄曲霉毒素的食物因超过进口国标准而被拒绝进口、没收或强制改变用途所致的损失。黄曲霉毒素是一种致癌毒素，通常存在于发霉的花生、大米、油菜籽等货物中。

（6）销售货物到我国香港或澳门存仓火险责任扩展条款。承保销售到港、澳地区的货物，如果直接卸到保险单载明的过户银行所指定的仓库时，则延长存仓期间的火险责任。该保险主要是为了保障过户银行的利益，被保险货物通过银行办理押汇，在货主未向银行赎单前，货物的权益属于银行，因此在保险单上必须注明过户给放款银行。

3. 特殊附加险——战争险

特殊附加险也不属于一切险的责任范围，主要包括战争险和罢工险两种。

战争险的保险责任：因战争、武装冲突、海盗行为所致的损失；由于上述原因引起的捕获、拘留、扣押所造成的损失；各种常规武器所致的损失；由于上述原因引起的共同海损的牺牲、分摊和救助费用。

战争险的除外责任：核武器引起的损失；因船舶、货物被扣押、拘留引起的航程丧失和损失。

战争险的保险期限：不采用"仓至仓"条款，而是以水上危险为限，即从货物装上海轮或船舶开始，至卸离海轮或船舶为止。

4. 特殊附加险——罢工险

罢工险的保险责任：因为罢工者参加工潮、暴动和民众斗争采取行动造成的被保险货物的损失。

罢工险的除外责任:对于罢工期间由于劳动力短缺或者无法使用劳动力对堆存在码头的货物遇到大雨无法采取罩盖防雨布的措施而遭淋湿受损等原因所致的被保险货物的损失,以及由此而引起的动力或燃料缺乏使冷藏机停止工作所致的冷藏货物的损失。同时,对于罢工引起的费用损失,如改换港口卸货引起的费用增加,不予赔偿。

罢工险的保险期限采用"仓至仓"条款。

已投保战争险又加保罢工险的,一般不另行收费。但是如果只投保罢工险,则按战争险费率计收保险费。

四、陆上、航空货物运输和邮包运输保险

(一)陆上货物运输保险

陆上货物运输保险的承保对象是火车和汽车运输的货物,分为陆运险、陆运一切险、陆上运输冷藏货物险和陆上运输货物战争险等险别。

1. 基本险

基本险包括陆运险、陆运一切险。

(1)陆运险的保险责任为:因为自然灾害、意外事故造成的保险公司负责的货物全部损失或部分损失,以及必要的、合理的施救费用。其责任范围和水渍险相似。

(2)陆运一切险的保险责任除了包括陆运险的责任之外,还包括由于外来原因导致的全部或部分损失。

2. 陆上运输冷藏货物险

(1)保险责任。保险公司除了负责陆运险的责任之外,还负责冷藏设备损坏造成的货物损失。

(2)责任期限。该险种也采用"仓至仓"条款,与陆运险和陆运一切险不同的是,责任期限是以货物到达目的地车站后10天为限。

(二)航空货物运输保险

航空货物运输保险主要承保的是被保险货物在航空运输中可能遭受的损失风险,它在承保标的、保险金额的确定及保险责任起讫等方面,与陆上、海洋货物运输保险具有一致性,但在承保责任方面仍具有自身的特点。

1. 航空货物运输保险的保险责任

在航空货物运输保险中,只要在保险责任期限内,被保险货物无论是在运输还是存放过程中,由于下列原因遭受的损失均由保险公司负责赔偿。

(1)由于飞机遭受碰撞、倾覆、坠落、失踪(三个月以上),以及在危难中发生卸载和遭遇恶劣气候或其他危难事故发生抛弃行为所致的损失。其中,"失踪(三个月以上)"是指飞机起飞后与地面失去联系,下落不明,经民航局鉴定为失踪者,可推定为完全灭失,按全损赔偿。

（2）因遭受火灾、爆炸、雷电、冰雹、暴风、暴雨、洪水、海啸、地面陷落、崖崩等所造成的损失。

（3）因受震动、碰撞或压力而造成的破碎、弯曲、凹瘪、折断、开裂等损伤以及由此而引起包装破裂所造成的散失。

（4）凡属液体、半流体或者需要用液体保藏的被保险货物，在运输途中因受震动、碰撞或压力致使所装容器损坏发生渗漏而造成的损失，或用液体保藏的货物因液体渗漏而致保藏货物腐烂的损失。

（5）被保险货物因遭受偷窃或者提货不着的损失。

（6）在装货、卸货时和地面运输过程中，因遭受不可抗力的意外事故及雨淋所造成的货物损失。

（7）在发生保险责任范围内的灾害事故时，因施救或保护被保险货物而支付的合理费用，保险公司负责赔偿，但最高不得超过保险金额。

2. 除外责任及其他

在航空货物运输保险中，保险单上列明的除外责任，一般与铁路货物运输保险相同，但保险人承担的责任范围却因保险责任的不同而存在差异。因此，航空货物运输保险的责任范围应当以航空货物运输保险合同中载明的责任范围为准。

由于被保险人无法控制的运输延迟、绕道、被迫卸货、重新装载、转载或承运人运用运输契约赋予的权限所作的任何航行上的变更或终止运输契约，致使被保险货物运输到非保险单所载目的地时，在被保险人及时将获知的情况通知保险公司并在必要时加交保险费的情况下，保险合同仍然继续有效，保险责任通常按照下列规定终止。

（1）被保险货物如在非保险单所载目的地出售，保险责任至交货时为止。但不论何种情况，均以被保险货物在卸载地卸离飞机后满15天为止。

（2）被保险货物在上述15天期限内继续运往保险单所载目的地或其他目的地时，保险责任仍按上一款的规定执行。

（三）邮包运输保险

邮包运输保险承保邮包运输过程中由自然灾害、意外事故或外来原因造成的货物损失。

1. 保险责任

本保险分为邮包险和邮包一切险两种。

（1）邮包险。被保险邮包在运输过程中由于恶劣气候、雷电、海啸、地震、洪水等自然灾害，或由于运输工具遭受搁浅、触礁、沉没、碰撞、倾覆、出轨、坠落、失踪，或由于失火、爆炸等意外事故所造成的全部或部分损失。被保险人对遭受承保范围内危险的货物采取抢救、防止或减少货损的措施而支付的合理费用，保险人应当赔付，但以不超过获救货物的保险金额为限。

（2）邮包一切险。除上述邮包险的各项责任外，邮包一切险还负责被保险邮包在运输途中由于外来原因所致的全部或部分损失。

2. 除外责任

本保险的除外责任同陆上运输货物保险的除外责任。

3. 责任期限

本保险责任自被保险邮包离开保险单所载起运地点寄件人的处所运往邮局时开始生效，直至该邮包运达保险单所载目的地邮局，自邮局签发到货通知书当日午夜起算满15天终止。但在此期间内该邮包一经递交至收件人的处所时，保险责任即告终止。

4. 索赔期限

本保险索赔时效从被保险邮包递交收件人起算，最多不超过2年。

五、国内货物运输保险

按照运输工具的不同，国内货物运输保险可分为以下四类：①水路货物运输保险。这里的"水路"是指航行水域，包括沿海和入海河流以及国内江、河、湖等。②铁路货物运输保险。其主要承保利用火车运输的货物，包括铁路运输中的鲜活货物。③公路货物运输保险。该险种一般不负责盗窃或整件提货不着的损失。④航空货物运输保险。

（一）保险责任

1. 国内水路、公路、铁路货物运输保险的责任范围

基本险的责任范围：火灾、爆炸、自然灾害、意外事故所致损失；在装货、卸货或者转载时所造成的损失；共同海损费用；合理的施救费用和保护费用。

基本险的除外责任：综合险的保险责任－基本险的保险责任＋综合险的除外责任。

综合险的责任范围：除了包括基本险的责任范围之外，还包括以下损失。因受震动、碰撞、挤压而造成货物的损失；液体货物因受震动、碰撞、挤压导致容器损坏而造成货物的损失；遭受盗窃或承运人责任造成的整件提货不着的损失；符合安全运输规定而遭受雨淋所导致的损失。

综合险的除外责任：战争或军事行动；保险货物本身的缺陷或自然损耗，以及由于包装不善所致的损失；被保险人的故意行为或过失所致的损失；公路货物运输的盗窃和整件提货不着的损失。

2. 国内航空货物运输保险的责任范围

在保险期限内，无论是在运输还是存放过程中，由于下列原因造成的损失，保险公司均负责赔偿：由于飞机发生意外，以及在危难中发生卸载或抛弃货物行为所造成的损失；火灾、爆炸以及自然灾害造成的货物损失；因受震动、碰撞、挤压导致容器损坏而造成货物的损失；液体货物因受震动、碰撞、挤压导致容器损坏而造成货物的损失；遭受盗窃或承运人责任造成的整件提货不着的损失；在装货、卸货时和地面运输过程中，因遭受不可抗力的意外事故及雨淋所造成的货物损失；合理的施救费用和保护费用。

除外责任：战争或军事行动；保险货物本身的缺陷或自然损耗，以及由于包装不善或者托运人不遵守货运规则所致的损失；被保险人的故意行为或过失所致的损失。

（二）责任期限

本保险责任从签发保险单和保险货物运离起运地发货人的最后一个仓库或储存处所时起，到运达保险单注明的目的地收货人在当地的第一个仓库或储存处所时终止。但保险货物运达目的地后，如果收货人未及时提货，则保险责任的终止期最多可延长至收货人接到到货通知单后的 15 天（以邮戳日期为准）。

（三）保险价值和保险金额

国内货物运输保险一般采用定值保险方式，保险价值可按下列标准中的任何一种确定。

（1）起运地成本价，即起运地货物的购进价格，或货物本身的价值，如出厂价、购进成本价。

（2）目的地成本价，是指货物运抵目的地的实际成本，即起运地的购进价加上运杂费、包装费、搬运费等。如果这些费用的实际金额计算有困难，可以在购进价的基础上加上一定的成数。

（3）目的地市场价，是指货物到达目的地的销售价，即目的地的实际成本价加上合理利润。

保险金额通常按保险价值确定，也可由被保险人和保险人具体协商确定，通常按货物成本价加上运杂费、保险费计算确定。

第五节　工　程　保　险

在某些国家，工程保险的概念要宽泛一些，是指与工程技术有关的所有险种，既包括建筑工程保险、安装工程保险，也包括机器损坏保险、锅炉保险等。但在我国，工程保险以建筑、安装工程为主，通常只包括与工程施工、建造、安装相关的建筑工程保险和安装工程保险。因此，我们所说的工程保险是以在建工程（含安装工程）作为承保对象，以在建工程相关的经济利益作为保险标的的一种综合性保障险种。

一、工程保险的特点

工程保险主要以各类民用、工业用和公共事业用工程项目为承保对象。尽管它属于财产保险，但工程建设本身的特性决定了工程保险不同于其他保险。一般来说，工程保险主要有以下特点。

1. 多个工程关系方组成共同被保险人

工程建设无论是建筑工程还是安装工程，对于工程所有人即业主来说涉及金额一般较大，绝大多数情况下都需要进行融资，还需要进行工程设计、材料采购，寻求工程建设承包人和施工监理；在房地产开发中，有时地产所有人还需要委托专业开发商开发工程。因此在一个工程项目的建设中会涉及诸多关系方，而且各方在工程项目中都有不同的利益。工程保险针对这个特点，将所有与工程有直接利益关系的各方都列为工程保险的共同被保险人，他们在保险合同下的受益以及相互关系由与工程相关的各种合同决定。一般而言，工程保险合同针对的主体是工程承包人。

2. 保险期限的特殊性

工程保险的保险期限一般与工程施工期相一致，要了解工程保险的保险期限，首先应明确以下几个概念：工期，指施工合同要求的施工期限；试车期，指设备安装完后的调试运行期，属于工期的一部分；保证期，指工程的维护保修期，也称为缺陷责任期，是工期结束后承包人根据承包合同的规定，履行维护、保养、缺陷矫正等特定义务的时期，但不属于工期。采用工期方式承担保险责任的主要原因是便于从整个施工期间考察工程项目的风险状况。另一个原因是随着工程的进展，暴露于风险中的保险价值逐渐增加，在完工时达到最大，而采用年度承保的方式不能很好地处理这种变化。

3. 风险金额的逐渐积累

工程保险的标的金额一般较大。建筑工程保险的风险随着工程进度的变化及物料和人工的不断投入而增加；安装工程保险的风险金额虽不如建筑工程保险大，但风险程度也随工程进度的增加而增加，尤其是在试车期，风险更为集中。所有工程在验收移交时风险达到最大。

4. 工程保险是综合保险

由于工程建设本身是一个动态的过程，所以涉及的风险类型比较广泛，有物质损失的风险，有第三者责任的风险，有业主因工程延期完工遭受损失的风险，有设计人员因设计错误而被索赔的风险等。但这些风险都是与同一个工程相关的，所以工程保险应该要能够满足各关系方的需求。对于保险人来说，以综合保障的方式提供一个与工程相关的保险更有利于管理。工程保险是综合保障的一种保险，它既对施工期间工程本身、施工机具或工地设备、物料所遭受的损失予以赔偿，也对因施工而给第三者造成的物质损失或人身伤亡承担赔偿责任，有时还包括对防范后果损失风险的保障。工程各关系方构成共同被保险人的特点也是保险综合性保障的一种体现形式。

5. 影响风险的因素复杂

影响工程保险的因素极为广泛，不同工程项目有不同的风险，同一工程在其不同阶段也有不同的风险。由于工程保险是提供综合性保障的保险，这就决定了影响物质损失、赔偿责任等的所有因素都会影响工程保险的风险。除此之外，因为工程建设本身的特点，工程保险的风险既会受到各种自然灾害的影响，又会在很大程度上受到一些人为因素包括工程承包人的施工经验、技术及管理水平、施工方式、技术设计特性、道德水平等方面的影响。另外，工程本身处于建设阶段，有关的防灾防损设施可能还不完备，使得在建工程本身对风险的抵御能力较差，面临的损失概率也远比一般财产保险大。

二、建筑工程保险

建筑工程保险包括建筑工程物质损失保险和第三者责任保险两大部分。前者主要承保以土木建筑为主体的工程，在整个建设期内，保险责任范围内的风险造成保险工程项目的物质损失和列明费用的损失。后者则承保被保险人在工程项目建设过程中，在工地范围内进行有关的活动中可能因侵权而产生的法律赔偿责任。建筑工程保险适用于一切民用、工业用和公共事业用的建筑工程项目。本部分将以中国人民财产保险股份有限公司的《建筑工程一切险条款》为例，介绍建筑工程保险的内容。

（一）建筑工程保险的被保险人和投保人

建筑工程保险的被保险人有四类：①业主，指建设单位或工程所有人；②承包人，包括总承包人和分承包人，指负责承建该工程的施工单位或与承包人订立分承包合同，负责承建该项工程中部分项目的施工单位；③技术顾问，指受业主聘请的对工程进行设计咨询和监督的建筑师、设计师、工程师和其他专业技术顾问；④其他关系方，如贷款银行、设备供应商等。

建筑工程保险根据承包方式的不同，投保人也有所不同：①承包人。在全部承包方式下，承包人就是投保人。②业主和承包人协商确定。在部分承包方式下，由业主和承包人协商确定哪一方作为投保人。③业主。在分段承包方式下，业主是投保人；在施工单位只提供劳务的承包方式下，投保人同样是业主。

（二）建筑工程保险的保险项目

建筑工程保险的保险项目包括以下几项：①建筑工程；②业主提供的物料和项目；③安装工程；④建筑用机器、装置及设备；⑤场地清理费；⑥工地内现成建筑物；⑦业主或承包人在工地内的原有财产。

（三）建筑工程保险的保险责任

建筑工程保险的保险责任包括自身物质损失与第三者人身伤害及财产损失两方面。

1. 物质损失部分的保险责任

（1）物质损失。被保险财产在列明的工地范围内，因保险单除外责任以外的任何自然灾害或意外事故造成的物质损失，保险人按照保险单的规定承担赔偿责任。自然灾害是指地震、海啸、雷电、飓风、台风、龙卷风、风暴、暴雨、洪水、水灾、冻灾、冰雹、地崩、山崩、雪崩、火山爆发、地面下陷下沉及其他人力不可抗拒的、破坏力强大的自然现象。意外事故指不可预料的以及被保险人无法控制并造成物质损失或人身伤亡的突发性事件，包括火灾和爆炸。

（2）发生除外责任之外的任何自然灾害或意外事故造成损失的有关费用，保险人应予以负责。上述有关费用包括必要的场地清理费用和专业费用等，包括被保险人采取施救措施而支出的合理费用。但这些费用并非自动承保，保险人在承保时须在明细表中列明有关费用，并加上相应的附加条款。

2. 第三者责任保险的保险责任

因发生与保险单所承保工程直接相关的意外事故引起工地内及邻近区域第三者人身伤亡、残疾或财产损失，依法应由被保险人承担的经济赔偿责任，保险人按照保险单的规定承担赔偿责任。

（四）建筑工程保险的除外责任

建筑工程保险的除外责任包括以下内容。

1. 物质损失的除外责任

保险公司对下列各项不承担赔偿责任。

（1）设计错误引起的损失和费用。

（2）自然磨损、内在或潜在缺陷、物质本身变化、自燃、自热、氧化、锈蚀、渗漏、鼠咬、虫蛀、大气变化、正常水位变化或其他渐变原因造成的保险财产自然的损失和费用。

（3）因原材料缺陷或工艺不善引起的保险财产本身的损失以及为换置、修理或矫正这些缺点错误所支付的费用。

（4）非外力引起的机械或电气装置本身的损失，或因施工用机具、设备、机械装置失灵造成的本身损失。

（5）维修保养、正常检修的费用。

（6）档案、文件、账簿、票据、现金、各种有价证券、图表资料及包装材料的损失。

（7）盘点时发现的短缺。

（8）领有公共运输行驶执照的，或已由其他保险予以保障的车辆、船舶和飞机的损失。

（9）除非另有约定，在保险工程开始以前已经存在或形成的位于工地范围内或其周围的属于被保险人的财产损失。

（10）除非另有约定，在保险单保险期限终止以前，保险财产中已由工程所有人签发完工验收证书或验收合格或实际占有或使用或接收的部分。

2. 第三者责任保险的除外责任

保险公司对下列各项不承担赔偿责任。

（1）保险单物质损失项下或本应在该项下予以负责的损失及各种费用。

（2）由于震动、移动或减弱支撑而造成的任何财产、土地、建筑物的损失及由此造成的任何人身伤害和物质损失。

（3）工程所有人、承包人或其他关系方或他们所雇用的在工地现场从事与工程有关工作的职员、工人以及他们的家庭成员的人身伤亡或疾病。

（4）工程所有人、承包人或其他关系方或他们所雇用的职员、工人所有的或由其照看、控制的财产遭受的损失。

（5）被保险人根据与他人的协议应支付的赔偿或其他款项，但即使没有这种协议，被保险人仍应承担的责任不在此限。

3. 二者总的除外责任

保险公司对下列各项不承担赔偿责任。

（1）战争和类似战争的行为、敌对行为、武装冲突、恐怖活动、谋反、政变引起的任何损失、费用和责任。

（2）政府命令或任何公共当局的没收、征用、销毁或毁坏。

（3）罢工、暴动、民众骚乱引起的任何损失、费用和责任。

（4）被保险人及其代表的故意行为或重大过失引起的任何损失、费用和责任。

（5）核裂变、核聚变、核武器、核材料、核辐射及放射性污染引起的任何损失、费用和责任。

（6）大气、土地、水污染及其他各种污染引起的任何损失、费用和责任。

（7）罚金、延误、丢失合同及其他后果损失。

（8）工程部分停工或全部停工引起的任何损失、费用和责任。

（9）保险单明细表或有关条款中规定的应由被保险人自行负担的免赔额。

（五）建筑工程保险的保险金额、赔偿限额及免赔额

1. 物质损失部分的保险金额

不同保险项目保险金额的确定方法不同。

（1）建筑工程保险金额为承包工程合同的总金额。

（2）业主提供的物料和项目保险金额按重置价值确定。

（3）安装工程保险金额按重置价值计算。

（4）建筑用机器、装置及设备保险金额按重置价值确定。

（5）场地清理费保险金额由保险双方当事人协商确定。

（6）工地内现成建筑物保险金额由保险双方当事人协商确定。

（7）业主或承包人在工地上的其他财产保险金额由保险双方当事人协商确定。

2. 特种危险赔偿限额

在建筑工程保险中，地震、海啸、洪水、风暴和暴雨都属于特种风险。为了控制这类风险的赔偿责任，除了规定免赔额之外，保险公司还规定有赔偿限额。特种危险的赔偿限额以物质损失部分的总保险金额为基础，一般为物质损失部分总保险金额的 50%～80%。

3. 第三者责任保险的赔偿限额

责任保险的赔偿限额有两种规定办法：①只规定每次事故的赔偿限额。保险公司承担保险责任范围以内约定的每次事故赔偿限额。②规定保险期间累计的赔偿限额。保险公司规定一个保险期内总的赔偿限额。每次事故的赔偿要受事故发生时的有效限额的限制。

4. 免赔额

物质损失部分规定的免赔额包括：第一，特种危险免赔额；第二，各保险项目遭受其他风险的免赔额。场地清理费用一般不单独规定免赔额。

第三者责任部分规定的免赔额：只对财产损失规定有每次事故的免赔额，而对人身伤亡无免赔额的规定。

（六）建筑工程保险的保险期限

建筑工程保险的保险期限包括以下五个阶段。

1. 制造期

在建筑工程保险项下承保制造期的风险采取间接的方式，即不是以制造商作为被保险人，直接承保其在制造过程中的各种风险，而是以扩展的方式，承保工程项目所采用的设备、制成品和原材料在其制造过程中的潜在缺陷和风险在主工期内造成的损失。

2. 运输期

与建筑工程保险相关的运输期风险，主要是指与工程有关的材料和设备在运往工地过程中

存在的风险。这种风险可以通过在建筑工程保险项下以扩展的方式承保内陆运输风险，该附加险的保险责任和除外责任与建筑工程保险是一致的。

3. 建筑安装期

保险责任的开始日期是下列三个时间中的最晚者：①保险工程破土动工之日；②保险工程的材料、设备运抵工地之日；③保险单规定的生效日期。这是保险期限的上限，即在任何情况下，建筑期保险期限的开始时间不得早于保险单列明的生效日期。

保险责任的终止日期是下列三个时间中的最早者：①工程所有人对部分或全部工程签发完工验收证书或验收合格之日；②工程所有人实际占有或使用或接受该部分或全部工程之日；③保险单规定的终止日期。这是保险期限的下限，在任何情况下，建筑期保险期限的终止时间不得迟于保险单列明的终止日期。

4. 试车期

机器设备在安装完毕后，投入生产性使用前，为了保证正式运行的可靠性、准确性，必须进行试车。试车期通常被认为是风险相对集中的时期。因此，保险人只对新机器在试车期内因试车引起的损失、费用和责任负责赔偿。如果保险设备是已被使用过的设备或转手设备，一旦投入试车，保险责任即告终止。试车期一般不超过 3 个月。

5. 保证期

保证期是指根据工程合同的规定，承包商对所承建的工程项目在工程验收并交付使用之后的一定时期内，如果建筑物或被安装的机器设备存在建筑或安装方面的质量问题，甚至造成损失的，承包商对这些质量问题和损失应承担修复或赔偿责任。因此，保险人可以根据承包商的要求扩展承保保证期。保证期的保险期限与工程合同中规定的保证期限一致，从工程所有人对部分或全部工程签发完工验收证书或检验合格，或工程所有人实际占有或使用或接受该部分或全部工程时起算，以先发生者为准。保证期一般不包含在工程期内，是否投保，由投保人决定。如需投保，必须增收相应的保险费。

（七）建筑工程保险的保险费率

物质损失部分的保险费率的厘定应主要考虑四个因素：①承保责任范围的大小；②承保工程本身的危险程度；③保险人以往对类似工程的赔付情况；④承包人及其他工程关系方的资信情况、经营管理水平及经验等。

保险费率规定：①建筑工程部分为整个工期性费率；②建筑用机器、装置及设备为单独的年度费率；③试车期、保证期费率为工期性费率的一定百分比；④各种附加险也是按整个工期一次性费率计收保险费。

第三者责任保险的保险费率亦为工期性的费率，按每次事故赔偿限额计算保险费。

（八）建筑工程保险的赔偿处理

1. 物质损失部分的赔偿处理

物质损失的赔偿方式有三种。①支付赔款。根据保险财产受损情况，核定准确的损失金额，以现金形式支付给被保险人。②修复。在保险财产遭受部分损失并可以修复的情况下，保险人支付费用对保险财产进行修复。这种修复工作可以由被保险人自己进行，也可以委托给第三者。③重置。在保险财产的损失程度已经达到全部损失或者修复的费用将超过保险财产的原有价值的情况下，保险人支付费用对保险财产进行重置。

值得注意的是，保险赔偿方式的选择权在保险人，而不在被保险人。

物质损失的赔偿标准有两种：①部分损失的赔偿标准。对于可以修复的部分损失，保险人支付修理费将保险财产修复到受损前的状态。如果修复中有残值存在，残值应在保险人赔款中扣除。②全部损失或推定全损的赔偿标准。在全部损失的情况下，保险人按照保险金额扣除残值后进行赔偿；如果发生推定全损，保险人有权不接受被保险人对受损财产的委付。

2. 第三者责任保险损失的赔偿处理

在第三者责任保险中，保险人在赔偿处理上拥有绝对的控制权，被保险人未经保险人同意不得擅自作出任何决定。

3. 免赔额的扣除

保险人在理赔时，应先按合同规定扣除每次事故的免赔额。

4. 保险金额与赔偿限额的减少与恢复

对于被保险人要求恢复保险金额的，可以按照约定的保险费率追加保险费后恢复保险金额。其期限是从"损失发生之日"起算，而不是从"恢复之日"起算。

三、安装工程保险

安装工程保险是专门承保新建、扩建或改造的工矿企业的机器设备或钢结构建筑物在整个安装、调试期间，由保险责任范围内的风险造成的保险财产的物质损失和列明的费用损失的保险。

1. 安装工程保险的保险项目和保险金额

安装项目是安装工程保险的主要保险项目，保险金额按保险工程安装完成时的总价值确定。土木建筑工程项目的保险金额为承包土木建筑工程合同的总金额。场地清理费的保险金额由保险双方当事人协商确定。业主或承包人在工地内的其他财产的保险金额由保险双方当事人协商确定。

2. 安装工程保险的保险责任和除外责任

安装工程保险的保险责任与建筑工程保险的保险责任相同。

安装工程保险的除外责任有两条与建筑工程保险不同，分别如下：①因设计错误、铸造或原材料缺陷，或工艺不善引起的被保险财产本身的损失，以及为换置、修理或矫正这些缺点错误所支付的费用。②因超负荷、超电压、碰线等电气原因造成电气设备或电气用具本身的损失。

四、船舶工程保险

船舶工程保险是以被保险人建造或拆除的船舶及各种海上装置在建造、拆除过程中所造成

> **思考讨论：** 船舶工程保险与船舶保险有何区别？

的船舶和设备损失及第三者责任为保险标的的工程保险。它主要有船舶建造保险和拆船保险。船舶工程保险作为适应世界造船工业的发展而发展起来的一类工程保险业务，它承保各类船舶，包括海上装置在整个建造和拆除过程中陆上、海上的各种风险。

在造船业发达的国家和地区，如英国、荷兰、瑞典、美国、新加坡等，由于造船和拆船业在其国民经济中占有重要地位，船舶工程保险业务发展很快，且办理普遍，是国际保险市场上的重要保险业务之一。我国的船舶工程保险虽然在20世纪80年代才起步，历史短，但业务发展也很快。

（一）船舶建造保险

船舶建造保险是以建造中的各类船舶和水上浮动物体为保险标的的保险。船舶建造保险通常由承包人或船厂投保，船厂将保险费列入成本并承担交船前的风险，故有些国家又称之为建造人风险保险。在船舶建造保险中，被保险人包括船厂、船舶所有人和债权人。船舶建造保险是财产保险的一种，其承保的范围包括船舶在整个建造期间因陆上、海上各种风险造成船舶或浮动物体本身的物质损失，以及由此而引起的额外费用和对第三者的赔偿责任。其保险期间通常是从准备材料开始直到船舶下水为止，包括开工、上船台、下水、试航、交接等各个阶段。它是综合了工程保险、运输保险、船舶保险、责任保险、保赔保险和普通财产保险多种内容的综合保险。

1. 船舶建造保险的保险标的与保险金额

船舶建造保险的保险标的包括：建造船舶或海上装置的原材料、建造中的船壳和机器设备、承包人或分承包人提供的机器设备，以及民事损害赔偿责任。投保人在投保船舶建造保险时，应填写投保单，列明船名、种类、尺寸、吨位、主机功率、船速、船东名称、合同价值、建造期限及进度、试航距离等事项并经保险公司核保后确定，由保险公司在保险单中载明。

船舶建造保险的保险金额按船舶或海上装置的建成价格或最后合同价格计算确定。在国际船舶建造保险市场上，由于价格变化等因素的影响，供、订货双方签订的船舶建造合同在保险期内可能有变化。因此，投保人投保时只能以暂定价值作为保险金额，在船舶建成确定最后合同价格以后通知保险公司调整保险金额，保险费也按最后确定的保险金额确定。对暂定价值超过或低于保险价值的部分，保险公司退还或按比例加收保险费。若保险标的中途出险，则保险公司一般以合同价值作为赔付限额。同时，为了增强船舶建造者的责任心，督促其加强安全管理和提高建造项目的工程质量，保险公司通常还规定一定的绝对免赔额。

2. 船舶建造保险的保险责任

船舶建造保险所承担的风险，实质上综合了建筑工程保险、安装工程保险、货物运输保险、船舶保险、保赔保险、责任保险、普通财产保险等业务的主要内容。船舶建造保险承保被建造船舶及被列入该船舶保险价值的一切材料、机械、设备和在造船厂范围内的装卸、运输、保管、安装，以及船舶下水、进出坞、停靠码头过程中，由下列原因造成的损失、费用和责任。

（1）船舶或海上装置在整个建造过程中因遭受各种自然灾害和意外事故造成的损失和费用。其中，自然灾害如恶劣气候、雷电、流冰、海啸、地震、洪水等，意外事故如海上运输工具的搁浅、触礁、沉没、碰撞、失火、爆炸等。

（2）由于船长、船员、引水员、造船人员的疏忽过失以及船壳和设备机件的潜在缺陷造成的损失和费用，以及被保险船舶任何部分因设计错误而引起的损失。

（3）船台、支架和其他类似设备的损坏或发生故障而造成的损失和费用。

（4）在被保险船舶下水失败后为重新下水所产生的费用。

（5）为确定保险责任范围内损失所支付的合理费用，以及对船舶搁浅后为检查船底而支付的费用，即使没有损失，保险人也应予以负责。

（6）共同海损牺牲和分摊、救助费用。

（7）碰撞责任，即发生碰撞事故后，被保险船舶对被碰撞船舶及其所载货物、浮动物、船坞、码头或其他固定建筑物的损失和延迟、丧失使用的损失以及施救费用、共同海损和救助费用依法应负的赔偿责任，但以被保险船舶的保险金额为限。在海上保险中，施救费用是被保险人及其代理人、雇用人员和受让人自行施救所产生的费用，并不包括第三者自动救助所发生的费用。保险公司对施救费用的赔偿，可以在赔付保险标的损失以外的另一个保险金额内负责。

（8）第三者责任，即被保险船舶遭受船舶建造险责任范围内的损失事故后引起的清除被保险船舶残骸的费用、对第三者人身伤亡的赔偿责任。它可按我国保障与赔偿条款的有关规定给予赔偿，但以被保险船舶的保险金额为限。

（9）合理的诉讼费用，即在发生碰撞或其他事故后，被保险人在事先征得保险人书面同意后，力争以限制赔偿责任所支付的诉讼费用。

3. 船舶建造保险的除外责任

船舶建造保险对下列损失、费用和责任，均不负赔偿责任：①战争或类似战争行为，即由战争、敌对行为、武装冲突、炸弹的爆炸、战争武器、没收、征用、罢工、暴动、民众骚动引起的损失、费用和责任，以及任何人的恶意行为或政治动机所引起的任何损失；②由于任何国家或武装集团的拘留、扣押、禁制，使航程受阻或丧失；③由核反应、辐射或放射性污染引起的损失或费用；④对设计错误部分本身的修理、修改、更换或重建的费用及为了改进或更改设计所发生的费用；⑤由于被保险人故意或非法行为所造成的损失；⑥由被保险人对雇用人员的死亡、伤残或疾病所应承担的责任和费用；⑦建造合同规定的罚款以及由于拒收和其他原因造成的间接损失。

4. 船舶建造保险的保险费率和保险费

保险公司在厘定保险费率时，由于这项业务的国际性，一般参照英国伦敦保险联合委员会的造船险费率规章并根据当地的实际风险等确定。其考虑的因素主要有：建造中的船舶或海上装置的种类、规格，建造工期长短；承包人的技术与经营管理水平及经验；建造场所的自然条件和社会风险；试航区域的风险分布等。

在保险费计算方面，船舶建造保险的保险费通常由基本保险费和工期保险费两部分组成。前者是按不同类型船舶的费率收取的固定保险费，后者是按建造工期长短的月费率收取的保险费。其计算公式为

$$保险费=保险金额×（基本费率+建造月份×月费率）$$

（二）拆船保险

拆船保险是以拆船人在拆除废旧船舶过程中以意外事故和自然灾害造成的损失作为保险标

的的工程保险。

拆船保险的保险标的主要是应拆的船舶或海上装置，包括拆卸的回收品、再生品、回炉品，用于拆船工程的浮吊、起重机械设备、驳船、铲车、工具、器材等亦列入拆船保险的承保项目范围。

拆船保险的保险金额分两项确定：一是被拆船舶本身的保险金额，以该被拆船舶的买入价作为确定保险金额的依据；二是拆船工具、设备等，以拆船人的账面价值作为确定保险金额的依据。当发生保险责任事故时，上述两项损失的赔付也以各自的保险金额为最高限额，但对于施救、保护及整理费用，则在保险金额限度内另外计算赔付。若投保人还投保了拆船保险中的第三者责任保险，则在第三者遭受损害时也由保险公司负责赔偿，赔偿方式及金额与其他工程保险的第三者责任保险相似。

在保险责任方面，主要风险是火灾，其次是拆船中的过失责任以及各种自然灾害。与各类工程保险相似，拆船保险采用工期保险单，即保险责任期限以拆船开工之日至全部拆卸完工之日为起讫。同时，保险公司在实务经营中，对拆船保险还有承保区域范围的规定，保险公司仅对停放在拆船水域、浅滩、引桥、场地、船坞、拆船台等拆船施工范围内保险标的的意外损失负责赔偿。

五、科技工程保险

科技工程保险是以各种重大科技工程或科技产业为保险标的的综合性财产保险。它是随着现代高新科技的发展和广泛应用而逐渐发展起来的一类特殊工程保险业务。在财产保险市场上，科技工程保险既是工程保险的一部分，又是相对独立并具有自己显著特色的保险业务。由于科技工程保险的标的巨大，价值高昂，性质特殊，加之与当代高、精、尖科学技术紧密相连，它通常被视为现代保险业中的最高级业务，需要由实力雄厚、技术精良的大保险公司来承保，一般的保险公司难以涉足科技工程保险市场。因此，保险界将能进入科技工程保险市场看成竞争力的彰显。

（一）科技工程保险的意义

科技工程保险的意义主要体现在以下四点。

1. 科技工程保险有力地促进了现代科技产业的发展

科技产业是依托现代科学技术的发展而发展起来的。任何科学技术的成功，都以经过无数次失败为基础，即使到了应用阶段，也无法绝对避免各种科技事故的发生，如核能的研究和运用、航天科技的发展和应用等。科技工程事故风险的客观存在，决定了科技工程保险是一种必不可少的风险保障工具。

2. 科技工程保险开辟了财产保险新市场

一方面，现代科技产业的危险十分集中，普遍以投保相应的科技工程保险为条件；另一方面，现代高科技产业的价值十分巨大，投保标的往往以数亿元或数十亿元、数百亿元计。这是财产保险市场的重要业务途径。

3. 科技工程保险有效地提高了财产保险业的地位

在世界各国，经济发展、社会进步均离不开科学技术的发展，人类选择的生活方式早已与现代科技密不可分。如果说一般财产保险只是为一般的财产或利益提供风险保障，维护的也是一般的生产与生活秩序，那么，科技工程保险则是在为当代最先进的科技发展保驾护航，为整个社会经济的发展进步作出有益的贡献。

4. 科技工程保险还进一步沟通了财产保险界的联系

一方面，由于科技工程保险业务都是巨额保险，极少有独家承保科技工程保险业务的做法，多家保险公司共同承保一笔科技工程保险业务，或一家保险公司承保后再向多家保险公司和再保险公司分保已成为各国科技工程保险经营的惯例。因此，每一笔科技工程保险业务都是国际性业务，需要各国保险公司进行沟通，共同进行风险管理。

（二）科技工程保险的特征

科技工程保险的特征主要包括以下四点。

1. 保险标的的特征

科技工程保险的保险标的是各种重大科技工程，这一标的不仅具有危险集中、价值高昂的特点，而且包含着极高的技术因素，是一个财产、利益和法律责任等的综合体。科技工程保险标的的上述特征，决定了科技工程保险既是综合性的财产保险业务，也是专业技术性极强的财产保险业务。所以，它不是任何财产保险承保人都能承保的高级业务。

2. 承保风险的特征

从科技工程保险的经营实践来看，其承保的风险责任具有显著的综合性、人为性和难测性等特征，具体如下。

（1）各种科技工程保险承保的风险都具有一切险的性质，保险公司几乎承担着一切可能引发科技工程事故的意外风险，从而能够为保险客户提供较为全面的保障。

（2）各种科技工程作为当代高新科学技术的产物，其抗御自然灾害的能力较其他财产保险标的要强得多。因此，科技工程保险在客观上更多的是承保人为风险，即由于技术原因、过失原因、产品原因等导致的财产和利益损失。

（3）科学技术的发展永无止境，使包括科技工程在内的各种科技产业活动在发展进程中蕴藏许多未知或难测的风险。换言之，保险公司在承保科技工程业务时，很难根据经验或以往的事故损失来准确判断和把握其承保风险，从而使得该类保险业务亦面临未知的巨大风险。

3. 承保环节的特征

尽管科技工程保险与建筑、安装工程保险存在差异，但它作为一类工程保险业务，在承保环节方面与其他工程保险一样，具有显著的阶段性。如航天工程保险包括航天产品的研制、安装、发射和使用寿命保险等环节。

4. 风险管理的特征

在风险管理方面，科技工程保险有着自己明显的特征。一方面，由于重大的科技工程往往直接关系到一个地区乃至一个国家的社会、经济发展大局，因此，国家对科技工程保险会给予高度关注，有时甚至还采取政策性措施予以扶持。另一方面，保险公司在经营中会特别注意采用多种手段来管理风险，如办理再保险、聘请技术专家、健全防损制度等。

（三）科技工程保险的主要内容

随着科学技术的发展，科技工程保险越来越多，目前各国开展的常见科技工程保险主要有三种。

1. 海洋石油开发保险

海洋石油开发保险，即以海洋石油工业从勘探到建成、生产整个开发过程中的风险为承保责任，以工程所有人或承包人为被保险人的科技工程保险。这类保险的主要险种有勘探作业工具保险、钻探设备保险、费用保险、责任保险、建筑安装工程保险和综合保险。

2. 航天保险

航天保险是指以航天产品的生产与应用过程为保险标的的保险。其主要承保航天活动中的各种意外风险事故，是可根据航天产品的研制、安装、发射、运行等分阶段提供风险保障的一种保险金额巨大、保险危险集中的科技工程保险业务。它的主要险种有发射前保险、发射保险、寿命保险等。

3. 核能保险

核能保险是指以核能工程项目为保险标的、以核能工程中的各种核事故和核责任风险为保险责任的科技工程保险。其主要险种有财产损毁保险、核能安装工程保险、核能工程责任保险、核原料运输保险等。

除了以上保险业务，目前还有技术成果应用保险、计算机与网络技术保险等。由于科学技术的发展永无止境，所以科技成果的转化及其产业化发展也是永无止境的。在科技产业发展实践中，除海洋石油开发、航天工业、核能工业等领域较为集中地蕴含了巨大风险之外，科技发展的其他产业也蕴含着许多风险。因此，科技工程保险是一项不断发展的保险业务。

第六节　责　任　保　险

责任保险是指在被保险人依法应负损害赔偿责任时，由保险人承担其赔偿责任的保险。这种保险以被保险人依法应承担的民事责任为保险标的，以第三人请求被保险人赔偿为保险事故，被保险人向第三人所赔偿的损失价值在责任保险的赔偿限额之内。

相关案例
第三者的界定范围

一般来说，责任保险通常规定以下几种赔偿限额。

（1）每次责任事故或由同一原因所引起的一系列责任事故的赔偿限额。它又分为财产损失赔偿限额和人身伤亡赔偿限额。

（2）保险期限内累计的赔偿限额。它又分为累计的财产损失赔偿限额和累计的人身伤亡赔偿限额。

（3）在有些情况下，保险人将财产损失和人身伤亡两者合成一个限额，或者只规定每次事故和由同一原因所引起的一系列责任事故的赔偿限额，而不规定累计赔偿限额。

一、公众责任保险

相关案例
送餐压伤路人该
谁赔？

公众责任保险又称普通责任保险，它主要承保被保险人在各个固定场所或地点、运输途中进行生产、经营或其他活动时，因发生意外事故而造成的他人人身伤亡或财产损失，依法应由被保险人承担的经济赔偿责任。投保人可就工厂、办公楼、旅馆、住宅、商店、医院、学校、影剧院、展览馆等各种公众活动的场所投保公众责任保险。不同场所的责任保险，可以有不同的内容和条件。保险人在公众责任保险中主要承担两部分责任：一是在被保险人造成他人人身伤害或财产损失时，依法应承担的经济赔偿责任；二是在责任事故发生后，如果引起法律诉讼，由被保险人承担相关的诉讼费支付责任。但保险人的最高赔偿责任不超过保险单上所规定的每次事故的赔偿限额或累计赔偿限额。

公众责任保险适用的范围非常广泛，其业务复杂、险种众多。它主要包括综合公共责任保险、场所责任保险、承包人责任保险、承运人责任保险和个人责任保险等。

1. 综合公众责任保险

综合公众责任保险是一种综合性的责任保险，它承保被保险人因非故意行为或活动所造成的他人人身伤亡或财产损失，依法所应承担的经济赔偿责任。保险人承担的综合责任有以下五种。

（1）合同责任。该责任指因合同约定而使合同一方承担某些情况所引起的经济赔偿责任。

（2）产品责任。该责任指被保险人放弃其制造、贩卖、处理或分配的货物的所有权后，在被保险人处所以外的地方发生意外事故而产生的经济赔偿责任。

（3）业主及工程承包人的预防责任。该责任指工程进行期间或完工之后由工程的疏忽或缺陷而发生的意外事故所导致的经济赔偿责任。

（4）完工责任。该责任指一项工程在完工或放弃之后，在被保险人处所发生的意外事故所导致的经济赔偿责任。

（5）个人伤害责任。该责任承保被保险人由于某些特定理由而造成他人肉体伤害以外的损失的经济赔偿责任。它包括错误的拘禁、扣留，恶意诽谤、中伤，或非法闯入、逐出，或侵犯隐私等行为需要以经济方式予以补偿的责任。

2. 场所责任保险

场所责任保险是公众责任保险中业务量最大的一个险别，是公众责任保险的主要业务来源。根据场所的不同，它又可以进一步分为旅馆责任保险、电梯责任保险、车库责任保险、展览会责任保险、娱乐场合责任保险（如公园、动物园、影剧院、溜冰场、游乐场、青少年宫、俱乐部等）、商店责任保险、办公楼责任保险、学校责任保险、工厂责任保险、机场责任保险等若干具体险种。场所责任保险的承保方式通常是在普通公众责任保险保险单的基础上，加列场所责任保险条款独立承保，但也可以设计专门的场所责任保险单予以承保。

3. 承包人责任保险

承包人责任保险即保险人承保各种建筑工程、安装工程、装卸作业和各类加工的承包人在进行承包合同项下的工程或其他作业时所造成的损害赔偿责任。承包人是指承包各种建筑工程、安装工程、装卸作业以及承揽加工、定做、修缮、修理、印刷、设计、测绘、测试、广告等业务的法人或自然人。承包人责任的特点在于，责任产生于承包人从事受托工作即为他人工作的过程中。虽然行为人是承包人，但与之相联系的却是发包人或委托人的工程项目或加工作业等活动。因此，承包人有转嫁损害赔偿责任风险的必要。承包人责任保险的主要险种有建筑工程承包人责任保险和修船责任保险等。

4. 承运人责任保险

承运人责任是指承运人根据运输合同等，在承担客、货运输任务过程中，对旅客或货物所发生的责任事故依法负有损害赔偿责任。这些责任就是承运人责任保险的承保对象。由于运输工具种类繁多，运输对象分为客、货两大类，运输方式又有直接运输和联合运输之分。因此，承运人责任保险只能根据不同的运输对象和运输方式进行设计。较常见的承运人责任保险有旅客责任保险、承运货物责任保险、运送人员意外责任保险等。

5. 个人责任保险

个人责任保险主要承保私人住宅及个人在日常生活中造成的损害赔偿责任。任何个人或家庭都可以将自己或自己的所有物（动物或静物）可能造成损害他人利益的责任风险通过投保个人责任保险而转移给保险人。主要的个人责任保险有住宅责任保险、综合个人保险和个人职业保险等。

二、产品责任保险

产品责任保险是指承保产品制造者、销售者因产品缺陷致他人人身伤害或财产损失而依法应由其承担的经济赔偿责任的责任保险。

早期的产品责任保险主要承保一些直接与人体健康有关的产品，如食品、饮料、药品和化妆品等。后来，随着商品经济的发展和科技在社会生活中的广泛应用，保险人承保的范围也日益扩大。从各种日用、轻纺、机械、石油、化工、电子工业产品，到大型飞机、船舶、成套设备、钻井船、核电站、卫星等，均可投保产品责任保险。

（一）产品责任保险的主要特点

相对于其他险种，产品责任保险有以下几个特点。

（1）产品责任保险强调以产品责任法为基础。一般来说，受害者（用户、消费者或其他人）与致害者（生产者、销售者或修理者）既没有合同关系，也不一定有直接联系。如果没有一定的法律规定，受害者的索赔将没有依据，产品责任也不易划分。

（2）产品责任保险虽然不承担产品本身的损失，但它与产品有着内在的联系。产品质量越好，产品责任的风险就越小；产品种类越多，产品责任的风险就越复杂；产品销售量越大，产品责任的风险就越广泛。

（3）与其他种类的责任保险相比，产品责任保险的承保区域范围十分广泛。例如：公众责任保险一般承保被保险人在固定场所之内的责任风险，职业责任保险承保的风险责任通常规定必须发生在职业场所内，雇主责任保险的区域范围大都规定在雇主的工作场所内；而产品责任保险的范围可以规定为产品生产国或出口国，乃至全世界各个地方。

（二）产品责任保险的责任范围

产品责任保险包括保险责任和除外责任两大项，同时还规定了赔偿限额和保险期限。

1. 保险责任

保险责任分为以下两项。

（1）在保险期限内，被保险人生产、销售、分配或修理的产品发生意外或偶然事故，由此造成使用、消费或操作该产品的人或其他任何人的人身伤害、疾病、死亡或财产损失，依法应由被保险人承担的损害赔偿责任，保险人在保险单规定的赔偿限额内予以赔偿。保险人承保这项责任的条件是，该产品责任事故须发生在制造、销售场所范围之外的地点。

（2）被保险人为产品责任事故所支付的法律费用及其他经保险人事先同意支付的合理费用，保险人也负责赔偿。产品责任事故发生后，是否由被保险人承担经济赔偿责任以及赔偿数额的高低，原则上应通过人民法院来裁定。由此而产生的诉讼费用（抗辩费用、律师费用、取证费用）等，保险人应予负责。但是如果因法律费用很高，保险人为了避免或减少这项支出，对一些索赔金额不大、责任比较明确的案件，通常与受害人协商解决或通融赔付。此外，有些产品制造者、销售者和修理者为了避免在人民法院诉讼影响其对外声誉，也愿意和受害人私下协商解决索赔问题，在不损害保险人利益并取得保险人同意的情况下，保险人亦可承担有关费用的补偿责任。

2. 除外责任

保险人对下列原因导致的产品责任一般不予承保。

（1）根据合同或协议应由被保险人承担的其他确定的责任。产品责任保险承担的是被保险人的法律赔偿责任，因此，对被保险人按合同或协议规定应承担的确定的责任是不负责的。

（2）根据劳动法或其他相关法规应由被保险人承担的对其雇员及有关人员的损害赔偿责任。

（3）对由被保险人所有、照管或控制的财产的损失除外不保。这种损失应通过有形财产保险获得保障。

（4）对产品仍在制造或销售场所，其所有权尚未转移至用户或消费者手中时的责任事故除外不保。这种责任属于其他保险的承保范围。

（5）对由被保险人故意违法生产、出售或分配的产品，如生产假冒产品、出售变质食品等，所造成的人身伤亡或财产损失除外不保。

（6）对被保险产品本身的损失及被保险人因收回有缺陷产品造成的费用及损失除外不保。

（7）对被保险人事先所能意料的产品责任事故所造成的损害赔偿责任，保险人不予负责。

（8）对消费者或使用者不按照被保险产品的说明去安装、使用，或在非正常状态下使用时造成的损害事故，保险人不予负责。

3. 赔偿限额和保险期限

赔偿限额和保险期限的约定，均是为了明确和限制保险人所承担的产品责任风险范围。一般来说，被保险人因产品责任事故对受害人应赔偿的金额大小，由人民法院判决或双方协商确定。但保险人不可能承担无限责任，只能在赔付限额内赔付。超过保险单赔偿限额的部分只能由被保险人自己承担。

产品责任保险的保险期限通常都是 1 年，但强调按时续保，以保持其连续性。对于使用年限较长的产品，也可投保 3 年期、5 年期的产品责任保险。

（三）影响产品责任保险费率厘定的因素

一般来说，影响产品责任保险费率厘定的因素有以下几种。

（1）产品的特点和可能对人体或财产造成损害的风险大小。危险程度越高，保险费率也就相应越高。例如，药品对人体造成损害的风险要高于服装，波及面也很广，其使用必须非常谨慎，因此保险费率应当比服装要高。

（2）产品数量和产品价格。对于同类产品的投保数量大、价格高，销售额也高，保险费收入绝对额较大，因此保险费率可相对降低。

（3）承保的地区范围，即承保产品的销售地区范围的大小。一方面，承保的地区范围大，风险也大，产品责任保险费率也高，如世界范围或出口销售的产品就比国内销售的产品责任风险要大；另一方面，承保销往产品责任严格的国家和地区，比承保销往产品责任不那么严格的国家或地区风险要大，因为前者的索赔金额高，且大都实行绝对责任制原则，故保险费率也较高。

（4）产品制造者的技术水平和质量管理情况。产品制造者的技术水平高，质量管理好，产品检测严格，其产品的合格率就高。优良的产品本身就是避免或减少产品责任事故风险的关键。因此，其保险费率也应当低一些。

（5）赔偿限额的高低。在产品的其他条件相同的情况下，赔偿限额越高，保险费率越高，因为高限额意味着承担高风险。但保险费率与赔偿限额之间并非成正比例关系。

相关案例

问题酸奶致消费者不适赔偿案

消费者李某购买并饮用由某牧场有限公司生产的酸奶后，出现呕吐、恶心等症状。李某及时去医院就诊并向媒体曝光。随后，涉案牧场有限公司（被保险人）向保险公司报案。保险公司接到报案后，理赔人员第一时间前往医院对伤者进行人伤探视、调查取证工作，了解事故情况，确定事故原因为食物中毒，属于食品安全责任保险保险责任。随后，保险公司积极协助，配合被保险人做好消费者家属的安抚工作，为被保险人与消费者就事故赔偿相关事宜进行磋商，提供专业的咨询服务，最终促成双方达成赔偿协议。

【点评】 本案是食品安全责任保险的典型案例。食品制造者对制造的食品负有安全责任，当消费者购买并食用食品后造成人身损害就属于食品安全责任保险的保险责任。因此若食品制造者购买了产品责任保险，保险公司就将按照消费者受到的损害进行赔偿。近年来，食品安全问题多发致使公众对食品安全的忧虑不断增加，但购买产品责任保险的商家并不多。在食品安全领域实行责任保险制度，一方面能够促使生产者强化和改善安全生产管理，防范事故发生；另一方面事故发生后能通过保险合同对受害人所遭受的损失进行赔偿，维护消费者的合法权益。

三、雇主责任保险

雇主责任保险所承保的是被保险人（雇主）的雇员在受雇期间从事工作时，因遭意外而导致伤、残、死亡，或患有与职业有关的职业性疾病而依法或根据雇用合同应由被保险人承担的经济赔偿责任。雇主所承担的这种责任包括过失行为乃至无过失行为所致的雇员人身伤害赔偿责任。保险人为了控制风险，并保障保险的目标与社会公共道德准则相一致，均将被保险人的故意行为列为除外责任。

（一）雇主责任保险与人身意外伤害保险

雇主责任保险与人身意外伤害保险承保的虽然都是自然人的身体和生命，但两者有着本质的不同。

（1）性质不同。雇主责任保险所承担的是雇主的民事损害赔偿责任或法律赔偿责任。它是一种特定他人之间的利益标的，属于责任保险的范畴；而人身意外伤害保险承保的是被保险人自己的身体和生命，属于人身保险的范畴。

（2）保险责任不同。雇主责任保险仅负责赔偿雇员在工作时及工作场所内所遭受的意外伤害；人身意外伤害保险则对被保险人不论是否在工作期间及工作场所内所遭受的意外伤害均予负责。

（3）责任范围不同。雇主责任保险负责赔偿雇员因职业性疾病而引起的伤残或死亡及医疗费用；而人身意外伤害保险不负此项责任。

（4）承保条件不同。雇主责任保险需要以民法和其他相关法律或雇主与雇员之间的雇用合同作为承保条件；而在人身意外伤害保险中，只要是自然人均可向保险人投保。

（5）保障效果不同。雇主责任保险的被保险人是雇主，但在客观上却是直接保障雇员（第三者）权益的，保险人与被保险人的雇员之间并不存在保险合同关系；而人身意外伤害保险的保险对象是被保险人，直接保障的也是被保险人，保险人与被保险人之间存在直接的保险合同关系。

（6）计费与赔偿的依据不同。雇主责任保险的保险费与赔款均以被保险人的雇员的若干个月工资作为计算基础；而人身意外伤害保险则是按照保险双方约定的保险金额(最高赔偿标准）来计算保险费和赔款的。

（二）雇主责任保险的保险费与赔偿限额的计算

1. 保险费的计算

雇主责任保险一般采用预收保险费制。保险费是按不同工种雇员的适用保险费率乘以该类雇员年度工资总额计算出来的，原则上规定在签发保险单时一次交清。雇主责任保险的保险费率一般按不同行业和不同工种的雇员分别计算。有的同一行业基本上适用同一个保险费率，有些工作性质比较复杂、工种较多，则还需规定每一个工种的适用保险费率。

厘定雇主责任保险保险费率的另一个依据是赔偿限额，即看保险人代雇主承担其对雇员伤残、死亡责任的多少个月工资额的赔偿责任。在同一工种条件下，限额越高，保险费率越高，但不一定成比例增长。

保险费的计算公式为

应收保险费=年工资总额×保险费率（A 工种）+年工资总额×保险费率（B 工种）+…

如果有附加责任，还应另行计算，一并相加，即为该笔保险业务的全额保险费收入。

2. 赔偿限额的计算

赔偿限额是雇主责任保险的保险人承担赔偿责任的最高额。它以雇员工资收入为依据，由保险双方当事人在签订保险合同时确定并载入保险合同。雇主责任保险赔偿限额的特点在于：保险单上仅规定以若干个月的工资收入为限，具体的赔付金额还需通过计算每个雇员的月平均工资收入及伤害程度才能获得。

赔偿限额的计算公式为

$$赔偿限额=雇员月均工资收入 \times 规定月数$$

确定赔偿限额时，需要考虑以下因素。

（1）每个雇员的工种及月工资数。

（2）死亡赔偿限额。确定方式应为每个雇员若干个月的工资额之和。具体以多少个月工资额为宜，保险人可规定若干个档次，由被保险人作出选择；也可以根据相关法律、法规，或由保险双方来协商确定。一般而言，死亡赔偿限额低于永久性伤残的赔偿限额。

（3）伤残赔偿限额。确定方式与死亡赔偿限额相同，但要考虑其养老或伤残抚养的生活保障，其最高限额多超过死亡赔偿限额。

3. 重复保险分摊

若雇主责任保险构成重复保险，即同一雇主向两家或两家以上的保险人投保雇员的雇主责任保险时，保险人一般仅承担比例责任。在不超过赔偿限额的条件下，按自己承保金额占全体保险人总承保金额的比例计算赔偿金额。如果重复保险的索赔仅涉及一个雇员，就以该雇员的赔偿限额作为保险人承担责任的赔偿限额参与分摊；如果涉及若干人，就以所涉及的所有人的赔偿限额之和作为保险人承担责任的赔偿限额参与分摊。重复保险比例分摊公式为

$$应付赔款=（本保险单项下相应的赔偿限额/全部保险单项下赔偿限额之和） \times 索赔金额$$

四、职业责任保险

职业责任保险是指承保各种专业技术人员因工作上的疏忽或过失造成合同一方或他人的人身伤害或财产损失的经济赔偿责任的保险。

（一）职业责任保险的必要性

在从事专业技术工作中，不论工作人员如何恪尽职守，损害赔偿责任事故都是不可能避免的。其原因如下。

（1）原材料或产品有缺陷。如药品大多数具有副作用；补药也只能适度并根据具体对象使用；少数西药过敏性明显，有的甚至会损伤肌体或人体器官等。

（2）人们自身的知识、技术和经验的局限。人类认识客观世界的活动虽然在不断地发展，但由于生命、时间和精力等有限，人们自身的不足有时也是难以避免的。而由各种专业技术工作的本质所决定，专业技术人员需要不断创新并应用新技术。在这种情况下，工作本身的职业责任风险也就不可避免地存在。

（3）主观上的疏忽或过失。无论什么人，无论怎样尽心尽力工作，都难免会出现失误。如设计师在绘图时可能出现细微偏差，药剂师在发药时可能误拿药品等。虽然这种事情发生的概

率很低，但一旦发生，所产生的后果将是非常严重的。

由此可见，职业责任风险的存在不以人的主观意志为转移（故意或恶意行为除外）。它虽然由人为原因所致，但与自然灾害等风险一样，也存在客观性和偶然性特征。人们对于职业责任风险，除采取各种预防措施进行积极防范并加强工作责任心以外，还应当采取某些善后措施（如职业责任保险），以转嫁或分散、控制风险，避免纠纷和利益损失，保障受害方的经济权益不受损害。

（二）职业责任保险保险费率的厘定

保险费率的厘定是职业责任保险中一个非常复杂而且十分重要的问题。各种职业都有其自身的风险与特点，因此也需要有不同的保险费率。一般来说，厘定职业责任保险的保险费率或收取职业责任保险的保险费，应着重考虑下列因素。

（1）职业种类。它是指投保人或被保险人及其雇员所从事的专业技术工作。

（2）工作场所。它是指投保人或被保险人从事专业技术工作的所在地区，如医院、律师事务所等所在地区。

（3）业务数量。它是指投保人或被保险人每年提供专业技术服务的数量、服务对象的多寡等。

（4）被保险人及其雇员的专业技术水平。

（5）被保险人及其雇员的工作责任心和个人品质。

（6）被保险人职业责任事故的历史统计资料及索赔、处理情况。

（7）赔偿限额、免赔额和其他承保条件。

在综合考虑上述因素以后，保险人制订出标准不一的保险费率，以适应各类专业技术人员投保不同的职业责任保险的需要。

（三）职业责任保险的赔偿

职业责任事故导致的索赔发生后，保险人应进行严格审查。一般而言，保险人承担的赔偿责任有赔偿金和法律费用两项。在赔偿金方面，保险人或者采取规定一个累计的赔偿限额，而不是规定每次事故的赔偿限额的办法；或者采取规定每次索赔或每次事故赔偿限额而不规定累计限额的办法。法律费用则在赔偿限额之外另行计算。如果被保险人最终赔偿金额超过了保险赔偿限额，则保险人只能按比例分摊法律费用。其计算公式为

应付法律费用=实际支付的法律费用总额×（保险赔偿限额/被保险人最终赔偿金额）

举例来说，某设计院投保以事故发生为基础的设计师责任保险，保险单注明每次赔偿限额为 20 万元。在保险期内，一在建工程倒塌，建筑单位向该设计院提出索赔，理由是设计图纸有错误。经法院判决，该设计院应赔偿建筑单位损失 40 万元，并承担法律费用 2 000 元。按赔偿限额的规定，保险人支付保险赔偿金 20 万元，余下的 20 万元应由被保险人（设计院）自己承担。对于法律费用，则两家按比例分摊，即

应付法律费用 ＝2 000×（200 000/400 000）＝1 000（元）

在该案中，保险人共计应赔付被保险人职业责任损失 20.1 万元。

（四）职业责任保险的主要种类

职业责任保险根据不同的划分方式，有着不同的种类。它既可以以投保人为依据，也可以

以承保方式为依据，还可以以被保险人所从事的职业为依据。

1. 以投保人为依据分类

以投保人为依据，可将职业责任保险分为普通职业责任保险和个人职业责任保险两类。普通职业责任保险多以单位为投保人，以在投保单位工作的个人为被保险人；个人职业责任保险多以个人为投保人和被保险人，针对的也是投保人自己的职业责任风险。

2. 以承保方式为依据分类

以承保方式为依据，可将职业责任保险分为以事故发生为基础的发生式责任保险和以索赔为基础的期内索赔式责任保险。

以事故发生为基础的责任保险称作发生式责任保险。它是指保险公司仅对保险单有效期内发生的事故所引起的损失负责，而不论被保险人是否在保险有效期内提出了索赔。采用发生式责任保险的一个最大的问题是，保险公司在该保险单项下承担的赔偿责任，往往要拖很长时间才能确定，而且由于通货膨胀等因素，最终索赔的数额可能大大超过疏忽行为发生时的水平。在这种情况下，如果索赔额超过保险单的赔偿限额，超过部分应由被保险人自行负责。

以索赔为基础的责任保险称作期内索赔式责任保险。它是指保险公司仅对保险单有效期内提出的索赔负责，而不论导致该索赔的事故是否发生在该保险单有效期内。从发生职业上的疏忽行为到受害方提出索赔，常常可能间隔较长的期限，例如1年、5年，甚至更长的时间。因此，如果不对时间作出限制，保险公司所承担的风险将非常大。为了避免这一问题的出现，保险单一般均规定一个追溯时期，保险公司仅对从该追溯日期开始后发生的疏忽行为，并在保险单有效期内对其提出的索赔负责。

3. 以被保险人所从事的职业为依据分类

以被保险人所从事的职业为依据，可将职业责任保险分为医疗责任保险、律师责任保险、建筑工程技术人员责任保险、会计师责任保险、代理人及经纪人责任保险、设计师责任保险、兽医责任保险、教师责任保险等众多业务种类。这种划分是保险人确定承保条件和保险费率的主要依据。

医疗责任保险也称医生失职保险，它承保由于医务人员医疗事故而致病人死亡或伤残、病情加剧、痛苦增加等，受害人或其家属要求赔偿的责任风险。这是职业责任保险中占主要地位的险种。

律师责任保险承保被保险人作为一名律师在自己的能力范围内、在职业服务中所发生的一切疏忽、错误或遗漏过失行为。它包括一切侮辱、诽谤，以及赔偿被保险人在工作中发生的，或造成的对第三者的人身伤害或财产损失。律师责任保险的承保基础可以以事故发生或索赔为依据来确定。它通常采用"主保险单—法律过失责任保险和额外责任保险单—与扩展限额相结合"的承保办法。此外，律师责任保险还有免赔额的规定。其除外责任一般包括被保险人的不诚实、欺诈犯罪、居心不良的行为责任。

建筑工程技术人员责任保险以索赔为基础进行承保。由于新型建筑材料和建筑技术的应用，建筑工程项目面临越来越大的风险。建筑工程事故的发生，既可能损害合同对方的利益，也可能损害其他没有合同关系的自然人和法人的利益。

会计师责任保险承保由于被保险人违反会计业务上应尽的责任和义务，使得他人遭受损害，依法应负的赔偿责任。这种赔偿责任仅限于金钱损害，不包括身体伤害、死亡及实质财产的损毁。

代理人及经纪人责任保险承保各种代理人、经纪人（股票经纪人、债券经纪人、保险经纪人等）在业务上的错误、遗漏、疏忽或其他过失行为，致使他人遭受损害的经济赔偿责任。这种责任保险还可扩展承保保险代理人、经纪人对其保险客户的责任，即由于其未能依照授权或指示所引起的保险人的损失。

第七节　信用保险和保证保险

信用保险和保证保险都是随着商业信用和银行信用的普遍化以及道德风险的频生而发展起来的。它们一方面反映出一个社会市场经济的成熟程度；另一方面则对促进一个国家的国内和国际贸易活动，保障以信用经济为其主要特征之一的市场经济的正常秩序起到了重要的作用。

一、信用保险

（一）信用保险概述

信用保险是以在商品赊销和信用放款中的债务人的信用作为保险标的，在债务人未能如约履行债务清偿而使债权人遭受损失时，由保险人向被保险人（债权人）提供风险保障的保险。

1．信用保险的产生

信用是商品买卖中的延期付款或货币的借贷行为，它表现为以偿还为条件的商品和货币的让渡形式，即债权人用这种形式赊销商品或贷出货币，债务人则按规定日期支付货款或偿还贷款，并支付利息。

信用保险是在这种借贷活动中，商品赊销方（卖方）赊销商品后不能得到相应的偿付，即赊购方（买方）出现信用危机后产生的。信用危机的出现，在客观上要求建立一种经济补偿机制以弥补债权人所遭受的损失，从而能够充分发挥信用制度对商品生产的促进作用。

2．信用保险的作用

信用保险的作用主要体现在以下几个方面。

（1）有利于保证企业生产经营活动的稳定开展。信用保险在保障企业安全收回应收账款、保证其持续稳定经营的同时，还能大幅提高企业的信用风险管理能力，更能为企业融资提供便利。

（2）有利于促进商品交易的健康发展。有了信用保险，无论在何种交易中出现信用危机，均有保险人提供风险保障。商品交易双方可以采用更为灵活的付款方式，这样必然会大大增加商品成交的机会，发展新客户，开拓新市场，促进商品贸易的发展。

（3）有利于促进出口产业政策的有效实施。由于有出口信用保险的保障，出口企业的市场开拓能力和国际竞争力也会大大提高，最终将促使其为国家创造更多的外汇收入。

3．信用保险的分类

信用保险有两种基本的分类方法。

（1）根据保险标的性质的不同，可以将信用保险分为商业信用保险、银行信用保险和国家信用保险。如果保险标的是商品的赊购方（买方）的信用，这种信用保险称作商业信用保险；如果保险标的是借款银行的信用，这种信用保险称作银行信用保险；如果保险标的是借款国的信用，这种信用保险称作国家信用保险。

（2）根据保险标的所处地理位置的不同，可以将信用保险分为国内信用保险和出口信用保险。如果保险标的是国内商人的信用，这种信用保险称作国内信用保险；如果保险标的是他国商人的信用，这种信用保险称作出口信用保险。

（二）国内信用保险

国内信用保险是以国内贸易中赊购方的买方信用、接受方的卖方信用、借贷活动中的借方信用等为保险标的的信用保险，包括以下几个基本类型。

1. 贷款信用保险

贷款信用保险是保险人对银行或其他金融机构与企业之间的借贷合同进行担保，以承保借款人信用风险的保险。在贷款信用保险中，贷款方（即债权人）是投保人。当保险单签发后，贷款方即成为被保险人。银行对贷出的款项具有全额可保利益。当企业无法归还贷款时，债权人可以从保险人处获得补偿。贷款人在获得保险人的补偿后，必须将债权转让给保险人，由保险人履行代位求偿权。贷款信用保险的目的是保证银行信贷资金的安全。

贷款信用保险的承保金额应是银行贷出的全部款项。保险人在厘定保险费率时，应与银行利率相联系，并着重考虑下列因素：①企业的资信情况；②企业的经营管理水平与市场竞争力；③贷款项目的期限和用途；④不同的经济地区等。

2. 赊销信用保险

赊销是商业信用的一种形式。它是指卖者向买者交付货物，经过一定时期以后再收取货款的交易方式。它有一次收款和分期收款两种形式。赊销信用保险是为国内商业贸易中延期付款或分期付款行为提供信用担保的一种信用保险业务。在这种业务中，投保人（被保险人）是制造商或供应商，保险人所承保的是买方的信用风险。赊销信用保险的目的在于保证被保险人（债权人）能按时收回赊销货款，以保障商业贸易的顺利进行。

赊销信用保险的特点是期限较长、风险比较分散、承保业务手续较为复杂。因此，保险人必须在仔细考察买方资信情况的基础上才能决定是否承保。

3. 预付信用保险

预付也是商业信用的一种形式。它是指买者先向卖者交付货款，经过一定时期以后才取得货物的交易方式。预付信用保险是保险人为卖者交付货物提供信用担保的一种信用保险业务。在这种业务中，投保人（被保险人）是商品的买方，保险人所承保的是卖方的信用风险。

4. 个人贷款信用保险

个人贷款信用保险是指在金融机构对自然人进行贷款时，以债务人的信用作为保险标的的信用保险。个人贷款信用保险承保的是金融机构由于债务人的违约而遭受的风险，是保险人面向个人的一种特别的业务。由于个人情况千差万别，且居住分散，风险大小不一，保险人在开办这种业务时，必须对贷款人的贷款用途、经营情况、信誉、私有财产物等作全面的调查了解，必要时还应当要求贷款人提供反担保或私人财产的抵押。

（三）出口信用保险

出口信用保险是以出口贸易中外国买方的信用为保险标的，或以海外投资中借款人的信用为保险标的的信用保险。它是在国内信用保险的基础上发展起来的，目前已经成为信用保险中的一个重要险种。

1. 出口信用保险的产生

出口信用保险最早出现于 19 世纪中期。第一次世界大战以后，为了适应国际贸易发展的需要，欧美一些国家中的少数私营保险公司开始办理出口信用保险。进入 20 世纪 70 年代以后，随着国际贸易竞争的加剧，不少国家为了鼓励出口，纷纷开办出口信用保险，为出口商提供收汇风险保障。

出口信用保险虽然起源于进出口贸易，但其发展并不是出口贸易发展的结果；相反，它是出口贸易发展的一个重要条件。出口信用保险目前是国际上公认的贸易促销手段，它不仅是出口商获取银行贷款的前提条件，还是出口商开拓新市场后扩大出口的安全保障。

2. 出口信用保险的特点

出口信用保险不同于一般的商业性保险，它有以下特点。

（1）不以营利作为经营的主要目标。出口信用保险产生的直接原因是出口贸易发展的需要。因此，在政府的支持下，各开办出口信用保险业务的机构均开诚布公地宣称其经营目的是保护本国出口商的利益，为出口商扩大出口提供安全保障，以实现国家整体经济利益。

（2）风险高，控制难度大。出口信用保险承保的是出口商的收汇风险。造成出口商不能安全收汇的风险主要是政治风险和商业风险。政治风险一般包括：买方所在国实行外汇管制，禁止或限制汇兑；买方所在国实行进口管制，买方的许可证被撤销；买方所在国或有关的第三国发生颁布延期支付命令；买方所在国发生战争、骚乱、暴动或非常事件等。商业风险通常包括：买方无力偿还债务或买方破产；买方收货后拖欠货款；货物出运后，买方违约拒绝收货或拒绝付款等。

（3）政府参与的程度高。以上两个特点决定了出口信用保险是由政府支持和参与的一个政策性很强的险种。政府对出口信用保险的支持和参与主要体现在以下几个方面。第一，财政上的支持。为了充分发挥出口信用保险对国家出口的促进作用，各国政府通过贷款、设立赔款准备金、票据贴现和再保险等方式，向出口信用保险注入大量的资金。第二，规范经营和管理。许多国家在出口信用保险业务开办伊始或办理过程中，会颁布专门的法律或有关政令，对开办出口信用保险的宗旨、经营目标、方针政策、财务核算办法、机构、人员的设置及归属等都有明确规定，以便使出口信用保险的经营符合本国利益，达到支持出口的目的。第三，参与重大经营决策。许多国家政府专门设立由有关政府部门（如外交、工业、贸易、中央银行、财政等）官员参加的部际委员会（或咨询委员会或顾问委员会），委员会定期召开会议，批准出口信用保险的承保方针、地区政策和进行重大经营项目的决策。有一些国家的出口信用保险机构还需向国会提交年度财务报告并通过议会审批。第四，提供各项优惠政策。为了扶持出口信用保险业务的开展，几乎所有国家的政府都提供了优惠政策，如免征一切税赋、赋予保险人较大的资金运用权限等。

3. 出口信用保险的种类

经过百余年的发展，出口信用保险已成为品种齐全、覆盖面广、运作灵活的一个险种。根据出口标的的性质、信用期限的长短、保险责任起讫以及承保方式等的不同需要，各国保险人为出口信用保险设计了不同的险种。最常见的有以下几种。

（1）根据卖方向买方提供信用期限的长短，出口信用保险可以分为短期出口信用保险和中长期出口信用保险。短期出口信用保险是指支付货款信用期不超过180天的出口贸易的保险。根据实际情况，短期出口信用保险还可以扩展承保放账期在180天以上，360天以内的出口。它一般适用于大批量、重复性出口的初级产品和消费性工业制成品。中长期出口信用保险是指承保信用期在1年以上的出口贸易的保险。它一般适用于大型资本性货物，如飞机、船舶、成套设备等的出口。中长期出口信用保险也可以承保海外工程承包和技术服务项目的费用结算的收汇风险。

（2）根据保险责任起讫时间的不同，出口信用保险可以分为出运前出口信用保险和出运后出口信用保险。出运前出口信用保险主要承保出口贸易合同签字后，出口商在支付了产品设计、制造、运输及其他费用以后，由于国外买方的政治风险和商业风险所致损失的风险。它始于贸易合同生效之日，止于货物出运之时。出运后出口信用保险主要承保在商品出运后，由于国外买方的政治风险和商业风险所导致的出口商的货款不能及时收回的风险。它始于货物出运之日，止于保险合同终止之时。

（3）根据贸易活动项下使用银行融资方式的不同，出口信用保险可以分为买方出口信贷保险和卖方出口信贷保险。买方出口信贷保险适用于买方使用银行贷款项下的出口合同。它是保险人在卖方向使用银行贷款的买方出口资本性货物时，对买方所在国的政治风险和商业风险所致损失进行承保的保险。卖方出口信贷保险适用于卖方使用银行贷款项下的出口合同。它所承保的是在卖方信贷项下，卖方向买方出口资本品或半资本品时，由于买方所在国的政治风险和商业风险而使卖方遭受损失的风险。

（4）根据承保方式的不同，出口信用保险可以分为综合保单出口信用保险、特别保单出口信用保险和选择保单出口信用保险。综合保单出口信用保险一般适用于大宗货物多批次、全方位的出口合同，它所承保的是出口商在一定期间出口全部商品后，由于买方所在国的政治风险和商业风险致使卖方遭受损失的风险。特别保单出口信用保险适用于逐笔交易的资本性货物的出口合同，它是保险人对某一资本性货物进口国的政治风险和商业风险的承保。选择保单出口信用保险是指保险人有选择地规定一些承保范围，如只承保买方所在国某种或几种政治风险、某种或几种商业风险。出口商可根据自己的需要进行投保选择。

（5）根据保障风险的不同，出口信用保险可以分为只保商业风险的出口信用保险、只保政治风险的出口信用保险、既保商业风险又保政治风险的出口信用保险，以及保汇率风险的出口信用保险。

（6）根据出口合同标的的不同，出口信用保险可以分为服务保单出口信用保险、银行担保出口信用保险、保函支持出口信用保险、贸易展览会出口信用保险等。服务保单出口信用保险，即保险人对出口商在向国外客户提供服务后，由客户所在国政治风险和商业风险所致损失进行承保的保险。银行担保出口信用保险，即保险人对银行在向出口商提供贷款后，由买方的政治风险和商业风险所导致的贷款不能按时收回进行承保的保险。保函支持出口信用保险，即在国际经济活动，特别是项目招标、国际租赁、工程承包中，出口信用保险机构应投标人（或承租人、承包人）的申请，向开立保函的银行出具反担保，以承保保函项下招标人（或招租人、发包人）的任何不公平索赔所造成的损失的保险。贸易展览会出口信用保险，即对本国出口商参加国外贸易展览会时，由国外政治风险和商业风险所致损失进行承保的保险。

二、保证保险

保证保险是在被保证人的作为或不作为致使被保险人（权利人）遭受经济损失时，由保险人来承担经济赔偿责任的保险。

保证保险是随着道德风险的频发而发展起来的。在有些国家，一些企事业单位和团体在招收就业人员时，要求应聘人员必须提供企事业单位和团体认可的保证人方能就业。在就业期间，如果由于被保证人的营私舞弊行为使得雇主受损，保证人要承担赔偿责任。

（一）保证保险的特点

与一般的商业保险相比较，保证保险有以下特点。

（1）在一般商业保险中，保险关系是建立在预期"将发生损失"的基础之上的，即有损失才有保险关系存在的必要性。而在保证保险中，保险人是在"没有损失"的预期下提供服务的。换句话说，如果保险人预期将发生损失，它将不向被保证人提供保险。

（2）一般商业保险的当事人只有保险人与投保人，而保证保险涉及三方当事人，即保险人（保证人）、权利人（被保险人或受益人）和义务人（被保证人）。

（3）在被保证人未能依照合同或协议的要求履行自己的义务，由此给权利人带来损失，而被保证人不能补偿这一损失时，由保险人（保证人）代为赔偿；然后，保险人有权向被保证人追回这笔赔付。为了保证日后能够做到这一点，保险人在提供保证时，可以要求被保证人提供反担保。

（4）一般的商业保险合同是在投保人和保险人之间确定的，变更和终止民事权利义务关系的协议，通常不涉及第三方。但由于保证保险涉及保险人、权利人和义务人三方面的关系，因此，变更和终止民事权利义务关系的协议，自然也涉及这三者。

保证保险的业务种类有很多，并且划分标准不一。我们这里主要介绍两类，即忠诚保证保险和履约保证保险。

（二）忠诚保证保险

忠诚保证保险是权利人因被保证人的不诚实行为而遭受经济损失时，保险人作为保证人承担赔偿责任的保险。例如，当由于雇员偷盗、侵占、伪造、私用、非法挪用、故意误用等不诚实行为造成雇主受损时，保险人负责赔偿。忠诚保证保险主要包括个人忠诚保证保险、指名忠诚保证保险、职位忠诚保证保险和总括忠诚保证保险等。

1. 个人忠诚保证保险

个人忠诚保证保险是以某一特定雇员为被保证人的忠诚保证保险。该雇员的名字列在保险单上，如果该雇员离开公司，那这一保险即行终止。它不适用任何接替该雇员的人，除非保险单上作了特定的说明。

2．指名忠诚保证保险

指名忠诚保证保险是以特定的正式雇员为被保证人的忠诚保证保险。在雇主遭受由被保证人所造成的损失时，由保险人负责赔偿。它与个人忠诚保证保险的不同之处在于，它是对几个而不是某一个雇员提供保险。同个人忠诚保证保险一样，每一个雇员的名字都必须列在保险单上，并作出相应的保证金额规定。例如：

李四，出纳员……30 000 元　　　　　　　　王五，总账会计……20 000 元

指名忠诚保证保险要求被保险人指明所保证的每一个雇员的职位，如上例所示，李四从事出纳员的工作，王五从事总账会计的工作。但是，这种形式的保证保险是对人而言而不是对职位而言的。换句话说，如果李四不干出纳工作而改做总账会计工作，指名忠诚保证保险对他仍然适用。但在这种被保证人变动工作的情况下，指名忠诚保证保险通常要求被保险人通知保险人，如果该职位的风险较前一种大，被保险人还需要交纳额外的保险费。

3．职位忠诚保证保险

职位忠诚保证保险是以各种职位及其人数作为被保证人的忠诚保证保险。它与指名忠诚保证保险的不同之处在于，它不列出被保证人的姓名，而只是列出各种职位及其人数。每一职位都有规定的保证金额。例如：

1 个出纳员……30 000 元　　　2 个总账会计……20 000 元　　　　　5 个销售员……25 000 元

上例中，每个出纳员职位的忠诚保证保险金额是 30 000 元，每个总账会计职位的忠诚保证保险金额是 20 000 元，每个销售员职位的忠诚保证保险金额是 25 000 元。

如果被保险人只投保某一特定职位中的若干被保证人，那么只要在此职位的人即属于被保证人，而不论何人在此职位。这是一种单职位忠诚保证保险。如果被保险人在同一保证保险合同中承保了多个不同职位，并且每一职位都有各自确定的保证金额，则为多职位忠诚保证保险。

如果某一职位中的雇员人数超过了职位忠诚保证保险中规定的人数，保险人对于这一职位的责任就相应减少了。在这种情况下，它只承担保险单上所规定责任的一部分。例如，一个被保险人购买了以下职位忠诚保证保险：

1 个出纳员……30 000 元　　　2 个总账会计……20 000 元　　　　　5 个销售员……25 000 元

现在，假定被保险人在出纳员这个职位上增加了 1 个人，即共有 2 个出纳员，但是没有通知保险人。这时，如果出纳员的过失造成了损失，则保险人的责任被限定为每人 15 000 元。它的计算方法为

（保险单中规定的出纳员人数/该职位实际雇用的出纳员人数）×该职位的保险金额

4．总括忠诚保证保险

总括忠诚保证保险是以全部在册正式雇员为被保证人，保证合同中不列姓名、职位，而是分别按人数的多少来计算保险费的忠诚保证保险。

（三）履约保证保险

履约保证保险是在被保证人不按约定履行义务，从而造成权利方受损时，由保险人负责赔

偿的保险。

在实践中，履约保证保险主要有以下四种形式。

1. 合同履约保证保险

合同履约保证保险是为了保证被保证人能够履行他与权利人签订的合同。如建筑工程合同保证保险是承保被保证人（工程中标人、承包人等）按照所签订的建筑合同的规定，完成工程的一种保证保险。如果承包人没有按照合同规定完成工程，应由保证人（保险人）会同招标人安排其他承包人继续完成，或由保证人承担因未履行合同而导致的损失的赔偿。

2. 司法履约保证保险

在司法程序中，原告或被告向司法部门提出某项要求时，司法部门根据具体情况，要求其提供保证。这时，司法部门面临原告或被告违约的风险。司法履约保证保险是指对这种风险进行承保的保证保险，如保险人保证经由人民法院命令为他人利益管理财产的人能够忠实尽责；如有违反，由保证人来承担责任。司法履约保证保险主要包括两大类：信托保证保险和诉讼保证保险。

（1）信托保证保险。信托是指当事人为特定人的利益管理或处分其财产的一种法律制度。设立信托关系的人为委托人，经他人委托承担管理或处分信托财产的人为受托人。享受信托利益的人为信托受益人。信托的成立须满足以下条件：①以一定的财产存在为前提；②由委托人将财产权利转移给受托人管理或处分；③根据一定的目的，由受托人来管理或处分信托财产。一般来说，信托保证保险由人民法院所指定的个人或企业来占有、控制或管理其他人的财产。如遗嘱执行人、财产管理人、遗产管理人、监护人、清算人等都属于受托人。受托人必须忠实地履行自己的职责。如果委托给他的财产出现了损失，受托人应当承担责任。信托担保的财产主要有死亡人的遗产、未成年人的财产、无行为能力人的财产、破产或清算的财产等几种类型。

（2）诉讼保证保险。诉讼保证保险主要有保释保证保险与上诉保证保险两种。保释保证保险是指保证人保证被保释人在规定时间内出庭受审。如果未能履约，保证人交纳罚款。上诉保证保险是指当上诉人民法院维持下一级人民法院的判决时，保证人要保证上诉人支付原判决金额及其利息和诉讼费用。

3. 特许履约保证保险

特许履约保证保险是担保从事经营活动的领照人遵守法规或履行义务的保证保险，即保证人保证领照人（被保证人）能够按照规定履行其义务。一些特许经营活动的营业者在向政府申请经营许可证时，必须提供履约保证。如果被保证人的行为违反政府法令或有损于国家利益和社会公共利益，由此造成损害时，由保证人承担其责任。

4. 公职人员履约保证保险

公职人员履约保证保险是保证人为政府公职人员提供的保证保险。其内容主要包括对由公职人员的不诚实或欺诈等造成的损失，以及在职人员未能恪尽职守以致损害国家利益造成的损失承担赔偿责任。

本章小结及重难点解析

1. 财产保险是以财产及其有关利益为保险标的的保险，包括财产损失保险、责任保险、信用保险、保证保险。财产损失保险包括企业财产保险、家庭财产保险、运输工具保险、货物运输保险和工程保险等。

2. 由于财产面广、量大，所以在财产保险中，对可保财产、特保财产和不保财产常采用列明的方式予以标明，同时财产保险还需明确保障的范围、损失的种类，列明的保险责任在符合保险利益原则的基础上才可承保，通常承保的都是意外事故、自然灾害造成的损失，以及间接损失、施救费用，一般都设计有附加险，供客户选择购买。

3. 在财产保险中，为遵循损失补偿原则，需要先确定标的保险价值，投保时保险金额不得超过保险价值。保险价值可以按三种方式确定：一是按照账面原值即购置价确定保险价值；二是按照账面原值折旧后确定保险价值；三是按照重置价值确定保险价值。

4. 财产保险的保险费率根据保险标的的风险程度、损失概率、责任范围、保险期限和经营管理费用，采用分类级差费率制确定。

本章小结
（视频）

本章重难点解析
（视频）

5. 企业财产保险是以企事业单位和机关团体的固定资产和流动资产及其有关利益为保险标的的保险。

6. 家庭财产保险是以我国城乡居民的家庭财产为保险标的的保险。运输工具保险是以各种运输工具（含机动车、船舶、飞机、火车等）和运输工具所引起的对第三者依法应负的赔偿责任为保险标的的保险，其中机动车交通事故责任保险为强制保险。

7. 货物运输保险是以在途运输的货物为保险标的的保险。工程保险是以在建工程项目为承保对象，以在建工程相关的经济利益为保险标的的保险。责任保险是以被保险人依法应对第三者负损害赔偿责任为保险标的的保险。

8. 信用保险是以在商品赊销和信用放贷中的债务人的信用为保险标的的保险。保证保险是以被保证人的作为或不作为致使被保险人遭受的经济损失为保险标的的保险。

习题

一、名词解释

企业财产保险　家庭财产保险　机动车辆保险　货物运输保险　工程保险　责任保险　信用保险　保证保险

二、单项选择题

1. 在责任保险中，当保险事故引起第三者利益损失时，第三者对被保险人提起仲裁或诉讼而由被保险人支付的费用，应由（　　）承担。

    A. 保险双方　　　　B. 败诉方　　　　　C. 被保险人　　　　D. 保险人

2. 船舶保险中的船舶是指（　　）。

    A. 建造中的船舶　　　　　　　　　　B. 从事客货营业运输的船舶

    C. 正在拆除的船舶　　　　　　　　　D. 不含非机动船舶的其他船舶

3. 机动车辆保险不包含（　　）造成的车辆损坏。

    A. 车身划痕　　　　　　B. 玻璃单独破碎　　　　　C. 整车盗抢　　　　　D. 发动机进水

4. 下面原则中，在财产保险和人寿保险理赔中都会出现的是（　　）。

    A. 分摊原则　　　　　　B. 委付原则　　　　　　　C. 代位原则　　　　　D. 近因原则

5. 南京市民王某将价值 100 万元的财产向人保、太保、平安三家保险公司投保同一时期的同一险种，其中三份保险单保额分别为 80 万元、60 万元、60 万元，则当损失额为 40 万元时，这三家保险公司应依次赔偿（　　）万元。

    A. 10、15、15　　　　　B. 18、11、11　　　　　C. 16、12、12　　　　D. 40、40、40

6. 在企业财产保险中，下列属于保险人不予承保的财产是（　　）。

    A. 流动资产　　　　　　B. 机动车辆　　　　　　　C. 固定资产　　　　　D. 电器

7. 在下列合同中，投保人、被保险人可随保险标的转让而自动变更，无须征得保险人同意而继续有效的是（　　）。

    A. 火灾保险合同　　　　　　　　　　　　　　B. 家庭财产保险合同

    C. 责任保险合同　　　　　　　　　　　　　　D. 货物运输保险合同

8. 投保企业财产保险时，若保险金额大于保险价值，则属于（　　）。

    A. 定值保险　　　　　　B. 足额保险　　　　　　　C. 不足额保险　　　　D. 超额保险

9. 在抵押贷款时，银行以抵押权人名义对抵押品房屋投保，如果银行贷出 12 万元，房屋价值 15 万元，房屋发生全部损失时银行希望得到 10 万元保险金赔偿，则房屋投保金额应为（　　）。

    A. 15 万元　　　　　　B. 12 万元　　　　　　　C. 10 万元　　　　　D. 9 万元

10. 交强险的有责任死亡伤残赔偿限额为（　　）元。

    A. 1.8 万　　　　　　　B. 0.2 万　　　　　　　C. 18 万　　　　　　D. 1 800

三、判断题

1. 信用保险与保证保险的根本区别就是信用保险是填写保险单来承保的，而保证保险则是书立保证书承保的。　　　　　　　　　　　　　　　　　　　　　　　　　　　　　　　　　　　（　　）

2. 农业保险属于财产保险，因此适用《保险法》。　　　　　　　　　　　　　　　　　　（　　）

3. 在机动车辆保险合同中，保险人在保险有效期间赔付的保险金要进行累加，当历次保险事故的赔偿金额达到保险金额时，保险合同即行终止。　　　　　　　　　　　　　　　　　　　　　（　　）

4. 定值保险的被保险人不可能获得超过实际损失的赔偿。　　　　　　　　　　　　　　　（　　）

5. 出口信用保险承保外国买方因政治风险或商业风险而遭受的经济损失。　　　　　　　　（　　）

6. 货物运输保险合同和运输工具航程保险合同，保险责任开始后，合同当事人都可以解除合同。　　（　　）

7. 固定资产保险金额可以用被保险人最近 12 个月账面平均余额来确定。　　　　　　　　（　　）

8. 保险人在赔偿被保险人财产损失后，获得被保险人受损财产的委付是基于损失补偿原则的。　　（　　）

四、简答题

1. 家庭财产保险的责任范围包括哪些？

2. 企业财产保险的责任范围包括哪些？

3. 为什么对机动车第三者责任保险采取法定保险？

4. 运输工具保险包括哪些种类？

5. 货物运输保险的特点是什么？

6. 厘定企业财产保险费率时应考虑的因素有哪些？

7. 如何确定建筑、安装工程保险的责任范围及保险期间？

8. 信用、保证保险有何特征？

9. 如何确定船舶保险的保险金额？

五、综合题

1. 张某投保家庭财产保险及附加盗窃险，保险金额为 10 万元。在保险期间，被保险人张某失窃手机一台，价值 2 000 元，笔记本电脑一台，价值 3 000 元。被保险人向公安部门报案，并持有效单证向保险公司索赔。保险人经过规定的等待期后支付了其赔款。过了一个月，经公安部门破案，追回了被保险人张某失窃的手机和笔记本电脑，并由张某领回。保险公司得知情况后，要求被保险人张某退回赔款或将手机和笔记本电脑送交保险公司，被保险人拒绝。该案应如何处理？为什么？

2. 某工厂投保企业财产保险综合险，保险金额为 1 000 万元，保险有效期为 2020 年 1 月 1 日到 2020 年 12 月 31 日。

（1）若该工厂于 2020 年 2 月 15 日发生火灾，损失金额为 800 万元，另发生施救费用 5 万元，保险事故发生时其财产实际价值为 1 200 万元，则保险公司应赔偿多少？

（2）若 2020 年 5 月 27 日因发生地震造成企业财产损失 1 100 万元，事故发生时的财产实际价值为 1 800 万元，则保险公司应赔偿多少？为什么？

3. 甲车在某保险公司投保了机动车辆损失保险、第三者责任保险及交强险，其中车辆损失保险保额为 30 万元（含不计免赔险），第三者责任保险保额为 20 万元。乙车投保了交强险和第三者责任保险，其中第三者责任保险保额为 10 万元。某日，甲、乙两车相撞，均在保险期内。甲车车辆损失 10 万元，伤 2 人，人身伤害医疗费 2 万元；乙车车辆损失 20 万元，伤 1 人，人身伤害医疗费 1 万元。经交警裁定，甲车负事故主要责任，为 70%，乙车负事故次要责任，为 30%，两车均未投保第三者责任保险的不计免赔险。试计算两车分别能获得的保险公司赔款。

4. 某公司与财产保险公司在 2020 年 3 月 2 日签订雇主责任保险，期限为 1 年，为该公司从事煤气加工的 4 位职工投保。保险单中注明赔偿限额：死亡为 72 个月工资、伤残为 84 个月工资，保险费率为 4.2%。交纳保险费按每个职工年工资总额计算，其中甲职工月工资 4 200 元，乙职工月工资 3 900 元，丙职工月工资 4 300 元，丁职工月工资 3 800 元。请问该公司应交纳多少保险费？如果在保险期内丙职工由于工作时煤气中毒伤残，花了医疗费 20 万元，保险公司应赔偿多少？

第五章

保 险 理 财

【学习目标】

能够分析客户的风险，并合理选择人身和财产保险产品，制订理财规划方案。

【案例导入】

某电力公司的总经理张勇最近十分焦虑，因为他还有两年退休，最近才知道自己退休后获得的社会养老保险金每月不到7 000元。而对于一位年薪几十万元的电力公司的总经理来说，退休后的收入与在职时的收入落差太大，并且电力公司像他一样的老职工还有不少。不仅如此，退休后的医疗保障水平也降低了20%，尤其是每年门诊看病报销额度超出部分全部需要自理。此时他才意识到，自己缺乏保险意识，没有在工作期间为自己购买年金保险和医疗补充保险，没有为职工制订退休规划和医疗规划，使自己和企业职工将面临财务风险。

问题： 你认为张勇应该怎样解决即将面临的风险？

点评： 在咨询保险销售人员后，张勇召开会议讨论，最终决定为全体职工购买企业年金保险和团体医疗补充保险，以确保退休职工的生活质量，并且今后每年拿出一部分利润为新进员工继续购买上述两种保险。

什么是年金保险、医疗补充保险？这类保险如何保障企业职工退休后的生活质量？本章将对这些问题进行解读。

第一节　年金保险

根据马斯洛需求层次论，人类对安全保障的需求是最基本的需求，虽然安全对不同的个人有不同的意义，但经济上的安全性对个人、家庭、企业或国家都有重要的意义。安全性一般是指后顾无忧，不安全性则意味着疑惑、恐惧及忧虑的感觉。退休和医疗是每个人一生所必须面临的，从理财规划的角度来说，保险规划是需要首先制订的规划。

一、年金保险的含义

年金是指一定时期内每次等额收付的系列款项。例如，银行的零存整取业务就是一种年金，对于存款者而言是支出年金，对于银行而言是收入年金。又如，单位每月对职工发放工资，若月工资固定不变，对单位而言就是支出年金，对职工而言就是收入年金。年金并非指以年为收付周期的款项，年、半年、季、月等都可作为年金的周期，只要是有规则的收付款项都可称为年金。不过年金以年或月为周期的居多。

年金保险是指在被保险人生存期间，按合同的规定，每隔一定的周期支付一定的保险金给被保险人的生存保险。简而言之，以年金的方式支付保险金的生存保险就是年金保险。

思考讨论：年金与年金保险有何区别？

年金保险只是年金的一种。年金的收付有确定的期间，与收付款项者的生命无关；年金保险的给付期则取决于被保险人的生命因素，由于人的生死是不能预料的，因而其给付期是不确定的。年金保险被广泛用于退休规划中。

二、年金保险的特点与作用

年金保险有以下几个特点。

（1）年金保险是生存保险的一种形态，其特殊之处在于保险金的给付非一次性进行而是采取年金给付的方式。

（2）年金保险保险单具有现金价值，年金保险的现金价值同普通生存保险保险单上的现金价值一样，随保单年数的增加而增加，至交费期结束时，现金价值为最高。

（3）年金保险的保险期间包括交费期、等待期和给付期。交费期是指年金保险的投保人分期交纳保险费的期间，给付期是指保险人给付被保险人年金的期间，而等待期是指交费结束后至给付开始的等待期间。例如，某人投保终身年金保险，从30岁开始交费至50岁，而从60岁开始终身领取年金，则30~50岁为交费期，50~60岁为等待期，60岁以后为给付期。

年金保险对于被保险人有以下几个作用。

（1）年金保险最常见的用途就是提供老年生活保障。用年金保险的方式提供老年生活保障有三大优点：第一，可以促使人们在年轻时有计划地支出，以节省出保险费，获得养老保险，可避免年轻人的浪费；第二，由于年轻时购买保险可选择的交费期较长，所以每年交纳的保险费较低；第三，因为年金收入中不仅包括了投保人交纳的本金及其利息，而且还包括了其他死亡者的利益，所以其比个人储蓄存款获得的养老保障数额要高。

（2）年金保险可用来作为子女教育基金，子女教育保险就是一种年金保险。例如，父母在子女年幼时投保，待子女满一定年龄时开始领取年金，作为子女上学的费用，至其毕业时停止给付。

（3）年金保险单具有现金价值，投保人可在交费期内退保领取现金价值，获得一笔可观的收入。因此，有的人也把年金保险作为一种安全投资的方式，而且还可达到税收筹划的目的。例如，美国某些高收入的人把投保年金保险作为一种税收筹划的手段，通过购买年金保险减少当期收入达到递延交税的目的。根据国际惯例，保险给付是免税的，所以直到他们获得年金时都不需要交税。

三、年金保险的分类

年金保险的分类方法比较多，下面简要介绍几种。

1. 定期年金和终身年金

年金保险根据年金给付的期限，可分为定期年金和终身年金。

定期年金是指投保人与保险人在合同规定的期限内，若被保险人生存，保险人按期给付约定的年金；若期限届满或被保险人在约定的期限内死亡，则保险人停止给付（以两者先发生的日期为准）。

终身年金的给付没有期限的规定，保险人给付年金至被保险人死亡时为止。

2. 有保证年金和无保证年金

年金保险根据年金给付是否有保证，可分为有保证年金和无保证年金。

有保证年金是为防止被保险人在交纳了足额的保险费后，领取年金的年限不长就死亡所带来的损失而设计的年金品种。其又分为以下两种。

第一种是期间保证年金。它指无论被保险人寿命长短，年金的给付都有一个保证期，在保证期内，被保险人若死亡，保险人继续向被保险人的受益人给付年金，直到保证期满时为止。例如，若被保险人在交纳了 20 年的保险费后，刚领了第一年的年金就去世，则保险人将给付受益人 10 年年金，以保证被保险人有足够的收益。

第二种是金额保证年金。它指年金的给付有一个保证给付的金额，如果被保险人死亡时所领的年金未达到约定的给付金额，余下的由其受益人领取。金额保证年金可分为退还现款年金和分期退款年金。前者是指将年金约定的给付金额减去已付年金额后的余额一次性以现金的方式退还给其受益人；后者则是指将余额仍以年金的方式分数次支付给其受益人。

无保证年金是无上述保证的年金，保险人在被保险人死亡或合同期满即停止给付年金。

> 思考讨论：为什么要设计有保证年金？

一般有保证年金每期给付的年金额少于无保证年金。

3. 即期年金和延期年金

年金保险根据给付开始期的不同，可分为即期年金和延期年金。

即期年金是指投保后立即开始领取年金的年金，一般采取趸交的形式。由于一次交清所有保险费需要的数额较大，一般投保人难以负担得起，因而即期年金通常较少采用。

延期年金是指合同订立后，经过一段缴费期后再开始进入年金的领取期的年金。延期年金通常采取分期交费的方式交清保险费，交费完毕后，一种情况是立即进入领取期，另一种情况是先经历等待期再进入领取期。大多数养老保险采用的是延期年金。

4. 定额年金和变额年金

年金保险根据年金给付金额是否变动，可分为定额年金和变额年金。

定额年金是指每一个年金给付周期中，年金受领人领取的年金额都相等，即定期领取等额的年金。

> 思考讨论：为何要设计变额年金？

变额年金是指每一个年金给付周期中，年金受领人领取的年金额都有所不同的年金。例如，每年年金递增 5%。变额年金保险主要是考虑到通货膨胀的因素，为避免领取时间较长的年金贬值而设计的年金保险。

第二节 投资类保险

一、投资连结保险

投资连结保险是集保险保障与投资理财于一身，将终身寿险与投资基金相结合的保险。投资连结保险与传统寿险的根本区别是，该险种将投资选择权和投资风险同时转移给客户。推出该险种的主要动机是满足客户在预期的保险保障需求之外获得投资利益的需要，它属于投保人委托保险公司理财的产品。投资连结保险具有以下五个特征。

（1）保障与投资双重功能。投资连结保险拥有传统的风险保障功能，其产品大多设计为终身寿险，它提供可变的死亡或生存保险金给付。虽然所交保险费是固定的，但死亡或生存给付额却是变动的，而且有一个最低的给付限额。所交保险费一部分用于保险保障，一部分转入专门投资账户，通过专业理财渠道进行投资运用。被保险人的终身寿险保险金与投资账户相连结，投资账户的投资收益直接影响着保险金额度。

（2）两个账户。投资连结保险拥有"保障账户"与"投资账户"，每一位投保人至少在一个投资账户中投入一定资产价值的资金。投资连结保险的保险费经保险公司扣除死亡风险保险费后，其剩余部分直接划入为投保人专设的投资账户中，保险公司根据投保人所选择的投资方式或渠道进行投资。投保人所交保险费将按照保险条款中载明的比例进行分配。

（3）客户高度的参与性。投资账户中的资金客户可自主决定投资方式与渠道，有权决定保险费在投资组合之间的分配比例，并可中途转换。资金使用清晰透明，客户可以随时查询投资账户价值，了解最新投资账户资产变动状况。

（4）操作透明。保险公司定期评估投资账户价值，公布投资业绩，收取一定数额的管理费，信息公开透明，便于客户监督。

（5）投资风险由投保人承担。由于投资连结保险投资账户完全由投保人自己掌控，保险公司只是依据投保人的指令操作，所以投资风险由投保人自己承担。

二、分红保险

分红保险是投保人参与分享保险公司可分配盈余、分享保险公司经营成果的人身保险。投保人在按期交纳保险费以后，不仅可以享受保障功能，还可以定期获得保险公司资金运作后的分红。故而分红保险是抵御通货膨胀和利率变动的险种。

分红保险具有以下五个特征。

（1）保障与投资双重功能。分红保险除传统的保险保障功能外，还增加了分红的功能。投保人可以分享保险人的投资收益和经营效益，但不分为"保障账户"与"投资账户"，即分红保险的投资收益不由投保人决定，而是依据保险公司本年度分红保险的经营成果产生的收益确定，保险公司每年定期公布收益率。

（2）收益来源。分红保险的红利主要来源于死差益、利差益和费差益等三个方面。死差益是指在保险营业年度内因人寿保险实际死亡率低于预定死亡率，收入的风险保险费总额大于当年实际给付的风险保险金额的结余；利差益是指保险资金的投资收益率大于预定收益率所形成的额外收益；费差益是指附加保险费超过实际经营管理费用与异常风险损失保险金给付金额之和所形成的结余。

（3）浮动收益率。保险公司每年派发给分红保险投保人的红利取决于保险公司上一会计年度该种业务的实际经营成果，因此红利的多少无法事先确定，而是随着保险公司实际经营绩效而波动的。

（4）投保人与保险人共担风险。由于分红保险的收益由保险人和投保人按合同约定的比例共同分享，所以投资的风险也由保险人和投保人共同分担。

（5）定期公布红利分配。保险公司在每个保险合同的年生效对应日告知投保人该保险单的红利金额。投保人可选择领取现金红利或是将红利留存在保险公司累计生息等多种红利领取方式。

三、万能保险

万能保险是投保人可以变更交纳保险费、变更保险金额的人寿保险，故而也称"万能寿险"。每位投保人都有自己的个人账户，所交保险费在扣除初始费用后都进入个人账户进行投资，极大地方便了投保人。万能保险具有以下三个特点。

1. 可变保额和可变保险费

万能保险的保险费分为期交保险费和额外保险费。期交保险费用于风险保障，和传统保险的保险费一样定期交纳，风险保额等于合同的基本保险金额。基本保险金额是由投保人在投保时决定的。每年投保人可增加交纳额外保险费，经保险公司同意后可增加保险金额。

万能保险的保险金额有两种确定方法：第一种是保险金额等于基本保险金额与个人账户价值之和；第二种是保险金额选择基本保险金额与个人账户价值两者中较大者。选择哪种保险金额领取方式由投保人在投保时确定。在每月的结算日，用于风险保障的基本保险金额等于合同的保险金额减去结息后的个人账户价值后的余额；在非结算日，基本保险金额等于合同的保险金额减去个人账户价值后的余额。

2. 个人账户

保险公司在保险合同生效日为合同设立个人账户。在合同保险期间内，个人账户价值按以下方法计算。

（1）设立个人账户时，投保人交付的首期期交保险费减去相应的初始费用后计入个人账户；以后交付的额外保险费减去相应的初始费用后计入个人账户，续交的期交保险费减去相应的初始费用后计入个人账户，如有持续交费奖励也计入个人账户。

（2）在每月的结算日，保险公司按公布的结算利率采用单利方式对个人账户结算利息，结算利息计入个人账户。

（3）在合同生效日、每月的结算日和复效日，从个人账户中扣除保险合同费用。

（4）投保人申请部分领取个人账户价值时，从个人账户中扣除申请部分领取的个人账户价值。

（5）合同在非结算日终止时，保险公司按合同约定的最低保证利率对应的日利率采用单利方式对个人账户结算利息，结算利息计入个人账户。

3. 保险合同费用

由于投保人可变保费、可变保额，所以对保险公司的保险单管理提出了更高的要求，保险公司的管理人员须随时监控保险单的有效性，当保险单现金价值不够维持合同效力时，须通知投保人及时交纳保险费，因此保险公司将向投保人收取保险合同费用。在保险合同期间内，保险公司从个人账户中收取的保险合同费用包含以下项目。

（1）保单管理费。保单管理费是为了维持保险合同有效而向投

思考讨论：投资连结保险、分红保险、万能保险有何不同？

保人收取的服务管理费用，每年保险公司向投保人提供一份保险单状态报告。

（2）风险保障费。风险保障费是保险公司对合同及适用的附加合同承担保险责任所收取的费用。

第三节 退休规划

退休规划是一个人职业生涯规划的一部分，必须在充分明了相关的环境因素后，才能合理地完成规划。本节研究的退休规划是指应用人寿保险制订的退休规划。退休规划分为个人退休规划和团体退休规划。

一、影响退休规划的因素

退休规划主要受以下几个因素的影响。

（1）寿命。由于各国生存环境与医疗状况有很大差异，所以各国国民的期望寿命具有很大差异。发达国家平均寿命高于发展中国家，发展中国家高于贫困国家。确定预期寿命能够帮助退休者确定退休金领取的年限。终身年金可以很好地解决这一问题。

（2）通货膨胀。通货膨胀是影响退休规划的主要因素，如果平均通货膨胀率为6%，退休者为了保有如今10 000元的购买能力，他在20年后就需要获得32 071元的收入。因此如果个人欲获得一份不因通货膨胀而降低购买力的退休收入，他就必须为持续增加的通货膨胀做好退休收入准备，这将使得退休规划过程变得复杂。递增型终身年金保险就是专为防通货膨胀而设计的。

（3）退休者的健康状况。若退休者健康状况良好，则不仅生活质量较高，还可省下长期护理的费用。

（4）社会保障水平。国家提供的社会养老保险若待遇较高，则通过购买商业保险作为补充的养老保险就可以减少购买。但我国是发展中国家，实行的是广覆盖、低标准的社会保险制度，所以对原来工作时具有高收入的雇员来说，若只有社会养老保险，退休后的收入反差较大。只有通过购买高额的商业保险才能弥补退休后收入的减少。

（5）雇主提供的福利。许多雇主会为本单位的雇员按照贡献大小或工作年限购买团体补充养老保险，这已成为吸引和留住雇员的福利。若雇主购买团体养老保险的金额足够弥补雇员退休金的减少，则雇员就不必重复购买个人终身年金保险。

二、制订退休规划的步骤

退休规划应根据以下步骤制订。

1. 收集信息

为了使制订的规划更为有效，更能满足客户的需求，需要收集足够多的客户信息。其中，必需的信息包括：①客户退休的年龄；②退休后的生活质量要求；③退休后支出的预测资金需求；④用以提供退休后收入的现有流动资产和固定资产；⑤雇主提供的退休补充养老计划或类似的退休后收入来源的信息；⑥社会养老保险的水平；⑦现有身体状况、家族遗传病史与预期寿命。

2. 建立目标

大多数客户退休后收入的目标都希望能维持现有生活水准，但大多数专家都建议退休后收入的目标为退休前薪资的 70%，因为退休后可以免交部分税款。就低收入者而言，此标准下的收入提供的生活水准会低得让人无法接受，加之通货膨胀的影响，退休后的生活更是难以保障。因此在制订退休规划时，要充分考虑未来需求的复杂性。

3. 分析信息

目标建立之后，必须分析先前已收集的相关资料，以衡量和计算退休后的财务状况。具体方法是：首先，将未来收入需求的现值与未来预估资源的现值相抵，再求取两者之间的差额，这就是退休规划需要填补的空缺。在做现值的计算时，所使用的预期利率以及预测的通货膨胀率应尽可能合理，否则现值的计算将会出现较大误差，影响退休规划的准确性。这种方法也可以理解为将假定的通货膨胀率与今日收入作为基础，以决定退休时所希望的收入水准为目标进行预测。其次，求得预期年收入来源与希望年收入需求相减后的净值。退休后的收入来源一般有四种：①政府建立的社会养老保险收入；②雇主提供的补充养老保险或企业年金、职业年金收入；③个人购买的商业养老保险；④个人稳定投资收益的收入。

4. 制订规划

专家认为将规划制订得较为保守是很有必要的，因为今后通货膨胀程度很难预测，而社会保障并没有增加太多，投资收益也不稳定。因此，对未来的收入不要有太高的期望，宁愿现在保守些，以使未来的保障更高些。

📚 相关案例

老张现在 45 岁，年收入 7.5 万元，预期未来年均增长 6%，即退休前一年的年收入约 24 万元。这似乎是个不错的数字，但若存在 4% 的年通货膨胀率，其实际购买力大约相当于当前水准的 11 万元。老张希望自己在 65 岁退休后的收入是退休前收入的 70%，即年收入约 16.8 万元。

假设老张的社会养老保险按通货膨胀系数调整后，估计可提供其退休前收入的 20%。更进一步，假设老张的雇主给他购买了补充养老保险，可提供其退休前收入的 30%。因此老张退休时可以获得社会养老保险与补充养老保险的两项之和，即退休前收入的 50%。他可通过购买商业保险解决剩余的 20%，即可使自己退休后的年收入达到 16.8 万元。

【点评】制订退休规划是一个倒推的计算过程，只有充分考虑通货膨胀和利息因素才能规划得更准确。

5. 执行规划

当对各种方案都已详加考虑，且规划内容也经过具有前瞻性的研究和确认后，便应该执行规划了。规划的执行方式有很多种。

（1）购买一份趸交年金保险。当客户正好有一笔较为充足的资金时可以采用此方法。此方法的好处是不用考虑每年交纳续期保险费，且可以即交即领。

（2）购买一份期交的平准式年金保险。平准式年金保险的特点是每年交纳的保险费都为相等数额，便于规划。由于是分期交纳，投保人不会觉得负担很重。

（3）购买递增型年金保险。递增型年金保险的特点是未来领取的年金每年都以一定的比例递增，可有效抵御通货膨胀的影响。

（4）参加团体年金保险。参加由雇主作为投保人，以所有在职员工为被保险人的团体年金保险也是一种很好的方法。一般团体年金保险雇主都会出一部分保险费，以奖励员工。团体购买保险可比个人购买保险获得更优惠的保险费，从而降低了被保险人的成本。

（5）存款管理计划。国外常采用此方法。该计划的含义是雇员每月计提一部分工资由雇主委托专业机构采用零存整取的方式先进行储蓄，雇主保证一个最低的利息，在固定的时间如每隔1年或5年，再由专业机构帮助购买个人或团体的年金保险。

（6）购买分红保险。购买分红的养老保险可以获得保险公司的经营利润，增加浮动的保险收益。

（7）购买投资连结保险。投保人将一部分保险费委托保险公司的专业机构帮助进行投资，既可获得投资收益，又可获得养老保障。但也有投资风险。

（8）利润分享计划。国外有雇主结合存款管理计划，每年将经营利润按照一定的百分比划入雇员的存款账户，以增加雇员购买养老保险的资金。工作时间越长，雇员在雇主处获得的利润就越高，但中途雇员若离开雇主，则不能获得利润。此方法能有效激励雇员留在雇主处工作，并积极创造经营利润。

当然，除了保险理财产品，也可以采用自己购买股票、购买国债、进行实业投资等方式完成退休规划。但按照国际惯例，只有购买保险是不用上缴任何税收的，所以在制订退休规划的同时，进行税收筹划也是很有必要的。特别值得一提的是，设计个人退休规划并不难，难的是坚持不懈地执行，很多优秀的退休规划常因个人缺乏决心而失败。

6. 调整规划

个人的退休规划是在退休前制订的，将来实际执行的结果很有可能与原先预期的结果不同。因此，定期调整部分规划是有必要的，否则很难达成最终的目标。生命中的重要事件以及环境的变化通常会影响规划的最终结果。

相关案例

李女士的退休规划

李娜，女，企业职员，目前每月的工资收入约8 000元，在工作单位享有社会养老保险，预计15年后退休，退休时每月能领到4 000元左右的养老保险金和2 000元的企业年金保险金，她希望自己退休后的月收入能达到1万元，故需要再补充养老金。为其制订退休规划如下。

1. 客户需求分析

该客户离期望的退休金每月1万元尚有每月4 000元的缺口，需要通过商业养老保险补充。

2. 理财目标

李娜还有15年才退休，因此还有15年的时间可以为退休做准备，购买的商业保险要确保至其退休时每月能有4 000元的收入。

3. 退休理财规划

购买某保险公司养老终身保险，自现在起每年交费 44 736 元，即每月 3 728 元，分期交费 15 年，至 55 岁时，可每年领养老金 4.8 万元，即每月 4 000 元，直至终身。

【归纳】李娜每年购买保险花费 44 736 元，交费 15 年，合计 671 040 元，用于退休规划；退休后可以每年领取养老金 4.8 万元直至终身，加上社会养老保险金以及企业年金，可确保退休后收入每月达到 1 万元。

第四节 医 疗 规 划

一、影响医疗规划的因素

与退休规划不同的是，医疗规划不仅要预测未来退休后的医疗环境，还要预测治疗费用，因为医疗保险自购买时起就开始产生保障作用。影响医疗规划的因素主要如下。

1. 医疗费用的预期支出

人们对高品质的健康医疗及最新医疗科技治疗的需求在持续增加，复杂、昂贵的诊断治疗费用及快速发展的治疗科技，使得准确预测医疗费用支出是一件十分困难的事情，但尽可能准确评估医疗费用支出对医疗规划有着重要的意义。

2. 通货膨胀

通常一个人年龄越大，则其医疗服务消费越多。许多年长者患有慢性及失能等疾病，预期的健康医疗消费将会增加，且医疗看护及护理费用消费预期将占据个人健康医疗消费很大的比例。加之我国已进入老龄化社会，老年人群的迅猛增加将使得护理费用大幅提高。时间跨度越大的医疗保险，受通货膨胀的影响越大。

3. 社会保障水平

我国的社会保障制度强调广覆盖，覆盖面广自然标准不可能太高。如果个人期望退休后享有高品质的健康医疗服务，则还应购买商业健康保险加以补充。所以对每个人来说，通过购买商业健康保险可以弥补不断增加的医疗费用支出。

4. 家族遗传病史

很多疾病不仅与生存环境有关，还与家族的基因有关，所以具有明显家族遗传病史者，在制订医疗规划时应充分考虑这一因素，以便未雨绸缪，及时将医疗资金筹集到位。

5. 目前身体状况和预期寿命

大部分医疗保险对已患疾病的被保险人是拒绝的，所以在身体状况好的时候开始制订医疗规划是一个明智的选择。预期寿命较长更易受通货膨胀的影响。

二、制订医疗规划的步骤

医疗规划应依照以下步骤制订。

1. 收集分析信息

为了使制订的规划更为有效，更能满足客户的需求，需要收集足够多的信息。其中，必需的信息包括：①目前的身体状况；②家族遗传病史；③期望获得的医疗水平和质量；④预期寿命；⑤目前的医疗费用水平；⑥社会统筹医疗保险的水平；⑦预期通货膨胀率。

2. 制订目标

目标必须是具体和确定的。例如，老李具有家族遗传胰腺癌病史，病史显示其家族中的人在 60 岁左右罹患癌症的可能性最大，但一旦过了这个时期不患胰腺癌则寿命都比较长。而他本人由于年轻时过于劳累，已感觉肝脏时常疼痛。他的社会医疗保险门诊每年只能报销不到 1 920 元的医疗费用，即使住院也需要自付 20%的医疗费用，并且上封顶至 15 万元。考虑到通货膨胀因素和目前的医疗水平，老李决定通过购买商业医疗保险来弥补未来可能发生的医疗费用支出。由于社会医疗保险能够报销一部分医疗费用，所以老李决定购买 5 万元住院医疗保险和 5 万元住院津贴保险作为补充，再购买 30 万元大病医疗保险和 10 万元长期护理保险。他所交保险费每年大约 2 700 元，交费 10 年。

3. 执行规划

执行医疗规划时可选择的医疗保险产品有很多，大致分为以下几类。

（1）医疗保险。医疗保险是医疗费用保险的简称，包括门诊医疗保险、住院医疗保险、手术医疗保险、住院津贴保险、综合医疗保险等险种。医疗费用主要包括门诊医疗费用、住院的诊疗费、检查费、药费、床位费，以及住院手术的手术费、麻醉费、材料费、器械费、手术室费用等。医疗保险一般规定一个最高的保险金额，保险人只赔付保险期限内在保险金额限度内被保险人支付的费用，超过此限额，保险人将不予赔付。医疗保险的一个主要特点是必须先发生医疗费用才可获得赔付。

（2）疾病保险。疾病保险是以被保险人罹患特定重大疾病为保险金给付条件的保险，又称重大疾病保险。由于医疗费用的不断上涨，某些特定的疾病会给病人带来巨大的费用支出，如白血病、癌症、尿毒症、心脏病、中风等，不仅对人的危害大而且治疗费用很高，因此疾病保险的保险金额都比较高。疾病保险的一个主要特点是不论被保险人是否发生了医疗费用，只要指定医院的诊断书一经确认就给予赔付。该险种特别适合已有医疗保险的人群。

（3）长期护理保险。长期护理保险是为因年老、疾病或伤残需要长期照顾的被保险人提供护理服务费用补偿的健康保险。

（4）收入补偿保险。收入补偿保险又称失能收入损失保险或伤病失能健康保险，是指当被保险人因意外伤害或疾病丧失工作能力，不能获得正常收入或收入减少时，保险人在一定期限内分期给付保险金的一种健康保险。

（5）眼科保险和视力矫正保险。该险种一般为团体健康保险的一部分，规定一年只可进行一次检查和配镜，内容包括眼病检查、视力矫正配镜。除外责任为配太阳镜、变色镜、安全眼镜。

（6）牙科保险。人的牙齿作为易损器官，通常被医疗保险作为除外责任而拒绝赔付。需要此项保障的人群可购买专门的牙科保险，内容包括口腔修复、安置假牙、牙周病治疗、牙髓病治疗、口腔外科手术。

（7）处方药保险。处方药保险是对被保险人购买医生开出的处方上的药品进行补偿的保险。

补偿分为补偿计划和服务计划。补偿计划是指被保险人用现金在药店购买处方药，由药剂师填写理赔表格。服务计划是指被保险人直接从参加计划的药店取药，只支付个人承担的部分款项。

（8）意外伤害医疗保险。意外伤害医疗保险专门用于意外伤害事故造成的医疗费用，包括门诊治疗费、住院费、护理费、检查费。

4. 调整规划

由于医疗费用的不断上涨，被保险人健康状况的不断变化，有必要每年对医疗规划进行必要的补充和调整。

相关案例

三口之家的保险理财

王先生今年30岁，在银行担任部门经理，年收入17万元左右。他的太太今年29岁，在一家投资公司工作，年收入8万元左右。他们有一个1岁的女儿，拥有一处价值80万元的房产，有银行存款合计10万元。他们的月生活支出约为1万元，15年公积金房贷，月还款5000元。夫妻二人都有社会保险，但觉得不能满足自己的保障需求，想通过购买一些人寿保险进行补充，并希望通过保险进行合理的理财规划，为女儿将来大额的教育经费打下经济基础。

根据王先生的家庭情况，我们首先对他的家庭资产状况进行分析，然后确定保险金额和保险费支出，最后给出保险理财建议。

1. 客户需求分析

客户在金融系统工作，收入较为稳定，家庭年收入为25万元左右，日常支出每月约为1.5万元。考虑到紧急资金的需要，每年预留资金1万元，可用于理财的资金约为6万元。客户的主要需求是增加保障并积蓄子女教育金。女儿还有17年上大学。

2. 理财目标

（1）为王先生女儿18岁、19岁、20岁、21岁时每年准备6万元的大学学费，共计24万元。

（2）为王先生规划养老保险，60岁领，年领保险金2万元至终身。大病医疗保险金20万元；身故保险金30万元。

（3）为王太太规划补充养老保险，55岁领，年领保险金2万元至终身。大病医疗保险金20万元、身故保险金30万元。

3. 理财计划

（1）为王先生女儿购买中国人寿子女教育保险（b），从1岁起每年交纳保险费12 680元，交16年，其女儿18岁、19岁、20岁、21岁每年可领教育金6万元。若交费期投保人身故或高残，可免交未交的保险费，而且其女儿可每年领取1万元成长年金至21周岁。

（2）为王先生购买中国人寿康宁终身重大疾病保险（A款），交费20年，年交保险费10 400元。其中重大疾病保障70岁前30万元，70岁后20万元；身故、高度残疾保障70岁前45万元，70岁后30万元。同时，为王先生购买中国人寿松柏养老保险，保额20万元，交费20年，年交保险费11 400元，60岁起每年领取养老金2万元；此外，为王先生购买20年期、身故保障50万元的祥

课外实践

1. 人身险产品信息库查询
查询步骤：登录中国保险行业协会网站→人身险产品信息库。
2. 财产保险公司自主注册产品查询
查询步骤：登录中国保险行业协会网站→财产保险公司自主注册产品查询。
3. 商业车险示范条款及费率基准查询
查询步骤：登录中国保险行业协会网站→商业车险示范条款及费率基准查询。

和定期保险，年交保险费 1 255 元。

（3）为王太太购买中国人寿康宁终身重大疾病保险（A款），交费20年，年交保险费9 100元。其中重大疾病保障70岁前30万元，70岁后20万元；身故、高残保障70岁前45万元，70岁后30万元。同时，为王太太购买中国人寿松柏养老保险，保额20万元，交费20年，年交保险费14 280元，55岁起每年领取养老金2万元。

【归纳】该家庭共计年交保险费59 115元，可获得24万元子女教育金，40万～60万元大病医疗保险金，60万～90万元死亡、高残保险金，每年4万元养老保险金。这样就降低了该家庭可能面临的风险。

本章小结及重难点解析

本章小结
（视频）

本章重难点解析
（视频）

1. 人们通常用保险来解决自身的养老与医疗问题。退休金通常是按月发放的，这种一定时期内每次等额收付的系列款项称为年金。年金保险就是在被保险人生存期间，按合同的规定，每隔一定的周期支付一定的保险金给被保险人的生存保险。

2. 制订退休规划需要综合考虑寿命、通货膨胀、退休者的健康状况、社会保障水平、雇主提供的福利等因素。制订医疗规划需要综合考虑医疗费用的预期支出、通货膨胀、社会保障水平、家族遗传病史、目前身体状况和预期寿命等因素。客户可以通过购买年金保险与医疗保险、疾病保险等险种提高自身的养老金及医疗保障水平。

3. 客户还可以购买带有投资功能的投资连结保险、带有分红功能的分红保险与万能保险，这些保险既有保障功能，也有投资分红收益。分红保险红利来源于保险公司经营过程中的死差益、利差益、费差益。

习题

一、单项选择题

1. 在万能保险中，其各期保险费收入之和扣除各种分摊之后的累积价值等于（　　）。

　　A. 现金价值　　　　　B. 责任准备金　　　　C. 保险费本利和　　　D. 保险利益

2. （　　）将投保人交付的保险费分成"保障账户"和"投资账户"来管理。

　　A. 分红保险　　　　　B. 万能保险　　　　　C. 两全保险　　　　　D. 投资连结保险

3. 分红保险的红利的主要来源包括三个方面，即（　　）。

　　A. 死差益（损）、利差益（损）、失效差益（损）

　　B. 死差益（损）、利差益（损）、费差益（损）

　　C. 死差益（损）、失效差益（损）、费差益（损）

　　D. 失效差益（损）、利差益（损）、费差益（损）

4. 在年金保险中，以两个或两个以上的人为被保险人，年金支付一直持续到最后一个被保险人死亡。这样的年金叫作（　　）。

　　A. 最后生存年金　　　　　　　　　　　　　　B. 团体年金

C. 联合生存年金   D. 联合最后生存年金

5. 在下列保险产品中，可灵活交纳保险费的产品是（   ）。

     A. 可续定期寿险   B. 分红普通寿险   C. 万能保险   D. 变额寿险

二、简答题

1. 什么是年金和年金保险？其特点分别有哪些？

2. 分红保险与投资连结保险的主要区别有哪些？

3. 简述万能保险的主要特点。

三、案例分析题

请为下列客户制订保险理财规划。

1. 家庭顶梁柱的保障

33 岁的丘先生是家里的顶梁柱，女儿 3 岁，妻子做全职家庭主妇，住在父母给予的房子中。其家庭年收入约 15 万元，家庭月开销 8 000 元，家庭有现金 5.8 万元，定期存款 17.6 万元，基金及股票 2.2 万元。由于丘先生从事的是风险投资工作，收入风险较大，他希望能使自己和太太拥有充足的养老与医疗保障，同时为小孩 15 年后上大学准备好学费，有可能的话，想在 10 年内买套价值 100 万元左右的房子。

2. 单身人群的保险规划

25 岁的蔡小姐在某外资企业从事行政工作，每月税后收入为 12 000 元左右，公司除工资、奖金外每月还帮她交纳"四险一金"。工资每年可涨 20%，每年有 2 万元年终奖。目前，蔡小姐有 4 万元左右的活期存款和 5 万元左右的股票。

蔡小姐目前和父母一起居住，父母都退休在家，各自有 3 000 元左右的月收入。家里有两套自购房屋，市值 380 万元，无贷款。一家人每月生活费共计 10 000 元左右，都没有购买任何商业保险。蔡小姐希望给自己制订一个全方位的保险规划。

第六章

保险公司经营与管理

【学习目标】

理解保险费率的概念及厘定的原则，了解保险费率厘定的数理基础，了解寿险与非寿险费率厘定的过程及原理，掌握寿险费率厘定的基本原理及计算，了解保险准备金提取的计算，了解保险公司财务管理的特点及管理指标体系，熟悉保险公司偿付能力管理的主要内容，了解保险资金运用形式。

【案例导入】

2016年9月，汪先生为儿子向保险公司购买了多个保险，包括3个主险和个人住院医疗费用保险与个人住院费用补贴保险两个附加险。其中，3个主险年交保险费为4 137元，个人住院医疗费用保险年交保险费为288元，个人住院费用补贴保险年交保险费为72元，保险单期限至2026年。

由于连续3年投保附加险，汪先生与保险公司签订了一份"保证续保协议"。2019年，就在续保扣款前，汪先生突然收到保险公司发出的一份通知函称，汪先生投保的个人住院医疗费用保险保险费上涨了100%。对此，汪先生表示："2018年9月，保险公司曾经上调过附加险保险费。当时涨了40元，这次一下涨到656元，上调幅度达100%，实在太过分了。"

保险公司则表示，根据合同条款的有关规定，保险人保留调整本保险费率的权利，且保险公司在提价前发出告知通知书，保险公司没有过失。此外，保险公司方面称近年来医疗费用不断增加，保险公司赔付金也随之增加。为了保证公司盈亏平衡，公司考虑通过上调保险费来提高公司偿付能力。需要指出的是，每个险种的调价都由具备资格的精算师对保险费率进行厘定，也在保险监督管理机构进行了备案的。对于调价，保险公司的态度是保险费增长并非针对个别投保人，而是该险种在全国范围内的统一调价。

问题： 保险公司对保险费的调整是否合理？

点评： 保险费率是精算而来的，保险公司对附加险有权逐年调整保险费率，因此保险公司调整保险费是合理的。

保险费调整的原因、依据及在非寿险中有何规定，本章将对这些内容进行阐述。

第一节 保险费率的厘定

保险费是指投保人在购买保险时，向保险人交付的费用。保险人以其所收取的保险费建立起保险基金，当被保险人因保险事故遭受损失时，以此进行经济补偿。

保险费率是保险人按单位保险金额向投保人收取保险费的标准。保险人承保一笔保险业务，用保险金额乘以保险费率就可以得出该笔业务应收取的保险费。

一、保险费率厘定的原则和方法

保险费的影响因素有保险金额、保险费率及保险期限,这三个因素均与保险费成正比关系,即保险金额越大、保险费率越高、保险期限越长,则应交纳的保险费就越多。其中任何一个因素的变化,都会引起保险费的增减变动。保险金额单位一般为 1 000 元或 10 000 元,保险费率通常用千分率或百分率来表示。

保险费率一般由纯费率和附加费率两部分组成。由纯费率和附加费率两部分组成的费率称为毛费率。纯费率也称净费率,是保险费率的主要部分,根据损失概率确定。按纯费率收取的保险费称作纯保险费,用于保险事故发生后对被保险人进行赔偿和给付。附加费率是保险费率的次要部分,按照附加费率收取的保险费称作附加保险费。它是以保险人的营业费用为基础计算的,用于保险人的业务费用支出、手续费支出以及提供部分保险利润等。

1. 厘定保险费率的原则

保险人在厘定保险费率时总体上要做到权利与义务对等,具体包括以下几个原则。

(1)充分性原则。充分性原则是指所收取的保险费足以支付保险金的赔付及合理的营业费用、税收和实现公司的预期利润,其核心是保证保险人有足够的偿付能力。显而易见,如果保险费率过低,就会降低保险人的偿付能力,使保险人的经营处于不稳定状态,不利于保险人的稳健发展。在竞争激烈的保险市场上,保险人为了提高自己的竞争力,常常不惜以降低保险费率来吸引客户。为了贯彻充分性原则,避免恶性竞争,很多国家都对保险费率进行管制,以保证保险人的偿付能力。

(2)公平合理原则。公平一方面是指保险费收入必须与预期的支付相对称;另一方面是指被保险人所负担的保险费应与其所获得的保险权利相一致,保险费的多少应与保险种类、保险期限、保险金额及被保险人的年龄、性别等相称,风险性质相同的被保险人应承担相同的保险费,风险性质不同的被保险人则应承担有差别的保险费。合理是指保险费率应尽可能合理,不可因保险费率过高而使保险人获得超额利润。

(3)稳定灵活原则。稳定是指保险费率应当在一定时期内保持稳定。稳定的费率有利于保险公司的业务核算,也有利于保持被保险人的保险费支出稳定。不稳定的保险费率会给保险公司的经营活动带来负面影响。同时,坚持稳定原则并不是要求保险费率保持一成不变,而是应随着风险、保险责任和市场需求等因素的变化作出相应的调整,具有一定的灵活性。所以保险费率的稳定应该是相对的稳定,即在短时间内是稳定的,而从长期来看又是灵活变化的。

(4)促进防灾防损原则。促进防灾防损原则要求保险费率的厘定应有利于促进防灾防损。通俗地讲,对防灾防损工作做得好的被保险人要采用较低的保险费率;相反,对防灾防损工作不重视、发生保险事故频率较高的被保险人要采用较高的保险费率。贯彻这一原则有两个好处:其一,可以减少保险人的赔款支出;其二,可以促进被保险人加强防灾防损工作。

知识点滴

判断法的适用范围

判断法通常用于海上保险、航空保险以及一些内陆运输保险,这是因为这些保险因航程不定、气候变化或交替使用不同运输工具而遭遇无法分类统一的风险。另外,一些新的保险业务,开始时由于缺乏统计资料,又无可比情况,只好采用判断法。

2. 厘定保险费率的一般方法

厘定保险费率的一般方法有判断法、分类法和修正法等。

判断法又称观察法或个别法，要求厘定保险费率的人具有丰富的承保经验。具体做法是：由业务人员根据每笔业务保险的标的和以往的经验，直接判断风险频率和损失率，从而确定适合特定情况的个别保险费率。由于这种类型的保险费率是从保险标的的个别情况出发单独厘定的，因此较能反映个别风险的特性。

分类法是现代保险中常用的厘定保险费率的方法，它将性质相同的风险分别归类，而对同一类风险的各风险单位，根据它们共同的损失概率，定出相同的保险费率。其准确程度，有赖于分类的准确性和各类别所包含的风险单位的数量。人寿保险、火灾保险以及大多数意外伤害保险通常使用分类法。如人寿保险以年龄、性别等来分类，适用于不同的保险费率。

采用分类法基于这样一种假设：被保险人将来的损失在很大程度上由一系列相同的因素决定。因此，最理想的分类费率的条件是在每一类别中，各单位所有风险因素的性质完全一致，这样各单位的预期损失及费用都相同。但现实生活中的标的很难符合这一条件，所以在分类费率确定之后，经过一定时期，如与实际经验有所出入，则需要进行调整。

修正法又称增减法，即在规定基本费率后，在具体的承保中，根据损失经验对个别风险加以衡量后，在基本费率基础上进行增减变动来确定保险费率。修正法兼具判断法的灵活性和分类法的广泛性，是一种科学适用的计算保险费率的方法。修正法通常又可分为表定法、经验法和追溯法。

表定法是指保险人对每一具有相似风险的类别规定若干客观标准，然后依据标准情况下的风险程度，以表格形式列示出一系列费率的方法。当投保人投保时，核保人员将实际投保标的所具有的风险与原定标准比较，若其条件比原定标准好，则按表定费率减少一部分；反之，则适当增加。表定费率一般用于性质较为复杂的工商业风险，如火灾保险所承保的风险。

表定法的优点：第一，适用性较强，能适用于任何规模的投保单位；第二，可以促进被保险人加强防灾防损意识。因为保险费率的高低取决于客观标准的规定。如果防灾防损做得好，则可厘定出较低的保险费率；反之，则可厘定出较高的保险费率。

表定法的缺点：保险机构为了详细了解被保险人的情况，经常要支付大量营业费用，导致厘定保险费率成本太高，不利于保险人降低保险成本；同时，表定费率在实际运用中灵活性太大，在竞争激烈时，业务人员为争取承保更多业务而可能过度降低保险费率，不利于保险财务的稳定。

经验法是指根据被保险人以往的损失经验，对分类费率进行增减变动而厘定出费率的方法。也就是说，以过去一段时间（通常是 3 年）的平均损失为基础，厘定未来时期被保险人待用的保险费率。其计算公式为

$$保险费率调整幅度 = \frac{A - E}{E} \times C \times T$$

式中，A 表示经验期（考察期）被保险人的平均实际损失，E 表示被保险人适用于某分类费率时的预期损失，C 为信赖因数，T 为趋势因数。这里采用趋势因数，主要是为了顾及平均赔偿金额支出的趋势以及物价指数的变动等。

例如，某企业投保产品责任保险，按分类费率计交保险费总额为 50 000 元，其中 70% 为纯

保险费（预期损失），过去 3 年平均实际损失为 30 000 元。假定信赖因数为 38%，趋势因数为 1，则其费率调整幅度为

$$\frac{A-E}{E} \times C \times T = \frac{30\,000 - 50\,000 \times 70\%}{50\,000 \times 70\%} \times 38\% \times 1 = -5.4\%$$

即该企业投保时实际保险费率应比分类费率低 5.4%，所以调整后应交保险费为

$$50\,000 \times (1 - 5.4\%) = 47\,300\,（元）$$

经验法的最大优点是厘定保险费率时已考虑到影响风险发生的每一因素，而表定法仅考虑到若干个重要因素。经验费率大多适用于主观风险因素较多、损失变动幅度较大的风险，如公众责任保险、机动车辆保险等所承保的风险。

追溯法是以保险期内保险标的实际损失为基础，并以此计算被保险人当期应交的保险费的方法。由于保险标的当期损失实际数须到保险期满后才能计算得知，这样应交的保险费具体数额只有在保险期满后才能计算出来。因此，使用追溯法时，在保险期限开始前，应先以其他类型保险费率确定预交保险费，然后在保险期满后，再根据实际损失对已交保险费进行增减变动。追溯法的厘定程序比较烦琐，不利于保险人大规模开展业务，在实际业务中很少被采用。

二、财产保险费率的厘定

财产保险费率的厘定是以保险损失率为基础的。通过对保险损失率和均方差的计算求出纯费率，然后再计算附加费率，最后将纯费率和附加费率相加，即得出营业费率。财产保险费率的厘定比较复杂，下面只简要介绍财产保险费率厘定的基本原理。

（一）纯费率的确定

依照保险费率厘定的原则，纯费率应当与保险事故发生的概率和保险事故发生后的赔偿金额有关。通常采用的方法是，根据历年的有效索赔数额，计算出单位保额的平均有效索赔额，即平均保险损失率；然后，用其估计未来单位保额的有效索赔额，进而确定纯费率。

纯费率是纯保险费占保险金额的比率，它是用于补偿被保险人因保险事故造成保险标的损失的概率，其计算公式为

$$纯费率 = 保险损失率 \pm 均方差$$

1. 确定保险损失率

保险损失率是赔偿金额占保险金额的比率，其计算公式为

$$保险损失率 = （赔偿金额/保险金额）\times 100\%$$

由于保险事故的发生在实践中具有很强的随机性，只有在一个较长的时期里才比较稳定，因此纯费率的计算应当取一个较长时期的数据，通常不少于 5 年。若已知各年的保额损失率，则可计算平均保险损失率。平均保险损失率的计算公式为

$$平均保险损失率 = \frac{\sum X}{N}$$

式中，X 表示每年的保险损失率；N 表示年数。

2. 计算均方差

均方差是各保额损失率与平均保险损失率离差平方和平均数的平方根。它反映了各保额损失率与平均保额损失率相差的程度，说明了平均保额损失率的代表性。均方差越小，则其代表性越强；反之，则其代表性越差。若以 S 表示均方差，则其计算公式为

$$S = \sqrt{\frac{\sum (X - M)^2}{N}}$$

平均保额损失率附加均方差的多少，取决于保险损失率的稳定程度。若保险损失率较稳定，则其概率不要求太高，相应的概率度为 1 即可；反之，则要求概率较高，以便对高风险的险种有较大的把握，从而实现稳定经营，相应的概率度为 2 或 3。

3. 计算稳定系数

思考讨论：为什么要计算稳定系数？

稳定系数是均方差与平均保险损失率之比。它用于衡量期望值与实际结果的密切程度，即平均保额损失率对各实际保额损失率的代表程度。稳定系数越小，保险经营的稳定性越高；稳定系数越大，保险经营的稳定性越低。一般认为，稳定系数在 10%～20%较为合适。

4. 确定纯费率

纯费率是纯保险费占保险金额的比率，是作为保险金用于补偿被保险人因保险事故造成保险标的的损失金额。其计算公式为

纯费率 = 保险损失率±均方差
　　　 = 保险损失率×（1±稳定系数）

【例 6.1】 某保险公司某类保险业务过去 5 年每年的保险损失率分别为 0.30%、0.26%、0.25%、0.24%、0.20%，如表 6.1 所示，求来年的纯费率。

表 6.1　均方差计算

年份	保险损失率（%）	偏差（%）	偏差的平方（‰）
2013	0.30	0.05	0.002 5
2014	0.26	0.01	0.000 1
2015	0.25	0	0
2016	0.24	−0.01	0.000 1
2017	0.20	−0.05	0.002 5
N = 5	$\sum X = 1.25$	$\sum (X-M) = 0$	$\sum (X-M)^2 = 5.2 \times 10^{-7}$

解： 以往 5 年平均保额损失率为

$$M = \frac{\sum X}{N} = \frac{0.30\% + 0.26\% + 0.25\% + 0.24\% + 0.20\%}{5} = 0.25\%$$

将表 6.1 中计算结果代入均方差公式：

$$S = \sqrt{\frac{\sum (X - M)^2}{N}} = \sqrt{\frac{5.2 \times 10^{-7}}{5}} = 0.0322\%$$

计算稳定系数：

稳定系数=均方差/平均保险损失率
　　　　 = 0.0322%/ 0.25%
　　　　 = 12.88%

根据前面的叙述，本例的保险业务经营比较稳定，可考虑在同种业务的纯费率中加 1 个均方差，因此：

$$纯费率 = 0.25\% \times (1+12.88\%) = 0.2822\%$$

（二）附加保险费率的确定

附加保险费率的计算公式为

$$附加保险费率 = (经营业务开支总额/保险费收入总额) \times 100\%$$

式中，经营业务开支总额主要包括以下几项：①按保险费的一定比例支付的业务费、企业管理费、代理手续费及交纳的税金；②支付的工资及附加费用；③预期的营业利润。

除了按上述公式计算附加保险费率外，还可以按纯费率的一定比例来确定，如规定附加保险费率为纯费率的 20%。

（三）毛保险费率的确定

财产保险的毛保险费率是由纯费率和附加保险费率构成的，其计算公式为

$$毛保险费率 = 纯费率 + 附加保险费率$$

这样计算出来的毛保险费率仅是一个大略的费率，因此，需根据不同的业务进行分项调整，这种调整被称为级差费率调整。经过级差费率调整后，保险费率就最终形成了。

三、人寿保险费率的厘定

人寿保险费率的厘定较为复杂，本部分只简要介绍人寿保险费率厘定的基本原理。

（一）影响人寿保险费率的因素

人寿保险费率受以下因素的影响。

1. 利率因素

人寿保险业务大多是长期的。人寿保险公司预定的利率是否能实现，要看其未来投资收益，因此，预定利率必须十分慎重。精算人员在确定预定利率之前要考虑本公司过去的投资收益情况。

预定利率对于保险公司制订费率十分重要，特别是对于传统人寿保险，因为利率在保险单有效期内是固定不变的。人寿保险公司在预定利率时往往十分谨慎，但过于保守的态度也会损害被保险人的利益或丧失市场竞争力。

📖 **相关案例**

放开人寿保险预定利率会带来什么？

2013 年 8 月 2 日保监会宣布，自 8 月 15 日起，人寿保险预定利率不再执行 2.5%的上限限制，定价权交给保险公司和市场。在此之前，传统人寿保险产品受银行定期存款利率影响很大。特别是 2011 年 7 月 7 日央行启动该年度内第三次加息，1 年期存款基准利率达到 3.5%，5 年期定期存款利率达到 5.5%，远高于传统人寿保险产品受制于 2.5%的预定利率上限。传统人寿保险产品价格偏高，丧失了市场竞争力。

【点评】曾经，保险监督管理机构设定人寿保险预定利率上限，使得此类产品在定价上过于保守，造成定价过高，不利于保险公司的销售和保险业的长远发展。放开人寿保险预定利率被认为是保险监督管理机构放开保险公司定价权的实质性信号，投保人可能获得更便宜的保险价格；但这也给保险公司带来了经营风险，若精算不准确，过高估计保险公司的投资收益，就可能造成保险公司亏损。1997 年前中国人寿保险、中国平安保险、太平洋保险销售的长期人寿保险保险单平均定价利率为 8.8%，这批保险单后来成为三家公司巨大的包袱。因此，此政策的放开，对各保险公司经营的风险管理提出了更高的要求。

2. 死亡率因素

人寿保险公司的经验死亡表是制订人寿保险费率十分重要的因素之一。各家人寿保险公司之间的经验死亡表差别是很大的。高的经验死亡率可能是低的经验死亡率的 1.5 倍。国民生命表是人口普查数据经统计分析和修正而编制的，大体上与总人口的寿命情形一致，但是对于某一地区、某一群体就不一定适合了。各人寿保险公司的科学做法应是将国民生命表与各公司的经验数据相结合，找出最适合本公司的死亡率数据。

3. 费用率因素

保险公司均制订预定费用率。费用率一般因公司的不同而不同，大的公司比小的公司有较低的费用。人寿保险公司的费用一般包括：①初始费，包括签发保险单费用等；②代理人酬金，包括代理人佣金、奖金、奖励、养老金计划支出等；③保险单维持费用，包括交费费用、会计费用、佣金的管理费用、客户服务费用、保险单维持的记录费用和保险费收入税等；④保险单终止费，包括退保费用、死亡给付费用和到期费用等。

4. 失效率因素

投保人未能按期交纳续期保险费等原因会造成保险单失效，保险单失效会给保险公司的经营带来不利影响。影响保险单失效率的因素包括：第一，保险单年度，保险单失效率随保险单年度的增加而降低；第二，被保险人投保时的年龄，30 岁以上的被保险人的保险单失效率较低；第三，保险金额，大额保险单的失效率通常较低；第四，保险费交付频率，年交保险费比月交保险费的保险单失效率低；第五，性别，女性保险单失效率要比男性保险单失效率低。

由于失效率由投保人造成，保险公司无法控制，因此预定失效率应基于本公司的经验数据，而各公司之间由于各种差异，保险单失效率大相径庭。如果本公司经验数据有限，可以找与自身经营状况相类似的公司的经验数据，再根据年龄、性别和保额等因素进行调整。即使是本公司的经验数据，在使用时仍需要作适当的调整。

5. 平均保额因素

平均保额一般是以千元保额为单位的，通常表示为几个单位保额，如 5 个单位保额、10 个单位保额等。通过平均保额可以计算保险单费用、每张保险单开支、单位保险费费用和每次保险单终止费用等。保险单的特点及保险单的最小单位也会影响平均保额的大小，通常可根据被保险人的年龄、性别及保险单的特点对平均保额进行调整。平均保额偏低将增加保险公司的经营成本。

尽管影响人寿保险费率的因素有以上五个主要方面，但我们在解释人寿保险费率厘定原理时，为了简化分析过程往往只考虑死亡率因素、利率因素和费用率因素。这三个因素就是我们常说的计算人寿保险费率的三要素。

（二）生命表

1. 生命表的概念和种类

生命表又称寿命表、死亡表，它是根据一定时期的特定国家（或地区）或特定人口群体（如保险公司的全体被保险人、某单位的全体员工）的有关生存状况统计资料，依整数年龄编制而成的用以反映相应人口群体的生死规律的统计表。生命表在有关人口的理论研究、某地区或某人口群体的新增人口与全体人口的测算、社会经济政策的制定、寿险公司的保险费及责任准备金的计算等方面都有着极为重要的作用。

生命表中最重要的内容就是死亡率。影响死亡率的因素主要有年龄、性别、职业、习性、以往病史和民族等。

生命表总体上可以分为国民生命表和经验生命表两大类。国民生命表是以全体国民或特定地区的人口生存状况统计资料编制而成的，依其编制的技术可分为完全生命表和简易生命表。完全生命表是根据准确的人口普查资料，依年龄分别计算死亡率、生存率、平均余命等生命函数而编制的；简易生命表则是采用每年的人口生存状况动态统计资料和人口抽样调查的资料，按年龄段（如 5 岁或 10 岁为一段）计算的死亡率、生存率、平均余命等而编制的。而人寿保险公司使用的经验生命表，是以被保险人群体为对象，按实际经历的死亡统计资料编制而成的。但根据需要，经验生命表也可按保险的种类、保单年度及被保险人的性别等进行编制。

2. 生命表的内容

在生命表中，首先要选择初始年龄且假定该年龄生存的一个合适的人数，这个数称为基数。一般选择 0 岁为初始年龄，并通常规定以此年龄的人数取整数为基数，如 10 万人、100 万人、1 000 万人等。在生命表中，还规定最高年龄称为表限年龄，如 105 岁。一般的生命表中都包含以下内容：x 表示年龄；l_x 表示年初生存人数，是指 x 岁的人的生存人数；d_x 表示年内死亡人数，是指 x 岁的人在 1 年内死亡的人数，即 x 岁的生存人数中，经过 1 年死去的人数；q_x 表示死亡率，是指 x 岁的人在 1 年内死亡的概率；p_x 表示生存率，是指 x 岁的人在 1 年后仍生存的概率，即到 $x+1$ 岁时仍生存的概率。

（三）利息基础

所谓**利息**，指的是在一定时期内，资金拥有人将使用资金的自由权转让给借款人后所得到的报酬。计算利息有三个基本要素：本金、利率和期间。利息的数额取决于本金的数量、利率的高低、期间的长短。一般来说，任何一项普通的金融业务都可以看作投资一定数量的资金以产生一定量的利息。因此，利息的多少是衡量该项业务好与坏的一个重要指标。

在利息的计算中，利息的水平是以利率来度量的。所谓利率，是指单位资本在一个度量期产生的利息。实务中最常用的度量方法有两种：单利法和复利法。

单利是指每度量期均只对本金计息，而对本金产生的利息不再计息。若以 p 表示本金，i 表

示利率，n 表示计息期数，S 表示本利和，则单利的计算公式为

$$S = p(1+in)$$

复利是指将按本金计算出来的利息额再加入本金，一并计算利息。复利的计算公式为

$$S = p(1+i)^n$$

一笔资金在一定利率下存放一定时期后所得的本利和称为**终值**。在复利的条件下，终值可以表示为

$$终值 = 本金 \times (1+利率)^n$$

现值和终值是相反的概念。**现值**是指未来本利和的现在价值，也就相当于本金。由终值的计算公式可以推得

$$现值 = 终值 / (1+利率)^n$$

（四）年金及其计算

对保险公司来说，年金是指在一定时间内按照一定的时间间隔进行的系列付款。依据不同的标准，年金可以划分为很多类。按支付条件，年金可以划分为确定年金和风险年金。确定年金指年金的每次支付是必然要发生的；风险年金则指年金的每次支付是不确定的，如以人的生死为给付条件的生命年金就是一种风险年金。对人寿保险而言，有意义的年金划分方式还有以下几种：以每支付期支付的时点不同，分为期首付年金和期末付年金；以支付开始的时间不同，分为即期年金和延期年金；以年金的期限不同，分为定期年金和终身年金。

（1）期首付年金。期首付年金是指年金的支付发生在每一期的期初。假设每期期初的支付金额为 1 元，支付的责任期限为 n，每支付期的实际利率为 i，用 a_n 表示期首付确定年金的现值，S_n 表示期首付确定年金的终值，则

$$a_n = \frac{1-(1+i)^{-n}}{d}$$

$$s_n = \frac{(1+i)^n - 1}{d}$$

其中，d 为贴现率，$d = \dfrac{i}{1+i}$。贴现率是指将未来支付款改变为现值所使用的利率。

（2）期末付年金。期末付年金是指年金的支付发生在每一期的期末。假设每期期末的支付金额为 1 元，支付的责任期限为 n，每支付期的实际利率为 i，用 a_n 表示期末付确定年金的现值，S_n 表示期末付确定年金的终值，则

$$a_n = \frac{1-(1+i)^{-n}}{i}$$

$$s_n = \frac{(1+i)^n - 1}{i}$$

（五）人寿保险纯保险费的计算

人寿保险纯保险费的计算包括以下两类。

（1）趸交纯保险费的计算。趸交纯保险费在长期人寿保险合同签订时，投保人将保险期间

应交付保险人的纯保险费一次全部交清。趸交纯保险费应与保险合同所规定的保险人在整个保险期内的给付义务等价,通常都是根据未来的保险金额终值通过保险费率计算保险费现值确定的。

（2）期交保险费的计算。期交保险费则是在固定的交费期限内每期交纳固定的保险费,通常采用期初交纳的方式运用期首付年金公式计算每期应交纳的保险费。

（六）人寿保险营业保险费的计算

人寿保险营业保险费的计算方法有以下几种。

1. 比例法

比例法以营业保险费的一定比例作为附加费用,这一比例一般根据以往的业务管理经验来确定。若以 p 表示纯保险费,p' 表示营业保险费,k 表示附加费用占营业保险费的比例,则

$$p'=p+kp'$$

$$p'=\frac{p}{1-k}$$

若以 l 表示附加保险费,则

$$l=kp'=\frac{kp}{1-k}$$

运用比例法计算附加费用虽然简便,但不尽合理。一般对保险期间短、保险费低的险种,计算出的附加费用就可能少于实际需要;对于保险期间长、保险费高的险种,计算出的附加费用则可能多于实际需要。

2. 比例常数法

比例常数法把附加费用分成两部分考虑:首先,根据每张保险单的平均保险金额推算出每单位保额必须承担的固定费用,这部分作为一个固定常数,用 c 表示;其次,确定营业保险费的一定比例,用 k 表示,计算其余部分的附加费用,则

$$p'=p+c+kp'$$

所以,

$$p'=\frac{p+c}{1-k}$$

比例常数法虽然对保额大的险种增加了一定量的附加费用,但对于保险期间短、保险费低的险种,提取的附加费用仍然少于实际需要。

3. 三元素法

按每张保险单在保险期内的不同阶段和不同用途,附加三种费用,称为三元素法。具体情况如下:①新合同费用。它是人寿保险公司签订新合同于第一年度所必须支付的费用,如体检费、签单费等。它是一次性费用,且在签订保险合同的当年支出,一般按保额的一定比例计算。②维持费用。它是指合同自第一年开始至合同终止时止,全部保险期内维持合同所必须支付的费用,如催交保险费、契约变更等所需费用。维持费用一般分摊于整个交费

期。③收费费用。它包括收费员工资、交费事务费等，也分摊于整个交费期。

第二节　保险准备金

保险公司向投保人收的保险费实质上是对被保险人的负债，当保险事故发生时需要立即赔付出去，因此保险公司需要有足够的保险准备金用于赔付，即必须有偿付能力。因此，保险公司在经营中需要预先计提各种准备金。

一、非寿险责任准备金的提存

非寿险的基本特点是保险期间为 1 年或 1 年以下，又称短期保险。以财产和责任保险为例，保险公司的责任准备金包括未决赔款准备金、未到期责任准备金、总准备金和其他准备金。

（一）未决赔款准备金

未决赔款准备金是指截至年终决算日，已经发生但尚未赔付出去的保险金额。具体来说，未决赔款准备金主要存在于以下几类情况：①投保人已经提出赔案，保险人已经核定应赔金额而尚未付款的赔案；②投保人已经提出赔案，保险人尚未核实的赔案；③投保人已经发出索赔通知，尚未提出索赔金额的赔案；④已经发生，但尚未发出索赔通知的赔案。

例如，12 月底发生的一起汽车碰撞事故，当事人在次年 1 月 1 日以后才在其投保的保险公司申请索赔。由于年度财务报表通常在 12 月 31 日编制，保险公司必须对这种已发生但尚未报告的损失进行估算，以便确切地计算资产负债表中总的未决赔款准备金。

如果保险公司能够知道每次理赔的最大成本，那么就很容易确定未决赔款准备金的额度了。但是，在大多数情况下，保险公司并不能确定理赔的成本，因此保险公司必须采取一定的方法对应提取的未决赔款准备金额度进行估计。

1. 已发生且已报告的损失的未决赔款准备金的计算

已发生且已报告的损失的未决赔款准备金的计算方法有以下几种。

（1）个别估计法。它是根据每个理赔人员的经验判断，对每次损失应提取的未决赔款准备金额度作出估计。某个险种的索赔案数量如果特别小，或者多个索赔案中的索赔额度相差特别大而无法使用一个平均的估计值时，使用个别估计法是比较有优势的。

（2）平均值法。它是对每个索赔案提取相同的未决赔款准备金。这样，保险公司在年底对某个特定的险种应当提取的总的未决赔款准备金额度，就是尚未理赔的索赔案的数量乘以每案应提取的平均未决赔款准备金。在使用平均值法时，这个"平均值"也是保险公司根据过去的经验得出来的。如果就某个险种提出的索赔案的数量较大，每个索赔数额之间的离差又比较小，适合使用平均值法。这种方法的优点是简单易行和费用低廉。如果按照平均值法计算总的未决赔款准备金额度，则要统计年终编制财务报表时已经发生但尚未赔付的损失共有多少件，这个数字也可以由保险公司根据过去的经验得出。

（3）公式法或赔付率法。这种方法所依据的原理是，特定险种的赔付率是一定的。保险公司对某个险种应提取的未决赔款准备金额度应当是根据估计的损失赔付率计算的最终赔付额减去至编制报表日止已经支付的损失赔偿金和损失理算费用。此种方法计算简便，但存在实际赔付率与假定赔付率不一致的缺陷。

（4）交叉价值法。如果保险公司支付的损失赔偿金或保险给付金的额度要受到平均寿命、残疾时间、受益人的再婚和其他一些类似的因素影响，则保险公司会使用交叉价值法来计算应提取的未决赔款准备金额度。这时保险公司计算未决赔款准备金就需要使用死亡概率和生存概率，甚至需要使用受益人再婚的概率。也就是说，所使用的数据是从生命表、发病率统计表和再婚概率表中得来的，因此称为交叉价值法。

2. 已发生但尚未报告损失的未决赔款准备金的计算

已发生但尚未报告损失的未决赔款准备金的计算方法比较多。通常，保险公司会根据过去的经验在已发生但尚未报告的损失和一个选定的基数，如"已发生且已报告的损失的未决赔款准备金"两者之间建立一个数据关系。现在的保险公司常常根据新的因素对上述方法进行调整。但需要注意的是，不管计算未决赔款准备金的方法有多么精确，所计算出来的结果只能是对实际损失的一个估计值。通货膨胀、不断变化的社会观念、有追溯效力的立法以及很多其他因素都会对未决赔款准备金的计算产生影响。另外，未决赔款准备金的水平还受到保险公司管理者态度的影响：保险公司如果实行的是消极保守的管理办法，常常会倾向于过度提取未决赔款准备金，造成资本的流失；开放的保险公司管理者则倾向于降低未决赔款准备金的水平，以突出承保的收益。

此外，保险公司除了需要为损失提取未决赔款准备金以外，还需要为损失理算费用提取准备金。这项准备金分为两部分：一部分是与每个具体索赔案相关的损失理算费用准备金；另一部分是为保险公司的理赔部门整体发生的、与个别索赔案不相关的费用所提取的准备金。

这样，保险公司的未决赔款准备金中总共包括三部分内容：为已发生且已报告的损失提取的未决赔款准备金；为已发生但尚未报告的损失提取的未决赔款准备金；为损失理算费用提取的准备金。从理论上讲，未决赔款准备金应当足够清偿在编制财务报表当日保险公司对尚未理赔的损失所承担的所有责任。但是，仍有保险公司认为不够稳妥，另外提取了巨灾准备金。提取巨灾准备金的主要目的是消除未能预见的因素造成的预计损失总额的偶然波动对保险公司的财务稳定所造成的冲击。保险监督管理机构和保险公司都非常支持这种提取巨灾准备金的做法，认为这样能够稳定保险公司的经营业绩，使保险公司在一定时期内获得稳定的利润。

需明确说明的是，如果保险公司提取的未决赔款准备金过低，则对未来的赔偿义务来说就是不充分的，同时还会造成保险监督管理机构对保险公司偿付能力的怀疑。但是，如果保险公司提取的未决赔款准备金过高，就会相应地抵减保险公司该时期内的承保利润，那么也就减少了该时期内保险公司的纳税义务。因此，过度提取准备金是受法律限制的。过度提取准备金导致保险公司利润大幅削减，使保险公司找到了提高费率的冠冕堂皇的借口。但对上市的股份制保险公司而言，过度提取准备金还会有一个不良的后果：保险公司利润下降，会大大挫伤其股东对公司经营的信心，从而使该保险公司的股票价格受到抑制。总之，未决赔款准备金额度的最后确定，取决于对各方面因素的综合考虑以及各方利益的综合权衡。

相关案例

运用移动新技术开展灾难事故人伤理赔案例

2015年12月，深圳市光明新区凤凰社区建筑渣土收纳场发生山体滑坡事故，导致多人伤亡，受到全社会广泛关注。广东省和深圳市领导先后到事故现场指挥救灾。

事故发生后，某寿险公司发现该建筑渣土收纳场为本公司客户，曾经购买过团体意外伤害保险附加医疗保险，于是第一时间启动突发公共事件一级应急响应预案，成立应急处理小组，指挥救援处置工作。在本次事故处理中，为确定伤亡人数，该公司先后排查1 200余人次，并多次在事发周围走访，还在现场首次使用移动调查技术开展排查，在移动理赔现场上传资料，与后台配合快速结案付款，为后续理赔工作的展开提供强有力的支持。经多方核查，最终确认，事故中该寿险公司有11位客户身故，3人受伤。理赔结案付款全程仅30分钟，共为14位客户赔付90万元。

【点评】保险事故是突发的，损失是难以估计的，但保险公司可以运用历年统计数据，确定每年应计提的未决赔款准备金，以保证在灾害发生时能及时赔付。保险机构移动调查技术的应用，使得理赔流程变得更加快速简捷，有效改善了客户理赔体验，提升了客户理赔满意度。

（二）未到期责任准备金

1. 未到期责任准备金的性质

保险公司在一个会计年度内签发保险单后入账的保险费称作入账保险费。假定会计年度与日历年度一致，全部保险单保险期间均为1年。显然，除当年第一天签发的保险单外，其余保险单均不能在该年内满期，而要跨入下一年。这样，保险费就要依保险期间在两个会计年度按所占的时间比例进行分割。

例如，假定某保险公司于当年12月1日签发了一张期限为1年的保险单，保险费为120元。投保人应当预付保险费，由于保险单期限为1年，因此保险单出立时保险公司显然没有赚取这笔保险费，但随着时间的推移，保险公司会赚取相应期间的保险费。到当月的月末，即12月31日，保险期间的1/12已经过了，则保险公司就赚取了总保险费的1/12，即10元。因此，保险公司需要在每年计提未到期责任准备金。

总保险费的未到期部分就构成未到期责任准备金。具体来说，未到期责任准备金意味着保险财务年度虽已到期，但保险责任年度尚未到期，保险公司对未到期保险单仍负有赔付责任。这部分保险费应当视为保险公司代投保人管理的一笔钱。尽管投保人将这部分保险费预付给了保险公司，但保险公司并不能在收到这笔钱时立刻将这部分保险费视为自己的财产任意处置，这部分保险费因此被定义为未到期责任保险费，是保险公司对被保险人承担的债务，这就是未到期责任准备金的性质。

2. 计算未到期责任准备金的方法

计算未到期责任准备金的方法有以下三种。

（1）每月按比例分摊法。该种方法假定全年的承保业务量是平均的，再假设承保的当月内保险费的有效天数是15天，因此，把1年分为24个月。对1年期的保险单，在承保的第1个月末赚得1/24的保险费，即23/24的保险费为未到期责任准备金，以后每个月已赚得保险费的比例以此递增，即2/24、3/24、5/24、7/24…23/24。在年末计算未到期责任准备金时，1月份开出的保险单按 1/24 提存，并以此类推，12 月份开出的保险单按 23/24 提存。如果保险期为 6 个月，承保当月月末赚得 1/12 的保险费，未到期责任准备金为 11/12 的保险费；如果保险期为 3 年，承保当月月末赚得 1/72 的保险费，未到期责任准备金为 71/72 的保险费。保险期限越长，承保当月月末赚得的保险费越少。

（2）逐日计算法。这是根据有效保险单的天数计算未到期责任准备金的，需要使用计算机。其计算公式是

$$未到期责任准备金 = 有效保险单的保险费 \times 未到期天数/保险期天数$$

对个人保险来说，这种方法与每月按比例分摊法没有多大区别，因为个人保险的月内承保业务量比较平均。但对企业保险来说，因保险单一般都在月初生效，这种方法将会减少未到期责任准备金。

（3）年比例计算法。假定 1 年中所有保险单是逐日开出的，而且每天开出的保险单数量和保险金额大体均匀。以 1 年保险期为例，则

$$未到期责任准备金 = 保险费收入总额 \times 50\%$$

该方法计算简便，但结果不是很准确，尤其是自留保险费在全年分布很不均匀的条件下，会失去其使用价值。若自留保险费主要在上半年，则提存的未到期责任准备金偏高；反之，则偏低。

我国财产保险公司提取未到期责任准备金时一般都使用年比例计算法，即将保险费收入的 50% 作为未到期责任准备金。办理年度决算时，首先就是按照上述比例将未到期保险责任的保险费提存责任准备金，以冲减本期收入，同时还要将上年同期的准备金转回作为本期收入处理，从而真实地反映本期的经营成果。

（三）总准备金

总准备金是指为应付巨大灾害事故的发生或风险集中发生所需的巨额赔款而设立的基金，即对实际损失超过预期损失的情况所进行的储备。总准备金通常以附加费率的形式提取或从结余中留存。这部分准备金，在一般情况下不予动用，只有在巨灾、巨损赔案发生时才予以动用。

（四）其他准备金

这是保险公司为了某种或某些特殊用途而设立的准备金，如公积金、公益金、保险保证金、税收准备金、红利准备金等。

二、寿险责任准备金的提存

1. 寿险责任准备金的含义

人寿保险的保险费既可以趸交，也可分期交纳。在趸交保险费的情况下，保险公司必须提存一部分以应付以后的给付。在分期按年交费的情况下，由于风险并不是均衡的，风险越大交纳的保险费应该越多，但保险公司为便于投保人交费，大多数按均衡保险费收取每期的保险费。一般而言，在保险全过程的前期若干年中，保险公司的保险费收入大于其所承担的风险；而在后期若干年中，其所收入的保险费小于其所承担的风险。所以，保险公司必须把保险前期收入的部分保险费积存起来，以弥补后期的不足。这种从保险费中抽出一部分进行提存的保险费，

称为责任准备金。

责任准备金其实是保险人对被保险人或其受益人的一种负债。责任准备金的提存，主要是为了保证被保险人或其受益人的利益。如果被保险人在保险期满前中途退保，或改变保险费交纳方式，或改变领取保险金的方式，保险人应根据当前所提存的责任准备金的数额，计算退保金或保险金的数额。

责任准备金可分为理论责任准备金和在其基础上修正后的实际责任准备金。

2. 理论责任准备金的计算

理论责任准备金的计算，有过去法和未来法。

过去法，是以分析已交的纯保险费为出发点，用过去所交纯保险费的终值减去过去已给付保险金的终值作为责任准备金的计算方法。采用过去法计算责任准备金虽然利于理解，但计算较烦琐复杂。保险公司通常不采用这种方法。

未来法，是采用将来应给付保险金在结算日的现值减去将来可收取的纯保险费在结算日的现值的方法来计算准备金的较为常用的方法。

采用过去法和未来法计算的责任准备金是一致的。过去法和未来法的等价关系说明了责任准备金实际上是保险人对未来时刻的损失的期望值。

3. 实际责任准备金的计算

利用均衡纯保险费计算准备金，必须假定附加费用足以支付实际的各项费用开支。若每年的纯保险费相等，则每年的附加费用也相等，这就要求每年的实际费用支出相等。然而实际情况并非如此。保险公司承保初始费用较高，第 1 年的费用要比以后各年的费用高得多。因此，保险公司实际提存的责任准备金与理论责任准备金并不相同，而是将理论责任准备金加以必要的修正计算出来的。这种修正之后的准备金称为实际责任准备金，又称修正责任准备金。不论采用什么方式对理论责任准备金加以修正，保险单到期时的实际责任准备金都应与理论责任准备金相同。

📖 相关案例

革新传统理赔服务模式实现直付理赔案

2016 年 2 月，广东省江门市张女士因病在当地医院住院治疗。张女士办理入院手续的次日，中国人寿直付理赔系统便智能生成了出险报案信息，在该医院的驻场服务人员立即前往病房探访张女士，并现场采集了张女士的银行账户信息。张女士于 3 月 9 日办理出院手续，中国人寿直付理赔系统自动获取张女士就医结算数据，当日即完成智能理赔核算，出院次日即赔付医疗保险金 1 万元。中国人寿已在广东江门、陕西咸阳、辽宁朝阳等全国多地开通了直付理赔服务，服务人群高达 1 110 万余人，全年通过直付理赔赔付549.95 万元，2017 年陆续在全国更多的地区上线直付理赔服务。

【点评】传统的医疗费用理赔都是被保险人先行垫付医疗费用，出院后在规定期限内向保险公司申请赔付。而医疗费用每年发生多少额度都由医疗机构决定，保险公司难以控制，因此如何计提责任准备金成为保险公司的一大难题。保险公司只能结合当地历年的住院人数比例与住院费用比例对理论责任准备金进行修正形成实际责任准备金，以保证偿付能力。

通过就医数据的对接和智能筛查，被保险人一入院保险机构就获知信息，并主动提供直付理赔服务，客户无须报案申请和准备相关索赔资料，这极大地提高了理赔服务效率，是未来理赔服务的发展方向。

第三节 保险公司财务与偿付能力的管理

一、保险公司财务管理

（一）保险公司财务管理概述

财务管理是企业管理的一部分，是有关资金的获得和有效使用的管理工作。

1. 财务管理的目标

财务管理的目标取决于企业的总目标。一般而言，企业的目标是生存、发展和获利。该目标要求财务管理完成筹措资金并有效使用资金的任务。保险公司财务管理的目标是实现保险公司价值的最大化。保险公司财务管理通过筹资决策、资金运用决策和利润分配决策来提高总体收益，降低经营风险，实现公司经营目标。保险公司财务管理与资产的获得及其合理使用的决策密切相关，并与保险公司的承保、理赔、资金运用管理发生直接联系。保险公司财务管理的结果直接表现为保险公司资产、负债以及所有者权益的变化。

2. 财务管理的对象

财务管理主要是资金管理，资金流转的起点和终点是现金，其他的资产都是现金在流转中的转化形式。财务管理也会涉及成本、收入和利润问题。从财务的观点来看，成本和费用是现金的耗费，收入和利润是现金的来源。财务管理主要在这种意义上研究成本和收入，而不同于一般意义上的成本管理和销售管理，也不同于计量收入、成本和利润的会计工作。保险公司财务管理的对象就是保险资金及其流转过程。

3. 财务管理的基本原则

保险公司财务管理的基本原则是：建立健全公司内部财务管理制度，完善经济核算，做好财务管理基础工作，如实反映公司财务状况，依法计算和缴纳国家税收，保证投资者权益不受侵犯。

4. 财务管理的内容

保险公司财务管理是保险企业经营管理的重要环节。它是保险公司在有计划地组织资金的过程中所进行的协调、监督方面的工作。保险公司组织资金的过程，实际上就是资金的筹集、使用和分配的过程。具体而言，保险公司财务管理的内容包括资金筹集、资产和负债管理、成本费用管理、财务成果分配等。由于资产业务的有效性及财务稳定性是保险经营中的突出问题，因此，保险资金运用管理与偿付能力管理成为保险公司财务管理的重要内容。

（二）保险公司财务管理的特点

保险公司财务管理与其他类型企业的财务管理有明显的区别，其特点表现在以下方面。

1. 保险公司的资金运动具有特殊性

保险公司的资金运动有以下几个特点。

（1）保险公司的资金来源有一部分是资本金，大部分是保险费收入，而保险费收入是保险公司支付赔款和到期给付的预收资金，带有负债性质。

（2）保险公司的资金流动方向是收入在先，支出在后，基本不需要垫付资金来保证成本和费用的支出。

（3）保险公司的资金运用不存在循环往复、周而复始的状况。以财产保险为例，保险事故发生，保险公司给付赔款完毕，保险责任终止。即便没有保险事故发生，保险单到期，保险责任同样终止，并不退还保险费。如果被保险人还想继续投保，就必须重新交纳保险费。某些具有返还性质的人身保险略有不同，但是如保险单到期，保险费返还，保险责任也即完结；再次投保，依然必须重新交纳保险费。

（4）保险公司的资金具有流入的确定性和流出的不确定性的特点。保险公司是先获得保险费收入，后发生成本费用的。在保险合同签订、保险费收取后即可基本确定资金流入量，但是未来资金的流出则具有不确定性。因为未来保险事故的发生具有很大的随机性，保险公司只能根据经验数据，通过精算方式预先提存一部分准备金，以备支付的需要。

（5）保险公司的产品定价有一定的预测性。保险费率主要是依据以前年度的平均保险事故发生率、平均费用率的统计数据以及利率和资金运用收益率的预测来制订的。由于以前年度的平均保险事故发生率、平均费用率与现在所承保的特定业务的保险事故发生率、费用率不可能完全一致，利率和资金运用收益率也会受到各种经济和非经济因素的影响而波动，所以保险费率的制订即保险产品价格的制订具有一定的预测性。

2. 保险公司的财务稳定性有特殊要求

一个企业的财务稳定性是该企业资金正常运转和及时融通的保证。保险公司的资金运转和融通能力主要是偿付能力，包括赔款、给付和偿还其他债务的能力。对于一般企业而言，如果财务状况不稳定或恶化，通常只是影响本企业的商品流转或再生产的持续进行，有时波及与本企业生产或流通相关联的企业，如供货商或经销商，但影响范围有限。而保险公司则不然。由于保险公司积聚了国民生产各部门的风险，一旦财务状况不稳定或出现危机，则其影响范围非常广泛，甚至会影响社会经济生活的安定。因此，一般各国对保险公司财务的稳定性都有专门的规定。

（三）保险公司财务管理的职能

保险公司财务管理具有以下三种职能：①财务决策。认真研究保险公司的各种财务问题，作出正确的财务决策，及时组织资金供给，有计划地分配和使用保险资金，以满足保险公司业务经营的需要，提高资金的使用效果。②财务计划。通过制订科学的财务计划合理安排经营收支，并根据实际情况对计划进行调整，使之更符合经营活动的实际。财务计划的制订和实施有利于保险公司加强经济核算。③财务控制。及时对财务计划的执行情况进行监督和检查，认真研究产生差异的原因，并采取相应措施，纠正偏差，使经济活动按既定的目标发展。

相关案例
谨防保险中介的违规行为

（四）保险公司财务管理指标体系

保险公司财务管理指标主要有经营状况和经营成果两类指标。

1. 经营状况指标

由于保险经营的特殊性，公司资产的有效性和偿付能力的稳定性成为保险公司财务管理的主要内容。《保险公司财务制度》设立了流动比率、负债经营率、资产负债率、固定资本比率四项指标来考核保险公司的经营状况。

流动比率又称短期偿债能力比率，它主要衡量保险公司的流动资产在某一时点可以变现用于偿付即将到期债务的能力，表明保险公司每 1 元流动负债有多少流动资产作为即将支付的保障。其计算公式是

$$流动比率 = 流动资产/流动负债$$

保险公司能否偿还短期债务，要看有多少债务，以及有多少可变现偿债的流动资产。流动资产越多，短期债务越少，则偿债能力越强。

流动比率对债权人来说，越高越好。因为流动比率越高，债权越有保障。根据经验判断，一般流动比率在 2 左右比较合理。但从理财的观点来看，过高的流动比率并不是好的现象。因为一个经营正常的保险公司，资金在经营过程中应当有效率地周转，充分发挥资金效益；如果资金过多地滞留在流动资产上，就会影响保险公司的获利能力。

负债经营率是指保险公司负债总额与其所有者权益之间的比率，它主要衡量保险公司的长期偿债能力。其计算公式是

$$负债经营率 = 负债总额/所有者权益×100\%$$

负债经营率反映由债权人提供的资金与股东提供的资本金的相对关系，以及保险公司的基本财务结构是否稳定。对股东来说：保险公司在通货膨胀加剧时期，多借债可以把损失和风险转嫁给债权人，在经济繁荣时期，多借债可以获得额外的利润；在经济萎缩时期，少借债可以降低利息负担和财务风险。负债经营率高，是高风险、高报酬的财务结构；负债经营率低，是低风险、低报酬的财务结构。同时，负债经营率也表明债权人投入的资本受到股东权益保障的程度，或者是保险公司清算时对债权人利益保障的程度。

资产负债率是指保险公司负债总额与资产总额之间的比率，用来反映总资产中有多大比例是通过借债来筹集的，也用来衡量保险公司在清算时保护债权人利益的程度。其计算公式是

$$资产负债率 = 全部负债总额/全部资产总额×100\%$$

资产负债率对于债权人来说，越低越好。因为从债权人的立场来看，他们最关心的是能否按期收回本金和利息。如果股东提供的资金与保险公司资本总额相比，只占较小的比例，则保险公司的风险将主要由债权人承担，这对债权人来说是不利的；而且在保险公司清算时，资产变现所得很可能低于其账面价值，而所有者一般只承担有限责任。资产负债率过高，债权人可能蒙受损失，因此，债权人希望资产负债率越低越好。

对所有者来说，由于举债筹措的资金与股东提供的资金在经营中发挥同样的作用，因此股东关心的是全部资本利润率是否超过借入款项的利率，即借入资金的成本。在保险公司所得的全部资本利润率超过借款成本时，股东所得的利润就会增加；相反，如果运用全部资本所得的利润率低于借款成本，则股东必须用自己所得的利润份额甚至以前年度的利润来抵偿借款成本。

因此，从股东的立场来看，在全部资本利润率高于借款利率时，资产负债率越高越好，否则反之。

同时，从经营者的立场来看，如果资产负债率很高，超出债权人的心理承受程度，保险公司就借不到钱。如果保险公司不举债或资产负债率很低，说明保险公司畏缩不前，对公司发展前途信心不足，以及利用债权人资本进行活动的能力很差。如果不是盲目、无计划地借款，资产负债率越高，越显得保险公司充满活力，对经营前景充满信心。

为保证保险公司的净资产有较高的流动性和变现能力，《保险公司财务制度》规定保险公司的固定资产净值和在建工程余额之和占净资产的比重必须控制在一定的范围之内，最高不得超过 50%。固定资本比率的计算公式是

$$固定资本比率 = （固定资产净值+在建工程余额）/净资产×100\%$$

2. 经营成果指标

保险公司的经营成果指标有以下几种。

（1）利润率。利润率是指保险公司的净利润同营业收入的比率。其计算公式是

$$利润率 = 净利润/营业收入×100\%$$

利润率反映保险公司每 1 元的营业收入带来的净利润的多少，表明营业收入的收益水平。净利润与利润率成正比例关系，而营业收入与利润率成反比例关系。保险公司在增加营业收入额的同时，必须相应地获得更多的净利润，才能使利润率保持不变或有所提高。

（2）净资产利润率。净资产利润率是用来说明保险公司的净利润同资产净值关系的，表明保险公司拥有的资产净值获利能力。净资产利润率既反映净资产的获利能力，又衡量保险公司负债资金成本的高低。一般来说，保险公司的净资产利润率越高越好，尤其是高于同期银行存款利率时，表明适度负债对投资者来说是有利的；如果净资产利润率低于同期银行存款利率，则过高的负债率将损害投资者的利益。

（3）成本率。成本率是保险公司总成本与营业收入的比率。其计算公式是

$$成本率 = 总成本/营业收入×100\%$$

成本率反映保险公司为取得全部营业收入所付出的代价，直接影响着保险公司当期的经营成果。成本率越高，说明保险公司为取得 1 元的营业收入所耗费的单位成本越高，保险公司整体赢利空间不大；如果成本率超过 100%，说明保险公司当期营业收入不足以弥补投入成本，公司经营出现亏损。

（4）费用率。费用率是指保险公司的营业费用与营业收入的比率，表明保险公司营业收入与消耗的费用支出之间的关系。其计算公式是

$$费用率 = 营业费用/营业收入×100\%$$

费用率反映保险公司的费用支出情况，也反映保险公司经营管理的水平。费用率越高，说明保险公司为取得 1 元的保险费收入所投入的单位成本越高，相应地削减了保险公司单位保险费收入的赢利；费用率越低，说明保险公司单位保险费收入在抵扣单位成本后能够带来较多的赢利。

（5）赔付率。赔付率是指保险公司的保险赔款支出（扣除摊回分保赔款）与保险费收入（扣除分保险费支出）的比率。其计算公式是

$$赔付率 = （赔款支出–摊回分保赔款）/（保险费收入–分保险费支出）×100\%$$

赔付率反映保险公司支付赔款的情况，表明保险公司实际业务质量的好坏。但赔付率的高

低受多种因素的影响，特别是客观条件的影响，因此使用赔付率指标时要考虑其他因素对它的影响。

（6）给付率。给付率是指保险公司给付的保险金与长期责任准备金的比率。其计算公式是

给付率 =（期满给付+死伤医疗给付+年金给付）/寿险、长期健康险责任准备金×100%

给付率反映人寿保险公司积累的寿险、健康险准备金用于支付人寿保险业务或年金业务的期满给付、死伤医疗给付及年金给付的程度。如果给付率高，说明保险公司的给付业务比较集中，保险公司积累的寿险、长期健康险责任准备金在支付各种给付后所剩不多；如果给付率超过 100%，说明保险公司应在现有准备金之外筹措资金保证给付。如果给付率不高，说明本期保险公司期满给付、年金给付业务不多，或者保险期内发生的死伤医疗事故不多，保险公司可以有较多的责任准备金以备以后年度之用。

（7）退保率。退保率反映人寿保险业务按合同约定退还给被保险人的保险单的现金价值。其计算公式是

退保率 = 本年退保金支出/（年初寿险、长期健康险责任准备金+本年保险费收入）×100%

退保率反映保险公司寿险、长期健康险业务的退保情况。如果退保率高，说明该业务承保质量不高，准备金积累不够；如果退保率低，说明该业务承保质量不错，保险公司责任准备金积累较多。

> **思考讨论**：保险公司有哪些特殊的经营指标？

二、保险公司偿付能力管理

保险公司偿付能力是指保险公司履行赔偿或给付责任的能力，是保险公司资金力量与自身所承担的危险赔偿责任之间的比率。保险公司偿付能力也就是保险公司有足够的或者充分的现金或流动资产，当负债到期时能够如期偿付债务的能力。

保险公司偿付能力必须与其经营规模相适应。影响保险公司偿付能力的因素主要有：保险公司的承保能力，赖以建立保险基金的损失概率计算的准确性和可靠性，保险公司提取的基金规模，保险公司的资金运用状况，保险公司的经营管理水平等。

为保证保险公司经营的连续性，保护被保险人的合法利益，对保险公司偿付能力的管理必

> **思考讨论**：偿付能力对保险公司意味着什么？

然成为国务院保险监督管理机构监管的核心内容。国家对保险公司偿付能力的管理主要是通过立法来实现的。例如，对保险公司开业资本金的规定、保险公司法定最低偿付能力额度的规定等。下面按照《保险法》的规定，对保险公司的资本金、法定最低偿付能力额度等的规定进行介绍。

1. 保险公司资本金的提取

保险公司偿付能力，是由资本金和各种准备金之和构成的。保险公司资本金分为开业资本金、保险保证金、保险公积金和保险保障基金等四个方面。

因开业资本金在公司设立时，由国务院保险监督管理机构硬性规定，不同的保险业务有不同的要求。

保险保证金是指保险公司成立后依法提取并向指定银行缴存的用以担保保险公司偿付能力的资金。缴存保险保证金是国家控制保险公司偿付能力的有效办法，世界上大多数国家和地区的保险法都有缴存保证金的规定。

《保险法》规定，保险公司成立后应当按照其注册资本总额的 20%提取保证金，存入国务院保险监督管理机构指定的银行，除保险公司清算时用于清偿债务外，不得动用。据此可知：①保险保证金的提取时间是保险公司成立后；②保险保证金的提取比例为其注册资本的 20%；③保险保证金的缴存应为国务院保险监督管理机构指定的银行；④保险保证金的用途只能是在保险公司清算时用于清偿债务，除此之外，不得动用。

《保险法》还规定，保险公司应当依照有关法律、行政法规及国家财务会计制度的规定提取公积金。

保险公积金，是指保险公司基于增强自身财产能力，扩大经营范围以及预防意外亏损的目的，按照法律和公司章程的规定，从公司营业盈余中提取的部分积累资金。根据《中华人民共和国公司法》（以下简称《公司法》）和有关财务会计制度的规定，公积金可分为盈余公积金和资本公积金，盈余公积金又可以分为法定盈余公积金和任意盈余公积金。

法定盈余公积金，是指按照法律规定从当年税后利润中提取的公积金。根据《公司法》的规定，公司在税后利润中提取 10%列入公司法定盈余公积金，当提取的法定盈余公积金达到公司注册资本的 50%时，可以不再提取。任意盈余公积金，是指公司自由提取的公积金，经股东大会决定，可以提取任意公积金。

法定盈余公积金的用途有三个方面：弥补公司的亏损、扩大公司业务经营规模或者转为增加公司资本金。但依照《保险公司管理规定》的规定，法定公积金转为资本金时，所留存的该公积金不得少于注册资本金的 25%。

保险保障基金集中管理，在保险公司被撤销或被宣告破产时，向投保人、被保险人或受益人、依法接受其人寿保险合同的保险公司提供救济的情形下统筹使用。

2. 保险公司最低偿付能力的额度

《保险法》规定，保险公司应当具有与其业务规模相适应的最低偿付能力。保险公司的实际资产减去实际负债的差额不得低于国务院保险监督管理机构规定的数额；低于规定数额的，应当增加资本金，补足差额。

偿付能力额度是衡量保险公司偿付能力的标准，对保险公司规定法定最低偿付能力额度，目的就是确保保险公司具有最低限额的偿付能力。如果保险公司的实际偿付能力额度低于法定最低偿付能力额度，国务院保险监督管理机构就要对保险公司进行干预。

最低偿付能力的界限的确定方法，各国有所不同。但大多数国家和地区通常用保险公司资产减去负债之差的方法加以确定。我国《保险法》也是如此。必须指出，对于偿付能力不足而又不限期改正的，可以限制其营业范围或新增保险合同数额以至停业解散。

第四节　保险资金运用管理

保险资金是指保险集团（控股）公司、保险公司以本外币计价的资本金（含公积金、未分配利润）、各项准备金及其他资金。

一、保险资金运用的基本原则

保险资金运用的基本原则有以下三项。

（1）安全性原则。安全性原则的具体含义包括两个基本方面：一是尽可能避免风险大的投资项目，避免资金运用失误以保证资金安全；二是进行组合投资，即"不要把鸡蛋放在同一个篮子里"。《保险法》规定，保险公司的资金运用必须稳健，遵循安全性原则。

（2）收益性原则。收益性原则要求保险资金运用应获得最大的使用效果。获得最大的投资收益，是保险公司资金运用的主要目的。但需要注意的是，就传统的人寿保险产品所筹资金的运用原则而言，安全性优于收益性。

（3）流动性原则。流动性原则要求保险公司的资金具有及时变现能力。保险公司在运用资金时要保证支付保险赔款和给付保险金的需要，必须重视资产业务与负债业务的数量、期限相匹配。

上述保险资金运用的三原则是相互联系、相互制约的关系。由于经济补偿职能是保险公司的首要职能，所以保险公司经营的特殊性决定了其资金运用首先要保证安全性和流动性，在此基础上追求收益以增加利润。

二、保险公司资金运用的形式

《保险法》规定，保险公司的资金运用限于下列形式：①银行存款；②买卖债券、股票、证券投资基金份额等有价证券；③投资不动产；④国务院规定的其他资金运用形式。

（一）银行存款

存款是指保险公司将资金存放于银行等金融机构。存款分为银行存款和信托存款。银行存款的安全性相对较高，但收益性最低。信托存款的收益率视存款资金运用的效果而定，一般高于银行存款利率，但风险较大。因此，保险公司的资金运用不宜采用信托存款方式。由于存款收益不如其他资金运用形式，因此，存款主要用于保险公司正常的赔付、业务费用支出，一般不作为追求收益的资金运用对象。

（二）债券、股票、证券投资基金份额等有价证券

债券是国家或企业信用的一种形式，按发行者不同可分为公债和公司债。公债是指由一国的中央政府或地方政府发行及担保的债券。一般认为，政府公债能享受某种税收优惠，且无违约风险，是保险公司较好的投资对象，但利率较一般债券低。公司债是由各类企业发行的一种长短期性债券。由于公司债利率较高，但安全程度较国债低，并且债券的持有者相对于股票的持有者享受优先的请求权，因此较受保险公司的欢迎。保险公司可针对财产保险和人身保险业务的特点，投资于长期债券和短期债券。

中国银行保险监督管理委员会（以下简称"银保监会"）对保险资金投资债券出台了具体的管理办法，如对购买的债券必须达到什么评级、债券余额占总资产的比例等，都有详尽的规定。

股票是股份公司发给股东的所有权凭证。股票通常分为普通股和优先股。普通股是有价证券中风险较大的一种，其股息的有无完全取决于年度终了满足各种优先请求权后有无盈余。如无盈余，则无股息分配；如有盈余，则进行股息分配。优先股同时具有债券和普通股的特点，有固定的收益率，但没有债券常有的担保；和普通股一样，优先股也代表了公司的所有权，但它不像普通股那样能够参与利润分红和公司的经营管理。优先股收益率固定，风险比普通股小，

较适合保险投资。同样，银保监会对保险资金投资股票也出台了具体的管理办法。

证券投资基金是通过公开发售基金份额募集证券投资基金，由基金管理人管理、基金托管人托管，为了基金份额持有人的利益，以资产组合方式进行证券投资的投资工具。基金管理人、基金托管人和基金份额持有人的权利、义务，依照基金合同的约定履行。基金管理人、基金托管人依照基金合同的约定，履行受托职责。基金份额持有人按其所持基金份额享受收益和承担风险。

（三）不动产

不动产投资的优点在于投资者能对资产项目进行管理和控制，且营利性和安全性较好，因此不动产投资在各国保险市场上较为普遍。但不动产投资具有风险大、周期长和变现难的特点，与保险资金运用的安全性和流动性原则不符，所以各国保险法对保险人的不动产投资，尤其是对纯为收益而进行的不动产投资严加限制，目的是使保险公司的资金保持一定的流动性。

（四）国务院规定的其他资金运用形式

截至本书出版，国务院规定的其他资金运用形式只有贷款和基础设施项目投资两种，尚无其他形式。

1. 贷款

按贷款条件，贷款可分为信用贷款和抵押贷款。信用贷款（包括担保贷款）的风险主要是信用风险和道德风险，抵押贷款的主要风险是抵押物贬值或不易变现的风险。一般而言，信用贷款的风险大于抵押贷款。保险人发放的贷款一般为抵押贷款，即以不动产、有价证券或寿险保险单为抵押的贷款，有时也以其他担保形式贷款。不动产价格风险小，但有时一个不动产抵押物上可能设定其他担保物权，影响保险人的权益行使。有价证券抵押贷款风险的大小，取决于有价证券本身有无担保。以无担保的有价证券为抵押的贷款，其风险类似于对有价证券本身的投资；以有担保的有价证券为抵押的贷款，类似于不动产抵押贷款，风险较小。

有价证券、贷款、不动产和存款构成了现代发达国家保险资金运用的四种基本形式。一般来说，在资金运用结构上，保险资金运用以有价证券投资为主。保险资金除了上述运用形式外，还可用来投资各类基金、同业拆借、黄金外汇等。

2. 基础设施项目投资

2006年3月，中国保险监督管理委员会颁布了《保险资金间接投资基础设施项目试点管理办法》，扩大了保险资金投资渠道。该办法所称保险资金间接投资基础设施项目，是指委托人将其保险资金委托给受托人，由受托人按委托人意愿以自己的名义设立投资计划，投资基础设施项目，为受益人利益或者特定目的，进行管理或者处分的行为。该办法所称投资计划，是指各方当事人以合同形式约定各自权利义务关系，确定投资份额、金额、币种、期限、资金用途、收益支付和受益权转让等内容的金融工具。投资计划的投资范围，主要包括交通、通信、能源、市政、环境保护等国家级重点基础设施项目。

投资计划可以采取债权、股权、物权及其他可行方式投资基础设施项目。这就是说，保险公司可以依法投资基础设施，并且是通过受托人进行的以债权、股权、物权及其他可行的投资计划进行的间接投资。

本章小结及重难点解析

1. 对于保险公司经营来说，最重要的是保险费率的厘定、保险准备金的计提、保险公司财务与偿付能力的管理以及保险资金的运用管理。

2. 保险费率的厘定即保险产品的定价，保险费率由纯费率与附加保险费率构成。厘定保险费率的一般方法有判断法、分类法和修正法等。人寿保险营业保险费常采用比例法、比例常数法和三元素法计算。

3. 财产保险的纯费率常与保险事故发生的概率和保险事故发生后的赔偿金额有关。通常采用的方法是根据历年的有效索赔数额，计算出单位保额的平均有效索赔额，即平均保险损失率；然后，用其估计未来单位保额的有效索赔额，进而确定纯费率。

4. 人寿保险纯费率的厘定要考虑利率、死亡率、费用率、失效率、平均保额等因素，较为复杂。

5. 为了保证保险公司有充足的偿付能力，保险公司必须在收到保险费时计提各种保险准备金，包括未决赔款准备金、未到期责任准备金、总准备金、公积金、公益金、保险保证金、保险保障基金、税收准备金、红利准备金等。

6. 保险公司的财务管理可以通过一些财务指标来体现。体现经营状况的指标有流动比率、负债经营率、资产负债率、固定资本比率。体现经营成果的指标有利润率、净资产利润率、成本率、费用率、赔付率、给付率和退保率。

7. 保险资金的运用遵循安全性、收益性、流动性原则。保险资金的运用形式有：银行存款，买卖债券、股票、证券投资基金份额等有价证券，投资不动产，以及国务院规定的其他资金运用形式。

本章小结（视频）

本章重难点解析（视频）

习题

一、单项选择题

1. 通常在寿险业中，最大的赢利来源是（ ）。

    A. 危险差益   B. 费用差益   C. 利差益   D. 解约收益

2. 保险公司为应付特大自然灾害和意外事故而建立的准备金是（ ）。

    A. 未到期责任准备金   B. 未决赔款准备金

    C. 总准备金   D. 保险保障基金

3. 保险费率一般由（ ）两部分组成。

    A. 毛费率和附加保险费率   B. 纯费率和其他费率

    C. 纯费率和附加保险费率   D. 毛费率和附加保险费率

二、多项选择题

1. 下列属于保险责任准备金的项目有（　　　）。

　　A. 未到期责任准备金　　　　　　　　B. 未决赔款准备金

　　C. 法定盈余公积金　　　　　　　　　D. 寿险责任准备金

　　E. 总准备金

2. 保险公司财务管理的基本原则是（　　　）。

　　A. 建立健全公司内部财务管理制度　　B. 完善经济核算，做好财务管理基础工作

　　C. 如实反映公司财务状况　　　　　　D. 依法计算和缴纳国家税收

　　E. 保证投资者权益不受侵犯

3. 厘定保险费率的一般方法有（　　　）。

　　A. 判断法　　　　　B. 分类法　　　　　C. 推理法

　　D. 修正法　　　　　E. 经验法

三、简答题

1. 厘定保险费率的基本原则有哪些？

2. 厘定保险费率一般有哪几种方法？

3. 生命表有哪些内容？

4. 非寿险准备金有哪些？

5. 保险公司财务管理有哪些经营状况指标和经营成果指标？

6. 假设某财产保险过去 5 年的保险损失率分别为 0.31%、0.29%、0.33%、0.28% 和 0.34%，稳定系数加 1 个均方差，附加保险费率为纯费率的 20%，求毛费率。

7. 保险资金运用的形式有哪些？

第七章

保 险 监 管

【学习目标】

掌握保险监管的具体内容，了解保险监管体系与方式。

【案例导入】

张玉是某公司的保险代理人，最近特别郁闷，因为他花了两个月时间联系的一家大企业的补充养老保险业务，眼看到了签约的时候却被另一家公司的保险代理人李杰抢走了。事后经过了解才知道，李杰在保险单正常承保的合同费率基础上，又给了8折的优惠，并且出资请该企业高层领导的家属到国外旅游。

问题： 李杰的行为是否违反了法律法规呢？张玉到哪里可以讨回公道？

点评： 保险公司之间的恶性竞争危害的不仅仅是保险公司，还有被保险人的利益和社会的稳定。李杰的行为的确违反了《保险法》和《反不正当竞争法》，张玉可以向当地保险监督管理机构举报。

第一节　保险监管体系与方式

一、保险监管体系

保险监管是指对保险业的监督和管理，是政府通过法律和行政手段对保险公司（企业）、保险经营活动和保险市场进行监督和管理的过程。保险监管的重要意义在于：一方面可以维护保险市场的稳定，是公众利益的重要保证；另一方面可以提高公众对保险行业的信任度，进一步促进保险市场的发展。保险业的持续、快速、健康和协调发展离不开保险监管。

（一）保险监管的目标

保险监管的目标包括以下三个方面的内容。

（1）保证保险人的偿付能力。保险人的偿付能力是指保险人对其责任范围内的赔偿或给付所具有的经济偿付能力。由于保险是经营风险的特殊行业，为防止保险人经营失败，造成无法承担赔偿责任，很多国家都把偿付能力监管列为第一目标。许多监管措施，如针对资本金、保证金、各种准备金、最低偿付能力、承保限额、法定再保险等方面的规定，定期提交财务会计报告、精算报告、合规报告、偿付能力报告等规定，都是为了实现这一目标而制定的。

> **思考讨论：** 对偿付能力的监管为什么很重要？

（2）保证保险交易的公平性和公正性。保险以风险为经营对象，保险人对保险风险损失进行赔偿或给付等行为都是在遵循最大诚信原则的前提下进行的，保证保险交易中的公平性和公正性对保险交易各方来讲尤其重要和必要。但在现实生活中，利用保险进行欺诈以获得不当利益的现象相当普遍，道德风险阻碍了保险人、投保人、被保险人、受益人和第三方索赔者、债权人、股东和所有其他与保险交易有关的当事人平等地参与市场交易。为此，很多国家都利用监管来规范和约束保险交易各方的行为，并对保险欺诈行为进行处罚。

（3）保证保险经营的效率性。商业保险以营利为经营目标，保险人为获得更多利润，存在不断扩大经营规模的内在动力，保险人之间也存在恶意竞争的可能性，从而造成保险资源的不合理配置。保险监管部门通过干预、管理和协调等方式，在全行业内合理引导保险资源的流向并对其进行配置，促进保险人以适度的规模经营，保证保险经营的效率性。

（二）保险监管主体

保险监管主体是指保险行业的监督者和管理者。在这些主体中：有的既有监督权又有管理权，如国家保险监管机关；有的只有监督权没有管理权，如社会评级机构等。

1. 国家保险监管机关

在世界各国，保险监管职能主要由政府依法设立的保险监管机关行使。司法机关以保险判例及其解释法律的特权实施对保险行业的管理。因此，司法机关在很大程度上起着对保险行业的监管作用。另外，司法机关还可以利用其对保险监管机关的监管行为合法性的裁判权，影响甚至干预保险监管机关的行政行为。

尽管立法机关和司法机关对监管保险行业起着重要作用，但一般来说，对保险行业的监管

> **思考讨论**：为什么我国在 2018 年将银监会和保监会合并？

职能仍主要由政府的保险监管机关行使。根据我国《保险法》的规定，在 1998 年 11 月 18 日之前，中国人民银行为我国保险监管机关，在 1998 年 11 月 18 日之后，我国商业保险监管职能由中国人民银行转到中国保险监督管理委员会，自 2018 年 4 月 8 日起改为由银保监会行使我国商业保险监管职能。

2. 保险行业自律组织——行业协会

在西方各国的保险市场上，保险行业协会是保险人、保险中介人自己的社团组织，对规范保险市场发挥着政府监管机构所无法替代的协调作用。各国保险业有许多这类保险行业协会，有的按区域划分，有的按业务划分。我国的保险行业协会，即中国保险行业协会，于 2001 年成立。除中国保险行业协会外，有 3 家以上保险公司分公司的地区可以成立地区保险行业协会。目前，各省、自治区、直辖市基本上都成立了本地区保险行业协会。这些地区保险行业协会对于沟通当地保险信息、加强行业自律起着越来越重要的作用。

3. 保险信用评级机构

保险信用评级由独立的社会信用评级机构采用一定的评级办法对保险公司信用等级进行评定，并把评判意见转换成以英文字母来代表的等级，每个等级对应于不同的经济实力。保险信用评级机构的评判结果不具有强制力，它们只是以其自身的信用来决定人们对其评定结果的可信度。

4. 独立审计机构

独立审计机构是指依法接受委托，对保险公司的会计报表及其相关资料进行独立审计并发

表审计意见的会计师事务所和审计师事务所。独立审计监督的目的是对被审计单位会计报表的合法性、公允性及会计处理方法的一贯性发表审计意见。在保险行业独立审计上，注册会计师主要是接受保险公司或保险监管机关的委托来开展审计工作的。由于其客观公正性，世界各国在加强对保险行业监管时都比较重视独立审计部门的意见。有的国家甚至要求保险公司必须委托注册会计师对其业务和财务状况进行审计。

5. 社会媒体

由于社会媒体具有时效性和公开性，它关于保险公司经营情况、财务状况和市场行为的分析报道，在很大程度上会影响消费者的消费倾向。由于社会媒体的监督会直接影响保险公司的企业形象，也会影响保险公司的市场占有率和保险监管机关的政策取向，因此，它对保险公司的行为也具有很强的约束作用。

（三）保险监管客体

保险监管客体即保险市场的被监管者，包括保险当事人各方，即保险公司、保险中介、投保人、被保险人、受益人等。以上各方根据保险合同，都可能享有一定的权利，同时也承担一定的义务。他们的行为对于保险行业的健康发展都起着重要作用，因此，各国保险立法都把他们列为保险市场的被监管对象。

（四）保险监管原则

保险监管需要遵循以下原则。

（1）依法监管原则。法律是国家意志的体现，是靠国家机器的强制力来实现的。任何人、任何单位，其行为都不得超越法律。因此，在市场经济条件下，保险公司必须依法接受保险监管机关的监管，同时保险监管机关也必须依法监管。我国1995年为商业保险颁布了《保险法》，并于2002年、2009年、2015年进行了多次修订、修正。除此之外，最高人民法院还依据判例进行了多项司法解释，形成了中国特色的保险法律体系。在保险市场上，为了保险业的整体利益，为了被保险人的利益，必须保持监管的权威性、严肃性、强制性和一贯性，从而达到保险监管的有效性。

（2）适度竞争原则。有市场必然有竞争，否则市场就是不完全的市场、不健康的市场。自市场经济产生以来，有些人追求完全竞争的市场，认为这才是真正的市场。但事实上，自发的市场并不等于健全的市场，市场失灵的现象是普遍存在的。为了保持市场的健康发展，必须有外部的适当干预，即政府的适度监管。保险市场也与其他市场一样，为了维护保险市场的正常运行，保险监管的重心应该放在创造适度竞争的市场环境上，放在对形成和保持适度竞争的格局和程度的监测上，放在防止出现过度竞争、破坏性竞争、恶意竞争从而危及保险业的健康发展上。

（3）自我约束与外部强制相结合的原则。保险公司内部的自我约束应与外部的强制性监管相结合。保险监管不能代替一切，而应该注意使用有效的监管手段。一方面，要消除保险公司不正当的经营行为，化解其经营中存在的风险；另一方面，要把培养保险公司自身管理能力作为监管工作的内容。这样，保险市场的发展才有后劲，保险监管才能事半功倍。

（4）综合性管理原则。保险监管应有综合配套的系统化和最优化的效能，应将法律、经济、行政等管理手段配套使用。因为法律、经济和行政手段都有其长处和不足，必须配套使用，取长补短。例如，在公有制经济条件下，一般企业不惧怕经济处罚，但如果采用行政手段进行管理，结果就会大不一样。这也是我国保险监管机关加大对保险机构主要负责人的处理力度的原因之一。

（5）稳健经营与风险预测原则。保险业是经营风险的特殊行业，稳健经营是其基本目标。而要达到这一目标，必须进行系统的风险预防和监测，做到无险防险、出险化险。保险监管机关与保险公司都要把稳健经营与风险防范和化解紧密结合起来。

（6）不干预保险机构内部经营管理的原则。保险公司是自主经营、自负盈亏的独立法人，它有权在法律规定的范围内，独立地决定自己的经营方针和政策。尤其是在市场经济条件下，只要保险公司不违反法律法规和政策，不违反社会公共利益和道德，保险监管机关就不应该干预其经营行为。干预保险公司正常的、合法的经营行为，实际上是保险监管机关的一种越权行为，也是不合法的行为。即使是国有保险公司，它也是一个独立的企业法人，与私有或其他形式的保险公司一样，享有同等的权利，并承担同等的义务。对其监管，也必须坚持"不干预保险机构内部经营管理"的原则。只有这样，才能规范国有保险公司的行为，促进国有保险公司的发展。

二、保险监管方式

1. 保险监管的模式

就世界市场而言，英国和美国代表了国际保险市场上两种不同风格的监管模式。

美国政府对保险市场的监管比较严格，主要侧重于立法监管。当前，美国政府对保险业实行联邦政府和州政府的双重监管体制，各州对保险业的监管主要从立法、司法、行政三方面着手。在立法方面，各州都有权通过立法调整州内的保险业，这些法律对保险公司的设立、业务范围、准备金标准、费率、投资、市场退出等都有严格的规定。美国保险市场的监管几乎贯穿于承保过程的各个环节。在司法方面，美国各州对保险业的司法管辖权主要体现在法院对保险单条款的解释及对保险纠纷的裁决上。司法机关甚至可以裁决保险监管机关的监管措施是否违法。在行政方面，对保险业的行政监督权由各州的保险监督官行使。保险监督官由各州州长任命或由选民选举产生，负责对州内保险业的监督和管理。虽然英国保险的立法也很严密，但就其监管内容而言，英国保险市场的监管环境是十分宽松的，这与英国保险业的历史传统和人们的文化信仰有关。英国保险市场在政府监管与行业自律方面侧重于行业自律。因此，英国的保险监管具有很强的本国特色，并形成了一种温和的、宽松的监管模式。

2. 保险监管的手段

各国对保险市场监管的手段因监管模式不同而有所不同。一般来说，监管手段有法律手段、经济手段和行政手段等几种。采用美国监管模式的国家侧重于法律手段，而采用英国监管模式的国家则侧重于经济手段，有些国家更侧重于行政手段。

相关案例

为何监管必须使用法律手段？

（1）法律手段。作为保险监管手段的法律，一般是指有关经济方面的法律和保险法规。保险法规包括保险法律、法令和条例等多种形式。国家通过保险法规对保险公司的开业资本金、管理人员、业务经营范围、保险费率、保险条款等根本性问题作出明确规定。

（2）经济手段。经济手段是根据客观经济规律的要求，国家通过运用财政、税收、信贷等各种经济杠杆，正确处理各种经济关系来管理保险市场的一种手段。用经济手段来管理保险市场，客观上要求做到：尊重经济规律，遵守等价交换原则，充分发挥市场、价格、竞争、公平、公正、公开等作用，讲求经济效益。

（3）行政手段。行政手段是一些国家监管保险市场的又一手段。它依靠国家和政府以及企业行政领导机构自上而下的隶属关系，采用指示、命令、规定等形式强制干预保险活动。

另外，这些国家有的还把计划管理作为一种监管手段。市场经济较发达的国家较少采用这种手段。

第二节　保险监管内容

保险监管部门对保险公司的监管，主要从偿付能力、保险业务、保险中介、治理结构几个方面进行。

一、保险公司偿付能力监管

（一）偿付能力不足的原因

保险公司偿付能力不足主要由以下四种原因造成。

（1）保险费率厘定过低。保险公司的保险费率即保险产品的定价，定价过低会直接影响保险公司在未来发生保险事件时的赔付能力。保险市场是一个竞争十分激烈的市场，为防止保险公司采取价格竞争的方式获得更大的市场份额，对各保险公司的产品费率进行监管就十分必要。

（2）保险准备金提取不足。保险准备金是以对未来风险的估计为基础而计提的应对未来事件的一种资金准备。如果估计方法不当，就会出现保险准备金与实际承担的保险责任不匹配的情况，这样也会形成亏损。

（3）风险程度估算不准确。保险公司面对的是风险，如果估算的风险因素及各项因素对保险事件的影响程度不准确，一旦发生超出常规的异常风险，也会造成保险公司亏损，影响其偿付能力。

（4）保险资金运用不当。保险资金运用是维持保险收益的重要来源，一旦保险资金运用出现较大偏差，就会导致实际投资收益率低于预期投资收益率，甚至使本金出现亏损。

（二）偿付能力监管的主要内容

偿付能力监管主要包括以下五项内容。

1. 资本的充足性

资本是保险公司所有者对公司的投资，代表着所有者对保险公司承担法律责任的最高限额。

对资本的监管主要侧重于对筹集资本的方式、期限、责任和资本真实性、有无抽逃资本现象、增资扩股，以及资本运营进行监管。

对资本的监管，一般有两种方式：一种是规定保险公司的最低资本限额，另一种是实行保险公司的风险资本管理。

《保险法》第69条规定，设立保险公司，其注册资本的最低限额为人民币2亿元，并且保险公司的注册资本必须为实缴货币资本。

风险资本管理是指按照保险公司经营管理中的实际风险，要求保险公司保持与其所承担的风险相一致的认可资产。

2. 准备金的充足性

由于保险的赔款支付和保险金给付具有滞后性，所以保险公司应提取足额的各种准备金以履行将来的赔偿或给付责任。准备金通常包括未到期责任准备金、未决赔款准备金、长期财产责任准备金、寿险责任准备金、长期健康险责任准备金、公积金、保险保障基金等。

3. 保险资金的运用

合理控制保险资金运用的风险，确保保险公司履行保险单责任，限制保险资金的投向，保证保险资金的安全性、流动性和收益性，保证资产的保值、增值是保险公司偿付能力监管的又一重要内容。

> 思考讨论：为何要监管保险资金运用？

（1）保险资金运用的原则有安全性、收益性和流动性。

（2）保险资金的运用形式。《保险法》第106条规定，保险公司的资金运用必须稳健，遵循安全性原则。保险公司的资金运用限于下列形式：银行存款，买卖债券、股票、证券投资基金份额等有价证券，投资不动产，国务院规定的其他资金运用形式。国家保险监督管理机构对保险公司资金的运用还出台了具体管理办法。

4. 财务会计规定

财务会计规定主要包括资产和负债在财务会计上的相应规定，以及在财务报告和精算报告等方面的规定。认可资产和认可负债是偿付能力评估中最关键的两个指标，保险公司的实际偿付能力额度等于认可资产减去认可负债的差额。

（1）保险公司财务指标的特点有负债性（先收后支）、流出不确定性和预测性。

（2）财务监管主要的考察指标包括流动比率、负债经营率、资产负债率、固定资产比率、利润率、净资产利润率、成本率、费用率、赔付率、退保率等。

5. 再保险

《保险法》第103条规定，保险公司对每一危险单位，即对一次保险事故可能造成的最大损失范围所承担的责任，不得超过其实有资本金加公积金总和的10%；超过的部分应当办理再保险。

二、保险业务监管

保险业务监管主要包括业务经营范围的限制、保险条款和费率的监管以及经营行为监管。对保险业务的监管一般通过保险合同法来实施。其中，有两条重要内容就是防止保险公司之间进行不正当竞争，以及注重反保险欺诈，包括投保人和保险人双方都可能出现的保险欺诈。保险监管部门对保险公司的业务监管，主要包括对保险公司的业务范围监管、保险合同监管、保险条款监管和保险费率监管。

1. 保险业务范围监管

保险业务一般可以分为财产损失保险、责任保险、信用保险、保证保险、人寿保险、人身意外伤害保险和健康保险七大类。目前，我国对保险公司业务监管实行的是"分业经营、分业监管"的原则，即同一保险公司一般不得同时经营财产保险和人身保险业务。这样规定，是因为财产保险与人身保险是风险性质和经营特点都不相同的两类业务。值得指出的是，财产保险公司也可以经营短期人身意外伤害保险和短期健康保险业务。这是因为短期人身意外伤害保险和短期健康保险的风险特征与精算要求都与财产保险业务类似。因此，在我国经营保险业务的保险公司都应严格按照《保险法》的规定，在其规定的业务范围内经营相应的保险业务；否则，属于违规经营，保险公司要受到保险监管部门的处罚。

2. 保险合同监管

所谓保险合同监管，其实是指保险监管部门对保险公司的合同形式，合同当事人、关系人，合同成立与生效，以及合同变更、中止和终止的监管。而对合同内容的监管则主要体现在对条款的监管上。保险合同的形式主要有投保单、暂保单、保险单、保险凭证、批单等。一般来说，投保单只是投保人的保险要约，国家不对其进行监管。在实务中，只是要求各保险公司在设计投保单时，提示投保人将各种承保所需要的信息尽量填写全；而对其他四种合同形式，保险监管部门均要适当地监管。不过，由于保险业务种类繁多，保险合同形式也是多种多样的，哪些保险合同形式必须经过事先批准，哪些保险合同形式应备案后使用或先使用再备案，必须由保险监管部门以法规的形式明确规定。其中，对合同字体、字体大小、某些明示告知必须印在醒目位置以便于阅读等都有详细的规定。

对于合同当事人和关系人的监管，主要是对他们的资格进行限制。《保险法》规定，投保人可以是法人，也可以是自然人，但不得是无民事行为能力的人。人寿保险中被保险人必须是自然人，另外，投保人不得为无民事行为能力的人投保以死亡为给付条件的人身保险，保险人也不得承保；父母为其未成年子女可以投保死亡保险，但保险金额不得超过一定限额。《保险法》还规定，受益人是人身保险所特有的概念，其资格没有特别限制，任何自然人都可以作为受益人。受益人须由被保险人和投保人书面指定，如需更改则要书面通知保险公司，由保险公司出批单更改。上述内容都是对合同当事人和关系人的监管。

《保险法》规定，投保人提出保险要求，经保险人同意承保，并就合同的条款达成协议，保险合同成立。在保险实务中，一般都附加一些条件合同才生效，如交纳首期保险费后的次日并且核保通过后发放保险单时合同才生效。保险合同的变更包括主体变更和内容变更，保险法对此也都有相应的规定。

保险合同的中止主要是约束投保人或被保险人的。中止是指保险合同生效后，如果被保险人违反保险合同的某些条件，保险人可以根据合同约定暂时中止保险合同的效力。而终止则是指保险关系的消灭，导致保险合同终止的原因一般有以下几种。

（1）自然终止，即保险合同规定的保险期限自然届满而使保险关系消灭。

（2）履约终止，即保险合同所规定的赔偿义务全部履行完毕而使保险关系消灭。

（3）因解除而终止，即投保人或被保险人未履行保险合同规定的必要义务，致使保险公司必须宣布解除保险合同。这里还包括一种情况，即超过保险合同规定的中止时效而产生的保险关系消灭。

（4）合同自始失效，即在保险合同履行过程中，被保险人自保险合同签订时便违背保险合同规定的条件，形成保险合同自一开始就事实上无效，如主体不合法。

保险公司终止保险合同，必须提前通知投保人。保险人的合同解除权，自保险人知道有解除事由之日起，超过 30 日不行使而消灭。自合同成立之日起超过 2 年的，保险人不得解除合同。但国内货物运输保险及进出口货物运输保险合同一旦生效，各国均规定不许投保人和保险人终止保险合同。

3. 保险条款监管

一般保险合同的条款必须包括以下内容：保险标的、保险责任与责任免除、保险价值与保险金额、保险费及交费方式、保险期限、保险赔款与保险金给付办法、违约责任和争议处理、订立合同的日期。

由此可见，保险条款是保险人与投保人关于保险合同的权利义务关系的约定，是保险合同的核心内容。由于保险是专业性很强的行业，没有通过专业训练的广大消费者大多不能完全看懂保险条款。同时，保险合同是格式合同，一般都由保险人事先拟定，投保人一般只能对保险条款选择"是"或"不是"，来表达其同意还是不同意签订保险合同，很难对保险条款进行修改。基于保险条款的这些特点，出于维护公平交易的需要，各国都通过法律法规来规范保险合同条款的内容，对保险条款进行比较严格的监管。

目前，我国对保险条款的监管，主要是通过保险条款的审批和备案两种方式进行的，即所谓的"报批"与"报备"。《保险法》规定，凡关系社会公众利益的保险险种、依法实行强制保险的险种和新开发的人寿保险险种等的保险条款和保险费率，应当报国务院保险监督管理机构批准。其他保险险种的保险条款和保险费率，应当报保险监督管理机构备案。

4. 保险费率监管

保险费率是保险人按照保险金额向投保人收取保险费的比例。厘定保险费率是一个科学的计算与预测过程，相当复杂。要使主观预测与客观实际达成完美的结合，并具有合理的公正性，则保险费率不应过高，也不应不足，以确保投保人和保险人双方的利益。

保险费率监管是指保险监管部门依法对保险费率的合理性、公平性和适当性进行监管。保险费率监管的目标是：不使保险费率过低，影响保险公司偿付能力；不使保险费率过高，损害投保人利益；相同危险不得有差别费率；在实际保险业务过程中，不得有非法费率折扣行为。我国《保险法》和有关保险行业管理的行政法规对商业保险的费率加以严格监管。商业保险的人寿保险费率由银保监会批准，其他险种的费率由各保险公司自行厘定后由其总公司报银保监会备案，而且未经总公司授权，各保险公司分支机构不得自行拟定保险条款和保险费率。

三、保险中介监管

1. 保险代理人监管

保险代理人是根据保险人的委托，向保险人收取佣金，并在保险人授权的范围内代为办理保险业务的机构或者个人。保险代理机构包括专门从事保险代理业务的保险专业代理机构和兼营保险代理业务的保险兼业代理机构。保险代理人是保险公司的代理人，而不是被保险人的代理人。保险代理人以保险人的名义代为办理保险业务，其代理行为所产生的法律责任由保险人承担。银行、证券公司、机场作为兼业代理机构也可以在授权范围内代为办理保险业务。个人保险代理人也可以在授权范围内代理保险业务。根据我国《保险专业代理机构监管规定》，保险代理机构可以以合伙企业、有限责任公司或股份有限公司形式设立，设立保险专业代理公司应当具备下列条件：股东、发起人信誉良好，最近3年无重大违法记录；注册资本达到《公司法》和《保险专业代理机构监管规定》的最低限额；公司章程符合有关规定；董事长、执行董事、高级管理人员符合本规定的任职资格条件；具备健全的组织机构和管理制度；有与业务规模相适应的固定住所；有与开展业务相适应的业务、财务等计算机软硬件设施；符合法律、行政法规和中国银保监会规定的其他条件。保险代理机构的法定名称中应当包含"保险代理"或者"保险销售"字样。

📚 相关案例

案例1　白金业务员诈骗案

保险代理人祝某因销售业绩第一，被公司评为精英会会长、白金业务员，且连续几年无一起投诉。但是，祝某为获取保险销售佣金，向客户承诺高额保险单收益，给保险公司造成巨额亏损。为弥补亏损，其利用客户信任，与30多名客户私下签订理财协议，骗取客户资金。至案发，祝某除偿还受害人370余万元外，实际诈骗受害人资金1012万元。人民法院以诈骗罪判处祝某有期徒刑15年，剥夺政治权利4年，并处罚金100万元。

【点评】 本案中祝某作为"销售精英""白金业务员"，且连续几年无投诉，执业口碑似乎不错，但这些荣誉只是对代理人既往销售业绩的肯定，不是资信证明书，更不是对代理人道德品质的一贯承诺。从本案来看，优秀的代理人也可能因利益而触犯法律底线，损害消费者的利益。而从业经验丰富的代理人因为熟悉消费者心理和保险公司的运作流程，从而作案手段更为隐蔽，不易被消费者和保险公司发现。

作为消费者，要为自己的消费行为负责，提高风险防范意识，不盲信代理人的身份，不和代理人个人签订任何私下协议，更不能把资金托付给个人代理人请其代为理财。

案例2　对专业代理机构的监管案例
案例3　对兼业代理人的监管案例

案例2　　　　案例3

2. 保险经纪人监管

保险经纪人是基于投保人的利益，为投保人与保险人订立保险合同提供中介服务，并依法收取佣金的机构。在我国，对保险经纪人的监管按照《保险经纪机构监管规定》进行。保险经纪人只能是法人，其组织形式为有限责任公司或股份有限公司。任何个人不得成为保险经纪人，只能在保险经纪公司任职。保险经纪业务的从业人员，必须取得保险经纪人资格证书，并在被保险经纪公司雇用后，由公司代其获得保险经纪人执业证书。根据现行《保险经纪机构监管规定》，在我国设立保险经纪公司必须具备以下条件：股东、发起人信誉良好，最近 3 年无重大违法记录；注册资本达到《公司法》和本规定的最低限额；公司章程符合有关规定；董事长、执行董事和高级管理人员符合本规定的任职资格条件；具备健全的组织机构和管理制度；有与业务规模相适应的固定住所；有与开展业务相适应的业务、财务等计算机软硬件设施；符合法律、行政法规和中国银保监会规定的其他条件。保险经纪机构的法定名称中应当包含"保险经纪"字样。

相关案例

案例 1　保险与银行存款是不同的金融产品

2014 年 8 月，唐某通过某保险公司代理人王某的介绍，投保了该保险公司的分红保险，保险金额为 10 万元，年交保险费 7 500 元。唐某称，王某介绍时声称投保等同于将钱存进银行，随时可以全额退保，并可享受 70% 的无息贷款（半年内还清）。2016 年，唐某向该保险公司提出退保，却被告知不能全额退款。2017 年 8 月，唐某再次到保险公司办理退保，被告知只可以退 9 642 元，比所交的保险费少退 12 858 元，于是唐某向保险监管部门进行了投诉。

案例 2　保险公司是否要对保险代理人的行为负责？

保险监管部门经过调查和了解，认为唐某的投保情况属实，但该保险公司代理人王某已经离职，其当初是否承诺可以随时全额退保一事无法查实。后经过协调，该保险公司与唐某协议退保。

【点评】本案是因投保人对保险与银行存款的功能、作用产生误解而发生的争议和纠纷。实际上，保险与银行存款是两种完全不同的金融产品，消费者应对它们之间的不同特点有明确的了解和把握，以免走入误区。

《保险法》规定，保险代理机构、保险经纪人应当具备国务院保险监督管理机构规定的条件，取得保险监督管理机构颁发的经营保险代理业务许可证、保险经纪业务许可证。以公司形式设立保险专业代理机构、保险经纪人的，其注册资本最低限额适用《公司法》的规定。

保险代理人、保险经纪人及其从业人员在办理保险业务活动中不得有下列行为：①欺骗保险人、投保人、被保险人或者受益人；②隐瞒与保险合同有关的重要情况；③阻碍投保人履行《保险法》规定的如实告知义务，或者诱导其不履行《保险法》规定的如实告知义务；④给予或者承诺给予投保人、被保险人或者受益人保险合同约定以外的利益；⑤利用行政权力、职务或者职业便利以及其他不正当手段强迫、引诱或者限制投保人订立保险合同；⑥伪造、擅自变更保险合同，或者为保险合同当事人提供虚假证明材料；⑦挪用、截留、侵占保险费或者保险金；⑧利用业务便利为其他机构或者个人牟取不正当利益；⑨串通投保人、被保险人或者受益人，骗取保险金；⑩泄露在业务活动中知悉的保险人、投保人、被保险人的商业秘密。

3. 保险公估人监管

保险公估人是依法设立的接受保险活动当事人委托对保险事故进行评估和鉴定的独立评估机构。接受委托对保险事故进行评估和鉴定的机构和人员，应当依法、独立、客观、公正地进行评估和鉴定，任何单位和个人不得干涉。公估机构和人员，因故意或者过失给保险人或者被保险人造成损失的，依法承担赔偿责任。

我国对保险公估人按照《保险公估机构监管规定》进行监管。由于保险公估活动的技术性和专业性很强，且其行为后果对保险当事人的权益会产生较大的影响，因此，国家对保险公估人的资格有很严格的规定。根据我国现行《保险公估机构监管规定》，保险公估机构可以以合伙企业、有限责任公司或股份有限公司形式设立。

设立保险公估机构，应当具备下列条件：股东、发起人或者合伙人信誉良好，最近 3 年无重大违法记录；注册资本或者出资达到法律、行政法规和《保险公估机构监管规定》的最低限额；公司章程或者合伙协议符合有关规定；董事长、执行董事和高级管理人员符合《保险公估机构监管规定》的任职资格条件；具备健全的组织机构和管理制度；有与业务规模相适应的固定住所；有与开展业务相适应的业务、财务等计算机软硬件设施；符合法律、行政法规和中国银保监会规定的其他条件。

保险公估机构的法定名称中应当包含"保险公估"字样。

四、保险公司治理结构监管

公司治理结构是企业制度的核心，其本质是通过董事会建设、股东与经理人员之间的契约关系等制度性安排，界定公司相关利益集团之间的关系，促进各相关利益集团互相合作，实现利益各方的激励相容，以最大限度地维护股东和利益相关者的利益，实现公司的经营目标。保险公司治理结构的核心就是建立资本充足、内控严密、运营安全、服务和效益良好的现代保险公司机制，努力提高保险公司的核心竞争力。

由于保险属于负债经营，被保险人通常处于劣势地位，保险公司的股东可能会因为追求自身价值最大化而损害其他利益相关者的利益，即股东往往会要求经营人员从事高于社会最大风险的投资，从而对保险公司的稳健经营甚至整个保险体系的稳定产生负面影响。所以相比于一般企业治理结构，保险公司的治理结构则更为重要。

（一）保险公司治理结构监管的主要内容

保险公司除了要满足《公司法》的要求之外，国务院保险监督管理机构对保险公司治理结构的监管主要包括以下四个方面。

1. 公司设立

设立保险公司及分支机构应当经国务院保险监督管理机构批准。凭银保监会颁发的经营保险业务许可证向工商行政管理机关办理登记，领取营业执照方可营业。

外国保险机构在我国境内设立代表机构，应当经国务院保险监督管理机构批准。代表机构不得从事保险经营活动。

2. 公司变更

保险公司变更名称、变更注册资本、变更公司或者分支机构的营业场所、撤销分支机构、公司分立或者合并、修改公司章程、变更出资额占有限责任公司资本总额 5%以上的股东，或者变更持有股份有限公司股份 5%以上的股东，应当经国务院保险监督管理机构批准。

3. 公司被接管、分立、合并、解散

保险公司有下列情形之一的，国务院保险监督管理机构可以对其实行接管：①公司的偿付能力严重不足的。②违反《保险法》规定，损害社会公共利益，可能严重危及或者已经严重危及公司的偿付能力的。接管期限最长不得超过 2 年。接管期限届满，被接管的保险公司已恢复正常经营能力的，终止接管。不能恢复经营能力的依法进行重整或者破产清算。

保险公司因分立、合并需要解散，或者股东会、股东大会决议解散，或者公司章程规定的解散事由出现，经国务院保险监督管理机构批准后解散。

经营有人寿保险业务的保险公司，除因分立、合并或者被依法撤销外，不得解散。

保险公司解散或破产，应当依法成立清算组进行清算，并按照《保险法》顺序清偿。

4. 关联交易

保险公司应当按照国务院保险监督管理机构的规定，建立对关联交易的管理和信息披露制度。保险公司的控股股东、实际控制人、董事、监事、高级管理人员不得利用关联交易损害公司的利益。

保险公司的股东利用关联交易严重损害公司利益，危及公司偿付能力的，由国务院保险监督管理机构责令改正。在按照要求改正前，国务院保险监督管理机构可以限制其股东权利；拒不改正的，可以责令其转让所持的保险公司股权。

（二）保险公司治理结构监管的方式

保险监督管理部门通过以下三种方式对保险公司进行治理结构监管。

1. 高管任职资格的要求

保险经营的专业化程度高、技术性强，保险公司的董事、监事和高管人员的业务水平对保险企业的经营业绩和财务管理有着直接和重大的影响。

保险公司的董事、监事和高级管理人员，应当品行良好，熟悉与保险相关的法律、行政法规，具有履行职责所需的经营管理能力，并在任职前取得保险监督管理机构核准的任职资格。保险公司高级管理人员的范围由国务院保险监督管理机构规定。

有《保险法》第 82 条规定的情形或者下列情形之一的，不得担任保险公司的董事、监事、高级管理人员：①因违法行为或者违纪行为被金融监督管理机构取消任职资格的金融机构的董事、监事、高级管理人员，自被取消任职资格之日起未逾 5 年的；②因违法行为或者违纪行为被吊销执业资格的律师、注册会计师或者资产评估机构、验证机构等机构的专业人员，自被吊销执业资格之日起未逾 5 年的。

保险公司的董事、监事、高级管理人员执行公司职务时违反法律、行政法规或者公司章程的规定，给公司造成损失的，应当承担赔偿责任。

2. 现场检查

保险监管部门通过列席保险公司的股东大会、董事会及其专业委员会会议及开展专项检查，深入了解保险公司在治理结构方面存在的问题。保险公司应配合治理结构检查，并按照要求进行整改。

现场检查包括：①进入涉嫌违法行为发生场所调查取证。②询问当事人及与被调查事件有关的单位和个人，要求其对与被调查事件有关的事项作出说明。③查阅、复制与被调查事件有关的财产权登记等资料。④查阅、复制保险公司、保险代理人、保险经纪人、保险资产管理公司、外国保险机构的代表机构以及与被调查事件有关的单位和个人的财务会计资料及其他相关文件和资料；对可能被转移、隐匿或者毁损的文件和资料予以封存。⑤查询涉嫌违法经营的保险公司、保险代理人、保险经纪人、保险资产管理公司、外国保险机构的代表机构以及与涉嫌违法事项有关的单位和个人的银行账户。⑥对有证据证明已经或者可能转移、隐匿违法资金等涉案财产或者隐匿、伪造、毁损重要证据的，经保险监督管理机构主要负责人批准，申请人民法院予以冻结或者查封。

3. 非现场检查

保险公司要定期、按时向保险监管部门提交偿付能力报告、财务会计报告、精算报告、合规报告及其他有关报告、报表、文件和资料，必须如实记录保险业务事项，不得有虚假记载、误导性陈述和重大遗漏。通过这些报告，保险监管部门一方面可以督促董事会和高管人员尽职尽责，另一方面也可以发现保险公司可能存在的问题。

本章小结及重难点解析

本章小结
（视频）

本章重难点解析
（视频）

1. 保险监管的主体包括银保监会、保险行业协会、保险信用评级机构、独立审计机构以及社会媒体等。

2. 保险监管的客体包括保险公司、保险中介、投保人、被保险人、受益人等。保险监管主要从保险公司偿付能力监管、保险业务监管、保险中介监管、保险公司治理结构监管入手。

3. 保险公司偿付能力监管包括资本的充足性、准备金的充足性、保险资金的运用以及财务会计规定等方面的监管；保险业务监管包括保险业务范围、保险合同、保险条款、保险费率的监管；保险中介监管包括对保险代理人、保险经纪人、保险公估人的监管；保险公司治理结构监管包括对公司设立，公司变更，公司被接管、分立、合并、解散，关联交易的监管。

习题

一、单项选择题

1. 实行保险监督和管理的根本依据是（   ）。

    A. 行政手段   B. 保险法规   C. 保险行业协会规定   D. 社会道德规范

2. 保险行业自律组织通常以保险行业协会的形式出现，（   ）。

    A. 起着纵向协调的作用   B. 具有官方性

    C. 具有非官方性   D. 常常作出强制性决定

3. 现实生活中，保险信用评级结果一般对保险消费者的影响（   ）。

    A. 比较明显   B. 几乎没有   C. 依险种而定   D. 负面大于正面

4. 由政府制定出一系列有关保险经营的基本准则要求保险人共同遵守，并对执行情况进行监督。这种方式是（   ）。

    A. 公示方式   B. 准则方式   C. 法律方式   D. 许可方式

5. 保险公司最低偿付能力是指（　　）。

    A. 实际偿付能力除以最低偿付能力　　　　　　B. 最低偿付能力除以实际偿付能力

    C. 实际资产减去实际负债　　　　　　　　　　D. 认可资产除以认可负债

6. 根据《保险法》对保险公司解散的规定，经营人寿保险业务的保险公司（　　）。

    A. 要经保险监管部门批准才能解散　　　　　　B. 不得解散

    C. 在保险监管部门的安排下可以解散　　　　　D. 解散要报保险监管部门备案

7. 保险监管的核心是（　　）。

    A. 保险公司治理结构监管　　　　　　　　　　B. 保险市场行为监管

    C. 保险公司偿付能力监管　　　　　　　　　　D. 保险条款和费率的监管

8. 下列各项中，与保险公司偿付能力不足无关的是（　　）。

    A. 保险费率厘定过低　　　　　　　　　　　　B. 准备金计算错误导致各项准备金提取不足

    C. 风险程度估算不准确　　　　　　　　　　　D. 保险中介发育不充分

9. 以下关于保险资金运用的安全性、流动性和收益性三项原则关系的描述中，正确的是（　　）。

    A. 安全性与流动性成正向变动关系　　　　　　B. 安全性与收益性成正向变动关系

    C. 流动性与收益性成反向变动关系　　　　　　D. 流动性与收益性成正向变动关系

10. 保险合同的（　　），使得对保险条款的监管成为保险经营监管的主要部分。

    A. 双务性　　　　　　　B. 有偿性　　　　　　　C. 附和性　　　　　　　D. 射幸性

11. 随着保险业的发展，很多国家都有本国通用的保险条款，对通用保险条款（　　）。

    A. 一般都不再列入监管的范畴　　　　　　　　B. 实行批准制度

    C. 实行报备制度　　　　　　　　　　　　　　D. 实行严格的监管

12. 在我国，商业保险的险种和费率通常由（　　）制订。

    A. 保险行业协会　　　B. 保险信用评级公司　　　C. 中国银保监会　　　D. 各商业保险公司

二、多项选择题

1. 不论采取何种监管方式，各国都把（　　）当作保险监管的目标。

    A. 保障保险人的利益　　　　　　　　　　　　B. 保证保险人的偿付能力

    C. 保证保险交易的公平性和公正性　　　　　　D. 保证保险市场的稳定

    E. 保障保险代理机构的偿付能力

2. 保险监管体系是指控制保险市场参与者市场行为的完整的体系，其中，广义的监管者包括（　　）。

    A. 保险公司　　　　　B. 国务院保险监督管理机构　　　　　　C. 保险行业自律组织

    D. 保险评级机构　　　E. 保险法规

三、简答题

1. 试说明中国保险监管的体系。

2. 试说明中国保险监管的方式。

3. 中国保险监管包含哪些内容？

4. 说明保险公司偿付能力监管的主要内容。

5. 保险业务监管包含哪些内容？

6. 保险中介监管指的是什么？

7. 保险公司治理结构监管指的是什么？

第八章

保 险 营 销

【学习目标】

    学会分析保险营销环境，学会分析保险购买者的行为，了解保险营销的过程及步骤，学会制订营销管理策略。

【案例导入】

    一天，某公司总经理约保险推销员到他的办公室洽谈。推销员按约赴会，来到总经理办公室门前，一边与秘书打招呼一边脱大衣。他以为预先约定的会面肯定不会有问题，岂料秘书挡驾说："总经理交代过，今天上午有事，不能会见任何人。"推销员辩解说："是总经理打电话约我来的。"秘书未等推销员再继续往下讲，便不容置疑地说："对不起，总经理今天确有特急事务。"销售员说："如果总经理确实忙，那你让我进去1分钟，我只向总经理问候一声，证明我依约来了立即就走。"秘书对推销员说："那好吧，就给你1分钟。"秘书说着，推开了总经理办公室的大门，"请。"推销员进入了总经理办公室，只见总经理正背对门口坐在椅子上。他听到有人进来，就把椅子转了过来："呵，早上好！先生，请坐。"推销员站着向总经理问候了几句，转身就告辞。总经理感到惊奇，满腹狐疑地问："怎么刚进门就要走了？"推销员说："您的秘书只给我1分钟。真抱歉，时间到了，我不得不告辞了。明天上午8点，我再来拜访吧！"说着就开门离开了。

    点评：也许这位总经理早已把自己邀请别人的事忘得一干二净了，但推销员明白，作为一名推销员要信守诺言。因此，他首先向总经理证明自己已依约赴会，其次表明自己严守向秘书许下的承诺。同时，他还抓紧时间与总经理匆匆见了一面。推销员的守信引起了总经理的内疚，取得了秘书的信任，也获得了再次洽谈的机会。第二天早上，推销员又依约而来，他不仅受到了秘书和总经理的热情招待，也顺利促成了一笔交易。

第一节　保险营销概述

    保险营销是指以保险为商品，以市场为中心，以满足被保险人需要为目的，实现保险公司（企业）目标的一系列活动。保险营销的目的是满足目标市场准保户的保险需求。保险营销不仅是为了推销产品以获得利润，同时也是保险公司提高市场地位或占有率、树立良好的社会信誉、创造社会效益的一个过程。

一、保险营销的特点

    相对于其他商品的营销，保险营销有一些独特之处。

1. 主动性

主动性是指保险营销更多地采用人员主动推销的方式进行销售，主要表现在以下几个方面。

（1）保险商品的无形性增加了保险营销的难度。保险商品提供的是对未来不确定风险的一种保障，销售的是一份合同形式的承诺，是针对每一个被保险人量身定做的无形的商品，较为复杂，专业性较强，增加了客户理解的难度。这些都使得保险商品的销售比其他有形商品的销售更为困难。

（2）人们保险知识匮乏，要求保险人主动宣讲保险知识。大多数人对保险商品转移风险、提供保障和补偿的功能能给自己带来多大的保障并不十分了解，只有到风险发生时才认识到它的重要性，所以人们对保险商品似乎没有迫切性的需求。这就需要保险营销人员主动接近客户、向客户宣传保险商品给客户带来的利益、解答客户的疑惑、提供必要的服务，将负需求变为正需求，将潜在需求变为现实需求，将次要需求变为主要需求。

（3）保险营销需要更多的心理沟通。推销活动的过程不仅是商品交换的过程，还是信息传递的过程和客户购买的心理过程。保险营销人员主动接近客户不仅可以引起客户注意、唤起购买欲望、促成购买行动，还可以灵活地根据客户需要帮助其选择险种或条款并化解异议，同时可以针对客户对保险商品的意见和要求进行改进，实现双赢。

2. 同步性

同步性是指在保险营销的过程中，保险人或其代理人必须针对客户的不同需求设身处地地与客户共同商讨，选择不同的保险险种或条款，客户也必须全程参与对险种及条款的选择，保险商品才能被生产出来。这既是保险产品的生产过程和营销过程，也是客户的消费过程，所以在时间上具有同步性。

3. 异质性

异质性是指保险营销大多采用人员推销，不同的销售人员针对客户的需求推荐选择的险种和条款会有所不同，而使同一个被保险人所接受的保险商品也存在差异，难以完全一致。

4. 固定性

固定性是指大多数保险商品的价格具有固定性，一经确定，其变化的可能性很小。这是由于保险商品的定价是依据对风险的预测、历年保险损失率、利率变动进行概率统计，科学精算出来的，如人身保险的价格就是根据不同年龄、性别、职业人群的生命表、死亡率以及银行利率、保险公司的经营管理费用计算出来的，所以在销售时不允许讨价还价。买方只能进行取与舍的决定，而没有与卖方商讨价格的余地。但财产保险根据出险率不同可以微调。

5. 人本性

> **思考讨论**：保险营销与一般商品营销有何不同？

保险营销是以满足客户需要为目的的营销活动，而每一位客户又都处在不同的环境中，从事着不同的职业，受教育程度不同，这使得每一位客户所面临的风险及需要的保障不尽相同。要使每一位客户都能获得自己所需要的保障，就必须设身处地地为客户着想，即以人为出发点并以人为中心进行营销活动。

6. 诚信性

由于保险商品提供的是对未来不确定风险的一种保障，销售的是一份以保险合同为形式的承诺，双方都应该无保留地将各自知悉的有关保险标的及保险合同的主要情况和条件告诉对方，以便双方在真实意愿的基础上决定是否与对方达成协议，所以诚信就显得尤为重要。诚信是指当事人真实地向对方充分而准确地告知有关保险的所有重要事实，不允许存在任何虚伪、欺骗、隐瞒的行为。缺乏诚信，易产生道德风险。

二、保险营销管理的过程

每一家企业都有自己的长远总体规划，我们称之为战略规划。它规定了企业的基本任务和目标，企业的所有职能部门都应该围绕企业的总体目标开展工作。企业营销管理的目的在于使企业的营销活动与复杂多变的市场营销环境相适应，这也是企业经营成败的关键。营销管理的过程就是识别、分析、选择和发掘市场营销机会，以实现企业战略任务和目标的管理过程。保险公司的营销活动程序包括寻找营销机会、研究和选择目标市场、制订营销策略、制订营销计划、组织实施和控制营销计划等几项工作。

1. 寻找营销机会

分析市场环境，寻找营销机会，是保险营销活动的立足点。只要有未满足的需求，就有市场机会。保险市场营销机会是指在营销环境中存在的对保险公司有竞争优势的环境机会。一个市场机会能否成为保险公司的营销机会，要看它是否符合保险公司的目标和资源（资金、技术、设备）。如果有些市场机会不符合本公司的目标，也就不能转化成营销机会。例如，承保长途货运汽车的机动车辆保险，能大幅度增加保险公司的保险费收入，但该类车出险率极高，易导致保险公司高的赔付率，这样不但不能为保险公司增加利润，反而会使公司利益受到影响。所以尽管有需求，也有市场机会，但对于某些保险公司来说却不是一个好的营销机会。

保险公司不仅要抓住市场机会，还要注意发现环境威胁。环境威胁是指对企业目标不利的趋势和挑战，如不及时采取措施，将损害企业的销售和利润。例如，地下"黑保单"都会对合法的保险公司构成威胁。

对于保险公司来说，机会与威胁总是并存的。为了发现市场机会，保险公司不仅要对自己所处的微观环境和宏观环境进行调研和分析，同时还要分析各类市场的需求特点以及购买者行为，所以需要建立必要的营销信息系统，并开展市场营销调查和预测工作。市场营销调查就是要弄清各种保险的需求及其发展趋势，包括确定调查目的、调查计划、调查方法，对掌握的数据进行分析及撰写调查报告等。预测保险市场特别是目标市场的容量需要经过以下步骤：明确预测目标、制订预测计划、确定预测时间和方法、搜集预测资料、分析预测结果、整理预测报告。

2. 研究和选择目标市场

在竞争激烈的保险市场上，无论实力多么雄厚的保险公司都不可能占领全部市场领域，每个公司只能根据自身优势及不同的市场特点来占领某些市场。这就需要保险公司对市场进行细分并确定自己准备为其服务的目

相关案例
一名成功的保险推销员的成长历程

标市场。市场上的客户是复杂多样的，每个客户都是由地理、人口、心理和行为等方面的不同特征形成的。市场细分就是依据保险购买者对保险商品需求的偏好以及购买行为的差异性，把整个保险市场划分为若干个需求愿望各不相同的消费群市场，即"子市场"。例如，中国人寿保险股份有限公司专门经营人身保险业务，中国人民财产保险股份有限公司专门经营财产保险业务。一般来说，一家保险公司不可能为所有的子市场提供全部服务，而应该根据自己的目标和资源优势，集中力量为一个或几个子市场服务，在市场细分的基础上，选择一个或几个子市场作为自己的服务对象，这些被选中的子市场被称为目标市场。保险公司根据自己的资源和条件选择一定的目标市场进行经营，称为目标市场营销。

> **思考讨论：** 为什么有的保险公司只经营健康保险？

保险公司选定了自己的市场后，还需要实行市场定位，采取适当的定位策略。市场定位是指企业在目标客户心目中为自己的产品确立一定的位置，形成一定的特色，在目标市场上树立一定的品牌形象和企业形象，以有别于其他竞争者。一般来说，品牌之间的相似程度越高，竞争越激烈。

3. 制订营销策略

保险营销策略主要有保险产品策略、保险定价策略、保险营销渠道策略、保险促销策略、保险服务策略和保险竞争策略等。保险产品策略是根据保险市场的保险需求制订的，包括新险种开发策略、险种组合策略、产品生命周期策略等内容。保险定价策略包括定价方法、新险种费率定价等，保险公司应根据不同险种制订保险费率。保险营销渠道策略是对如何将保险商品送到保险消费者手中的决策。常用的保险销售渠道有两种：直接销售和间接销售。保险促销策略是指促进和影响人们购买行为的各种手段和方法，包括广告、营业推广、公共关系和人员推销。保险服务策略是对如何提高保险售前、售中、售后的服务质量和客户满意度的决策。保险竞争策略是面对市场竞争环境，如何战胜竞争对手的决策。

4. 制订营销计划

营销计划的制订是公司将营销策略引入营销计划的过程。营销计划是一系列特殊的、详细的、对行动进行定向的战术计划，主要用于解决公司为实现市场目标和满足市场需求而进行的产品、价格、销售及促销策略等问题。营销计划主要包括营销计划要素、营销计划的传达、功能的协调。营销计划要素包括计划摘要、形势分析、营销目标、营销策略、战术和行动方案、预算评估与控制等。营销计划的传达是指如何将计划的目标、策略和行动方案传达到公司的所有部门。功能的协调是指为完成营销计划，公司各部门在实现计划的过程中所承担的工作任务、扮演的角色以及协调各部门工作的方法。

5. 组织实施和控制营销计划

在营销计划实施的过程中，可能会出现很多意想不到的问题，需要一个控制系统来保证营销目标的实现，即营销控制。所以这一步骤也是关乎整个目标能否成功的重要环节。保险公司通常设立一个能够执行市场营销计划的市场营销组织，其主要工作是：合理安排营销力量，协调各有关部门的工作、管理营销人员、制订推动业务的企划方案。营销管理者需要制订行动计划，规定将要做什么、由谁去做、何时去做以及如何去做。保险公司要用控制手段来保证营销计划的实现。营销控制是检查营销计划的结果并采取措施保证营销目标的实现。通常营销管理者预先设定一个业绩标准，然后将实际业绩与业绩标准进行比较以判断其是符合、超过还是低于计划。常用的控制工具包括销售分析、费用分析、赢利性分析和营销审计。销售分析是考核销售状况、评估公司目前业绩的一种手段。费用分析是与营销活动相关的营销成本的确定过程。赢利性分析是确定公司赢利或亏损状况的过程。营销审计是对公司或营销环境、目标、策略、方法、行动步骤、组织结构及人员的系统性考核与评价。

第二节 保险营销策略

同其他产品营销一样，保险产品的营销也需要制订相应的产品、定价、促销、渠道、服务、竞争等策略。

一、保险产品策略

产品是指由卖方提供给买方以满足其需求的商品、服务或观念。更通俗地说，产品可以描述为"消费者在购买中所获得的一切"。也就是说，消费者在购买中所获得的价值是由消费者决定的，而不是由销售者决定的。它强调营销过程中买方买到了什么，而不是卖方卖出了什么。

保险产品和许多金融产品一样属于无形的服务产品。由于人们的需求不同，他们从所购买的产品中获得的满意程度也不同。同样是购买保险产品，有人仅仅认为通过买保险获得了保障，而有人却认为还获得了许多其他利益。例如，买保险让人拥有财务保证和保障的安定感，买保险是一种收益很高的投资，买保险降低了可能发生的风险，保险可以作为税收筹划工具，保险金是应急资金的来源，买保险为教育或退休储备了基金，通过买保险可以向所爱的人表达爱意、关心和责任，等等。

所以，保险产品策略是要根据保险市场的保险需求制订满足客户有形和无形需求的决策，保险产品策略包括新险种开发策略、险种组合策略、产品生命周期策略等内容。

1. 新险种开发策略

新险种开发策略分为个人保险产品开发策略和团体保险产品开发策略。近几年，越来越多的保险公司开始设计综合保障险种，使得一张保险单可以保全家，可以保一个企业。越来越多的客户更青睐带有投资功能的保险产品，保险公司开发的具有投资分红功能的保险产品也受到了客户的广泛欢迎。

2. 险种组合策略

> 思考讨论：买保险可以使人获得什么？

险种组合策略是指保险公司根据市场需求对各保险险种进行的结构调整和合理搭配，使保险产品更易于销售。保险产品组合关系到保险资源的利用和保险公司的销售，采用险种组合策略需要对客户的需求有深刻的了解，所以必须进行比较详尽的调研分析。

险种组合策略要考虑保险产品的组合宽度、深度和关联性。常用的险种组合策略有险种系列化策略、关联险种策略、增加或减少险种策略、险种特色策略，如在疾病保险中附加医疗保险、在意外伤害保险中附加医疗保险等。

3. 产品生命周期策略

产品生命周期策略是指根据不同险种的各个生命周期分别制订销售策略。

任何产品都大致有投入期、成长期、成熟期和衰退期四个周期，这就是产品的生命周期。投入期又称介绍期，其特点是促销费用高、产品刚开始被客户认识、销量较低，此时企业没有利润，甚至亏损。成长期的特点是销售增长迅速、利润显著上升，此时竞争者类似产品陆续出现。成熟期的特点是销售和利润增长缓慢，并开始有下降趋势，营销费用开始增加。衰退期的特点是销售和利润明显下滑，最后将无利可图退出市场。不同的产品，每个周期的时间都不相同。产品的生命周期不是固定的，存在不规则形态。例如，进入衰退期后经过大力促销又可返回成长期；或者有的产品没有衰退期，成熟期漫长，不断出现新的高潮。理想的产品生命周期形态是：开发期短，投入期和成长期也短，成熟期持续时间长，衰退期缓慢。

> **思考讨论**：当一款保险产品销售不好的时候，应该采取哪些措施？

二、保险定价策略

保险产品的定价称为保险费率厘定。保险费率是保险费与保险金额的比率。保险产品的价格是投保人在购买保险产品时需要向保险人支付的保险费。保险公司的产品定价需要考虑收入与成本，而保险成本既要考虑风险事故发生时须赔付的金额，还要考虑业务经营管理中的各种费用，所以较为复杂。

常用的定价方法有利润导向定价法、销售导向定价法和竞争导向定价法。利润导向定价法是以企业期望获得的利润为目标而制订价格的方法。该利润目标可以表达为一个实际的货币数值，也可以表达为利润的增长或销售的增长。销售导向定价法是以企业期望的销售额为目标而制订价格的方法。竞争导向定价法是企业为了适应市场竞争、维持市场份额而制订价格的方法，常用的方法有差异化定价法等。

保险定价策略是保险公司为实现定价目标应遵循的总体方针。通常，保险公司将价格作为营销组合的一个参数来谋划。保险定价常用的五种策略是成本驱动定价策略、竞争对手驱动定价策略、客户驱动定价策略、产品组合定价策略、新产品定价策略。受寿险精算的限制与非寿险损失率的限制，保险产品的费率不可能有传统产品的折扣，必须经科学计算确定。

三、保险促销策略

促销是营销者将有关企业及产品的信息通过各种方式传递给消费者和客户，促进其了解、信赖并购买本企业的产品，以达到扩大销售目的的一系列活动。促销组合包括广告、公共关系和人员推销。所以保险促销策略包括保险广告策略、保险公共关系策略和保险人员推销策略。

（一）保险广告策略

广告是由特定广告主以付费方式对创意、商品或服务的非人员介绍及促销。广告的特点是公众性、渗透性、表现性强，可传递给在

> **思考讨论**：如何对保险进行广告宣传？

地理上比较分散的受众，但成本较高且只能单向沟通，难以得到迅速反馈。由于广告媒体较多，广告费用高昂，保险产品又过于复杂，因此大多数保险广告都是对保险公司形象的宣传或对特定产品的宣传。

（二）保险公共关系策略

公共关系主要是对企业或产品进行有利的宣传报道，以协助企业与有关的各界公众建立和保持良好关系，树立和保持良好的品牌形象，以及消除或处理对企业不利的谣言和事件的影响。公共关系强调企业与整个社会公众的关系，是重要的促销手段。公共关系可为企业产生间接效益，可信度高、传达力强、吸引力大。组织开展公共关系的主要手段有制造和利用新闻，举办演讲会、报告会及纪念会，开展有意义的特别活动，编写或录制书面和音像宣传资料，建立企业的统一标识体系，参与和赞助各种社会公益活动等。

（三）保险人员推销策略

人员推销是企业派出人员，应用各种技术和手段，面对面地说服客户购买商品和服务以达到企业目标的活动。人员推销既是商品交换的过程，也是企业与客户信息传递的过程，以及客户购买的心理过程。人员推销的手段是说服，而推销的实质是满足客户需求，包括现实需求、主要需求和潜在需求。人员推销是保险公司主要采用的一种方式，因为对于复杂的金融产品它是最恰当的方式。人员推销具有与客户直接对话、迅速培养与客户的感情、反应迅速的优点，但其销售成本远高于广告和宣传。保险人员推销策略包括寻找客户与客户资格审查、约见和接近客户、推销洽谈、促成交易、对客户异议进行处理、追踪跟进等六个步骤。

> 思考讨论：保险为什么适合人员推销这一形式？

1. 寻找客户与客户资格审查

寻找客户是指推销人员主动找出潜在客户（即准客户）的过程，在保险业称为展业。潜在客户是指对产品或服务有需求或购买欲望的个人或机构。寻找准客户首先要根据产品特性确定可能的购买领域，即准客户的范围；其次确定有现实需求的购买者；然后制订搜寻计划、制作拜访计划、确定时间和方法、定期评价。寻找客户常用的方法有名流关系法、扫荡拜访法、资料查询法、客户利用法和通信联络法。**客户资格审查**是指推销人员对可能成为客户的某人或某组织进行考察和审核，以确定该对象是否能真正成为准客户以及成为哪一类准客户的过程。客户资格审查的内容包括：购买需求审查、购买数量审查、购买能力审查、购买权审查、购买资格审查。对保险推销人员来说，鉴定合格的准客户有四条标准：需要保险、有支付能力、符合保险条件、容易接近。

2. 约见和接近客户

约见是指推销人员事先征得客户同意接洽的过程。按照国际惯例，不约不见，但遇紧急事件，也可灵活处理，原则是不要引起客户反感。接近客户前要准备好材料、制订好访问计划和目标。访问计划包括产品的效用、给客户带来的利益、如何表述、异议化解方法等。约见的目标通常有让客户了解产品、从客户处获得需求信息、了解购买的决策者、留下保险条款或建议书、弄清其他保险公司是否已对客户进行过宣传、给客户留下好印象等。约见前要注意仪表仪容、辅助设备或资料的检查，争取给客户留下良好的第一印象。

接近准客户的方法有问题接近法、介绍接近法、求教接近法、演示接近法、赞美接近法等。

3. 推销洽谈

推销洽谈是指推销人员与客户面对面洽谈，运用各种推销策略和技巧说服客户，满足客户需求的过程。人们在推销实践中，归纳出一套程序化的标准推销模式，最适合保险业的是迪伯达（DIPADA）推销模式。

迪伯达推销模式是由海因兹提出的，DIPADA 分别代表发现（Definition）、结合（Identification）、证实（Proof）、接受（Acceptance）、欲望（Desire）、行动（Action）。该模式适用于生产资料等有形产品和保险、技术服务、咨询、情报、劳务等无形产品的推销。它的推销步骤一般如下：①准确发现客户的需要与愿望；②将客户需求与推销产品相结合；③证实产品符合客户需求；④促使客户接受推销的产品；⑤刺激客户购买欲望；⑥促使客户采取购买行动。

4. 促成交易

促成交易是指想方设法与客户签订合同，达成交易。而达成交易必须满足以下条件：①要有适合客户需求的产品；②客户要有一定的购买力；③对产品的利益达成一致；④客户异议得到有效的处理，使客户信赖推销人员。促成交易的方法有直接促成法、假定促成法、从众促成法、让步促成法、错失良机促成法。直接促成法是指直接要求客户作出购买决定。假定促成法是假定客户已接受推销建议，直接与客户商谈购买事宜。从众促成法是利用客户从众心理促使其购买的方法。让步促成法是适当让步促成交易，包括价格、付款方式、售后服务方面的让步。错失良机促成法是利用客户担心错过购买机会的心理促使其购买。

5. 对客户异议进行处理

客户异议是在推销活动中客户提出的反对意见。常见的客户异议类型有需求异议、价格异议、购买时间异议、支付能力异议、货源异议、产品及服务异议、权利异议、推销人员异议。客户异议的化解方法有直接否定处理法、肯定与否定处理法、装聋作哑处理法、使用证据处理法、补偿处理法、预防处理法、旁敲侧击处理法。直接否定处理法是依据有关事实和理由直接反驳客户异议，这种方法易激怒客户，因此要有礼貌、态度和蔼、把握好分寸。肯定与否定处理法是根据有关事实和理由间接否定客户异议。装聋作哑处理法是对客户的异议听之任之，不加理会。对根本不存在的借口或偏见可用此法，但易使客户认为其异议得不到重视。使用证据处理法是用大量实例和证据说服客户，逐步消除或完全消除客户的反对意见，但切忌凭空臆造、任意杜撰。补偿处理法是利用客户异议以外的其他优点来抵消客户异议，适用于客户真实的异议，要强调整体优点大于缺点。预防处理法是推销人员主动提出异议，避免由客户提出异议。对有明显异议的问题，适用此法。旁敲侧击处理法是采用声东击西，让客户自我领悟的方法。正面不易回答的问题，或回答后会造成紧张对立局面的问题，适用此法。

> **知识点滴**
> **异议与抱怨的区别**
> 异议是有理有据地提出反对意见，有明确的解决目标。抱怨是为发泄心中的不满，并不一定有实际的目标。推销人员不可忽视对异议的处理，因为客户在异议没有得到满意的答复时，不会产生购买行动。

6. 追踪跟进

追踪跟进是指成交后要做的后续工作，这对保险销售来说十分重要。在达成交易后，推销人员应保持情绪的平静，礼貌地向客户表示谢意。此时若过于兴奋，客户会表示怀疑；若过于冷淡，则会让客户觉得太傲慢和功利。选择适当的时机与客户道别，同时消除客户的疑虑。由于一些客户在成交后往往会产生一定的懊悔心理，所以推销人员还应给客户一个明确的保证，承诺自己应承担的责任，让客户觉得自己的购买决定是明智的。同时要继续关心客户，巩固友谊，努力建立长期关系，为以后创造新的推销机会，并且为客户提供售后服务。即使未达成交易，推销人员也应该保持积极乐观的态度，礼貌地向客户道别，努力给客户留下好印象，为下次来访排除障碍；此外，要对整个推销工作进行反思，分析失败的原因。

> **思考讨论：**没有达成交易为何还要追踪跟进？

四、保险营销渠道策略

保险营销渠道是指保险产品从保险公司向客户转移的途径。保险营销渠道的选择将直接影响营销策略的制订和效果。保险营销渠道分为直接营销渠道和间接营销渠道。

直接营销渠道简称直销，是指保险公司利用本公司业务人员为客户直接提供各种保险险种的销售和服务。直销方式的优点是易于掌控业务人员并能及时发现销售中的问题，但销售成本较高，适用于实力雄厚、分支机构健全的保险公司。直销方式有保险门市营销、上门营销、网络营销、电话营销、直接邮件营销等。

随着保险业务量的扩大，无论保险公司的资金实力有多雄厚，都不可能建立一支足以包揽整个保险市场的营销队伍。因此，现在的保险市场上，保险公司在直销的基础上都采取了另一种销售方式，即间接营销。

> **思考讨论：**间接营销渠道和直接营销渠道各有何优缺点？

间接营销渠道方式称为中介人制，是指保险公司通过保险代理人和保险经纪人等中介机构推销保险产品的方法。

保险中介人不能代替保险公司承担保险责任，只能参与、代办、推销、提供专门的技术服务，促成保险产品销售的实现。

保险代理人根据代理的性质不同，可分为专业代理人和兼业代理人。**专业代理人**是受保险人委托，以保险人的名义专门为保险人代理保险业务，并向保险人收取代理手续费的单位或个人。**兼业代理人**是指本身有固定的职业或工作，同时又接受保险人的委托，以保险人的名义为保险人代理保险业务，并向保险人收取代理手续费的单位或个人，如银行可以作为兼业代理人代理保险业务。

保险经纪人是代表投保人与被保险人的利益参与保险活动的人，分为人寿保险经纪人、非人寿保险经纪人和再保险经纪人三种。

五、保险服务策略

服务是指一方向另一方提供的基本上是无形的任何活动或利益，并且不导致所有权的转移，如银行、保险、旅游、运输、维修、业务咨询等。在国外，除了农业、采掘业、制造业以外的所有产业，均称为服务业。

保险服务是指保险公司为社会公众提供的一切有价值的活动，它是以人力为基础的、中等参与程度的、营利性的、满足大众生活需求的一种服务。

1. 保险服务的三个阶段

保险服务常被认为只要保险公司按照保险合同约定履行理赔和给付保险金的责任就意味着提供了良好的服务，这种认识是很片面的。其实保险服务的内容涵盖了保险合同销售前、销售中和销售后的各个方面。

> 思考讨论：保险服务为何从售前开始？

售前服务包括客户购买前的咨询服务，如帮助客户确定最需要防范的风险，选择最适合客户的保险产品等。保险产品是较为特殊的产品，具有较强的专业性，很多客户无法读懂保险条款，更不知晓保险公司有如实告知的义务；还有很多客户并不清楚自己最需要防范哪些风险，难以选择最适合自己的保险产品。这些都需要保险公司派出人员提供细致的服务，帮助客户在财力有限的情况下选择最适合自己的保险产品以防范风险。

售中服务包括指导客户填写投保单、到指定医院体检，帮助客户及时、方便地交纳首期保险费，及时送达保险单、建立客户档案等。由于保险单的签发需要履行一定的承保程序，每一个环节都需要客户的参与，所以需要特别周到、体贴的服务。

售后服务包括帮助客户变更保险单的有关事项，及时通知客户按期交纳续期保险费，领取红利，发生保险事故时指导客户申请理赔、领取保险金，接待客户投诉等。

2. 保险服务质量

衡量服务的标准是服务质量，在保险产品雷同时，服务质量显得尤为重要。服务质量是非常难衡量的指标，它分为感知服务质量、职能质量、项目质量。**感知服务质量**用来评价客户期望得到的服务与实际得到的服务的差距，差距越小，则感知服务质量越高。**职能质量**是指服务人员提供服务过程中的表现水平，服务人员的行为、态度、仪表，举手投足之间都会给客户不同的感受。**项目质量**又称技术质量，是指服务过程中产出的质量，即客户在服务过程中实际得到的价值的质量。客户评价服务的好坏往往依据的是最终的结果。

> 思考讨论：如何才能提升保险服务质量？

3. 常用保险服务策略

常用的保险服务策略有服务差异化策略、服务组合策略、服务互动策略。

服务差异化策略，即增加一些与众不同的服务项目的策略，在保险营销中经常被采用。如对住院的被保险人派专人送鲜花进行慰问；理赔时对于大额的给付，为受益人提供上门服务；通过手机短信提示投保人交纳续期保险费等。

服务组合策略是指将人、有形实证、服务程序相结合的服务策略。首先，尽可能将提供的服务程序化、标准化，以利于服务质量的稳定。保险公司为方便客户交纳续期保险费，常有几种交费方式以供选择，如到银行交费、由银行自动转账、自己到保险公司交现金、第三方支付转账等，到时就按程序办理。其次，尽可能将无形的服务做有形的展示，可以用图片的形式向客户展示能享受哪些服务、能享受怎样的服务。最后，要获得客户满意，服务人员的技能和服务态度是至关重要的，所以要对服务人员进行培训和激励，提高其业务水平。

服务互动策略是指通过公司内部、公司与客户之间的互动来提高服务质量的策略。公司内部建立跨部门的沟通协调机制，必须充分发挥全体员工的主动性和积极性，提升服务技能和服务态度，以提高服务质量。由于保险营销中客户的购买过程就是保险公司的生产过程，所以服务质量与买卖双方的互动密切相关。这就要求服务人员要善于处理与客户的关系，建立、保持和强化与客户的关系，可以经常举办客户联谊会等活动开展关系营销，提高客户满意度。

六、保险竞争策略

自加入世界贸易组织以来，随着保险市场的开放，大批外资保险公司开始进入我国市场，使得保险公司的竞争愈演愈烈。在制订竞争策略之前，我们首先要辨别企业的竞争对手是谁，竞争对手的目标和策略是什么，并估计竞争对手的优势及劣势。如果我们采取一些行动，需判断竞争对手的反应模式是什么，以便选择相应的竞争策略。

> 思考讨论：如何判断谁是保险公司的竞争对手？

（一）判断、分析竞争对手

保险公司判断对方是不是竞争对手有以下四种方法。

（1）提供相似产品与服务，以相似价格销售给相同客户的保险公司。如同样销售机动车辆保险，条款、价格相近的保险公司。

（2）提供同类产品的保险公司。如销售同为投资类保险的投资连结保险、分红保险和万能保险的公司。

（3）满足同一需要的企业。如销售商业养老保险与销售社会统筹养老保险之间有明显的竞争关系。

（4）争夺同一购买力的企业。如销售保险与销售房地产、销售汽车的公司之间也存在一定的竞争，如果客户购房以求以房养老，则保险公司的商业养老保险就可能受影响。

保险公司要估计竞争对手的优势，了解竞争对手拥有资金优势、人员素质优势抑或市场优势；要判断竞争对手的反应模式是进攻型还是回避型，最好避免与进攻型的企业正面交锋，因为这类企业一般有较强的实力。多数企业主张与相似的竞争对手展开竞争，但避免摧毁相似的竞争对手。有竞争对手有时也是好事，有助于提高市场总需求，增加产品差异性，促进新技术的发展，但要避免不计成本、不遵守市场规律的恶性竞争。

（二）企业的竞争目标和常用的竞争策略

每一个企业的竞争目标都不相同，常见的竞争目标有追求满意的利润、追求最大的利润、获得较高的市场占有率、以技术领先或是以服务领先、获得高的现金流量等。而竞争采取的策略主要有快速撇脂策略、缓慢撇脂策略、快速渗透策略和缓慢渗透策略。

快速撇脂策略是指以高定价和大量的促销推出新品，快速收回投资。该策略适用于产品的市场知名度不高、市场潜力大、已受潜在竞争者威胁的情况。

缓慢撇脂策略是指以高定价和少量促销推出新品，以尽可能低的费用取得最大收益。该策略适用于市场规模有限、产品有一定知名度、存在潜在竞争但并不紧迫的情况。

快速渗透策略是指以低价和大量的促销推出新品，取得规模效益。该策略适用于市场规模大、客户对产品了解不多但对价格敏感的情况。

缓慢渗透策略是指以低价和少量促销推出新品，以低成本扩大销售。该策略适用于市场规模很大、客户熟悉产品且对价格很敏感、存在潜在竞争者但威胁不大的情况。

保险营销中各保险公司难免会面临竞争，制订有效的竞争策略可以使自己立于不败之地。营销中常见的竞争策略在保险营销中也适用，如以下三种。

（1）**总成本领先策略**是指保险公司努力降低产品成本和销售成本，使自己的产品价格低于竞争者价格，以提高市场占有率。在保险业中，总成本是指保险公司在经营保险业务时所发生的各项费用形成的成本，包括赔付支出、分保业务支出、代理手续费和佣金支出、业务宣传费、招待费、折旧费、提取的风险准备金、坏账准备金、业务管理费、保险保障基金等。

（2）**差异化策略**是指以特色领先的策略，即针对不同的目标客户，在产品设计开发、费率厘定、销售渠道选择、促销手段使用等各方面与竞争对手采取不同的方法。差异化策略可使保险公司获得超额的利润，有利于使客户形成购买偏好。

（3）**聚焦策略**又称目标集中策略，是指在保险公司力量有限，不能全面占领市场的情况下，集中公司所有力量为某一细分市场提供服务。比如，我国已有专门经营健康险的保险公司。

（三）不同类型保险公司的竞争策略

根据在竞争中所处的市场地位不同，可以将保险公司分为市场主导者、市场挑战者、市场跟随者、市场利基者四种类型。**市场主导者**是指在保险产品的价格变动、新品开发、分销渠道、市场覆盖面及促销支出等方面都处于主导地位的保险公司。**市场挑战者**是指正在争取市场主导地位，向市场主导者挑战的较为有实力的保险公司。**市场跟随者**是指无力与大公司竞争，希望能在和平共处的状态下，尽可能获得自己利益的保险公司。**市场利基者**则是指专注于被大保险公司忽略的狭小领域，夹缝求生的小型保险公司。

1. 市场主导者的策略

市场主导者常用的营销策略有以下几种。

（1）扩大市场需求总量。虽然这是很困难的，但市场需求量扩大时，受益最大的是居于主导地位的企业。比如，一家保险公司已占50%市场份额，如果市场被扩大，其自身就可获得扩大后的市场50%的份额。保险公司可以通过发掘新的客户、开发新的保险产品、走访老客户使其购买新的保险或增加保额来实现这一策略。

（2）保护市场占有率。常见的六种防御策略为阵地防御、侧翼防御、先发防御、反攻防御、运动防御和收缩防御。

（3）提高市场占有率。大型的保险公司常希望进一步提高市场占有率，但有时为提高市场占有率所付出的代价会高于所获得的收益。有两种情况市场占有率的提高同收益率成正比：单位成本随市场占有率的提高而下降；提供优质产品时，销售价格的提高大大超过为提高质量所投入的成本。

2. 市场挑战者的策略

市场挑战者常采用攻击型策略，该策略常见的方法有以下几种：①正面进攻，即针对对方主要的保险产品进攻，而不是弱点。②侧翼进攻，即针对对方的弱点进攻。③围堵进攻，即在各个保险险种上全方位进攻。④迂回进攻，即采取产品多元化、市场多元化、开发新产品取代现有产品的方法进攻。⑤游击进攻，即向较大市场的某些角落发动进攻。

思考讨论：如何选择竞争策略？

3. 市场跟随者的策略

市场跟随者实力较弱，对不需要大量投资的产品进行仿造或产品改良，有时也可获得生存机会。市场跟随者常用的策略有以下三种：①紧密跟随，只要不从根本上侵犯到主导者的地位，就不会发生冲突。②有距离地跟随，即与市场主导者保持差异性。③有选择地跟随，即在某一方面跟随市场主导者。

4. 市场利基者的策略

市场利基者的主要策略是专业化经营。比如，按最终使用者专业化、按垂直层面专业化、按客户规模专业化、按特定客户专业化、按地理区域专业化、按产品或产品线专业化、按服务项目专业化、按质量和价格专业化、按销售渠道专业化、按客户定制专业化。

课外实践

选择我国一家比较大的人寿保险公司，通过调查了解其保险营销采用了哪些策略，又是如何实施的。

保险公司无论处于何种市场地位，都要考虑自身优劣势、对手优劣势、竞争环境、经济和政治环境等因素，对营销策略灵活掌握和运用，才可以收到实效。

第三节　保险营销环境分析

保险公司的营销环境是指直接或间接影响公司营销活动的内部及外部的环境因素。每种环境都在不停地发生变化，没有哪家保险公司能脱离环境而存在。所以环境具有变化性、相关性和复杂性的特点。

营销环境分为内部环境和外部环境。研究内部环境的主要目的是发现公司自身的优势和劣势，而研究外部环境的目的是发现市场机会和分析公司面临的威胁。其中，外部环境又分为微观环境和宏观环境。**内部环境**是指影响公司业务能力并受公司控制的所有内部因素，包括公司的雇员和管理层，公司的使命、目标和商业理念，公司的企业结构，公司的财务、物质和技术资源，以及公司的优势和弱势等。**外部环境**是指公司控制范围以外的所有因素，包括技术、经济条件、竞争者、风险投资人、贸易协会、监管机构、行业协会、税收政策、法律法规等。在保险行业中，某些群体，尤其是分销商，在某些情形下是内部环境的一部分，而在另一些情形下又是外部环境的一部分。公司经营者需对内部环境和外部环境进行评估，从而辨别现在和未来的机遇及其制约因素。

思考讨论：自己可以掌控的是内部环境还是外部环境？

一、保险营销的内部环境

分析保险公司的内部环境因素具有重要的营销意义，因为这些因素是市场经营者可以依靠的实力。许多因素都会对公司的营销活动与计划产生影响，但最重要的因素是产品组合、目标市场、分销体系、法律形式、公司规模和资源以及企业文化等公司内部因素。

1. 产品组合

产品组合是指产品的经营结构，即产品的搭配。营销者要明确自己的产品能为客户提供何种满足，还要通过一定的产品形式将核心利益体现出来提供给目标客户。比如，有的保险公司经营种类繁多的保险产品，既经营人寿保险又经营健康保险、意外伤害保险和投资类保险；而有的保险公司由于条件所限专门集中经营一种保险产品，如健康保险。这都是公司的经营者根据自身的优势所设计的产品组合。产品组合主要体现在产品线的划分、产品组合决策以及产品的质量、特色和设计方面。

2. 目标市场

随着人们生活水平的提高，需求的差异性越来越大，任何一个公司都不可能满足所有客户的需求，所以大部分公司在选择目标市场时都会采取细分市场、确定目标市场和确定市场定位（竞争定位）这三个步骤。

选择目标市场对公司至少有四个作用：可发掘最佳的市场机会；可按市场要求改良现有产品和开发新产品；可将有限的资源集中在目标市场上；可面临较少的竞争者。

所以，任何一家保险公司都会根据自身的内部条件满足某一部分市场（即选定的目标市场）的需要，并且将地域、人文、心理、行为作为细分目标市场的依据。当公司选定目标市场后，就要立刻对目标市场制订战略决策。目标市场的战略决策是指覆盖多少子市场及如何覆盖市场的战略决策。常用的市场覆盖战略有以下几种。

（1）无差异性营销。该战略针对市场共性的、求同存异的需求制订单一的产品和营销方案、营销战略，满足大多数客户的共性需求，以获取规模经济效益。无差异性营销的缺点是难以满足所有客户的需求。

（2）差异性营销。该战略针对每个目标市场，分别设计不同产品和营销方案。差异性营销的缺点是销售成本高。

（3）集中性营销。该战略将全部精力投入某一子市场，争取获得主导地位。集中性营销的缺点是有局限性，有较大风险。

企业在选择市场覆盖战略时需要考虑企业的资源情况、产品情况、市场情况和竞争者情况。

3. 分销体系

分销体系即营销渠道的体系。营销渠道是指某种产品从生产者转移到消费者的过程中要经过的所有环节。分销渠道的起点是生产者，终点是消费者或客户，中间环节是批发商、零售商、商业中介机构。

公司使用的分销体系与其产品线和目标市场密切相关，利用不同的分销体系可以更有效地覆盖不同产品类型和市场。例如，向富裕且受过良好教育的客户销售投资类型的保险，保险公司可以采用代理人或经纪人的分销体系，以便给客户提供更好的售前、售中和售后服务。但对航空意外保险或旅行保险则可以通过直销的分销体系，在机场和旅行社直销就可以。因此保险公司必须根据产品的特征来选择分销体系，只有产品与分销体系相适应，才可能让分销体系的优势充分发挥出来，否则反而会成为制约因素。人们常通过经济效益、渠道的控制力、渠道的适应性等对分销体系进行评估。

4. 法律形式

法律形式是指保险公司的组织形式。保险公司可以依据《保险法》的要求选择组织形式。

5. 公司规模和资源

保险公司的规模也会限制或增加保险营销的机会。通常,大型的保险公司拥有较多的财务、技术、营业网点和管理资源等优势,使其能够将更多的保险产品投放市场,从而得到较大的客户群。尤其是其强大的财务资源,会影响外界特别是客户和代理机构对该保险公司的印象,并使其获得监管机构较高的信用评级,这对一个保险公司来说是很重要的。因为保险业本身是特别需要有信用的行业,客户一直以来都会选择最具稳定性的保险公司来购买保险产品。这使得规模大的保险公司处于更有利的市场竞争地位。但小型的保险公司也不是没有优势可言,其信息传输的线路较短,更有能力对环境变化及时作出反应和处理。

6. 企业文化

企业文化是一个组织内共有的价值观、信仰和习惯体系。该体系与正式的组织结构相互作用形成行为规范,决定着组织的大方向。企业文化包含很多方面的内容,例如,企业提倡什么、绩效评价与报酬、组织结构与制度、员工之间的配合、问题与机遇的确定和处理等。

二、保险营销的外部环境

外部环境是不受公司控制的环境因素,其变化将对公司提供的产品、价格、促销方法、分销渠道等产生显著影响。当环境变化加速时,环境分析就变得越来越重要。环境分析的主要目的是使公司能够判断环境条件给公司带来的是威胁还是机遇。对保险公司而言,影响其营销业务的五种主要外部环境是竞争环境、经济环境、技术环境、社会环境和法律环境。

1. 竞争环境

几乎每一家公司都会面临竞争,竞争者是在市场上能够提供相同产品或服务以满足特定市场需求的其他任何公司。在竞争环境中,公司可以通过两种途径增加销售:①将产品出售给更多的消费者;②使消费者购买更多的产品。公司能够通过覆盖新市场、扩展地理区域或吸引其竞争对手的消费者等方式将产品出售给更多的消费者,公司也可以通过引进新产品、改进现有产品或促使消费者改变购买行为从而购买更多的产品来增加产品销售。保险公司通常靠争取竞争者的市场份额或发展细分的市场增加自己的市场份额,因此,作为环境分析过程的一部分,保险公司会不断追踪现有的和潜在竞争者的营销行为,分析竞争对手的新产品、采用特殊的促销手段、及时进行价格的调整、改变分销策略以及其他行动,以便及时调整自己的营销策略。

经济学家通常将市场分为完全竞争市场、完全垄断市场、寡头垄断市场、垄断竞争市场,其中后两种市场结构是最普遍的。

2. 经济环境

经济环境指所有影响商品与服务的生产、分销及消费的因素,包括需求与供给、商品与服务的价格、业务活动的水平及其他因素。保险公司通常需要对国家的经济增长、就业、消费、收入、利息、物价以及货币供应量等信息进行分析，以便了解可能影响保险营销活动的趋势。

对于保险业来说，最重要的经济环境因素是经济周期、购买力、消费者储蓄和信贷情况、消费者支出模式的变化、通货膨胀和全球经济趋势等。

3. 技术环境

计算机技术使得保险代理人能够在推销过程中通过网络向客户提供个人销售说明并销售产品，为保险代理人省去大量的拜访客户的时间。通信技术的发展极大地改变了市场经营者促销产品及客户获得产品信息的方式。以往保险公司常通过电视和报纸推销保险产品，如今可以通过互联网进行促销活动。保险代理人和客户可以通过网络相互沟通，客户可以通过各保险公司的24小时客服电话或网络在线客服获取需要的信息和咨询服务。

众多保险公司正在移动互联网上开始销售保险产品，将集中控制的互联网保险市场作为一个分销系统，或者通过互联网移动终端来接受投保申请并提供产品说明，这成为未来的发展方向。

4. 社会环境

所谓社会环境，就是我们所处的社会政治环境、经济环境、法制环境、科技环境、文化环境等宏观因素的综合。社会环境会对消费者的购买行为产生直接影响，从而影响企业的走向和营销。人们在不同的社会文化背景下成长和生活，有不同的基本观念和信仰，会在不知不觉中自然形成一定的行为规范。一个社会的核心文化和价值观具有高度的持续性，是人们世代沿袭下来的，并不断得到丰富和发展，影响并制约着人们的行为。企业营销者常常需要研究消费者的行为，即消费者为什么购买，买什么，何时买，何地买，怎么买，谁去买。影响保险业的社会环境因素主要有人口数量、人口结构、家庭结构、人口流动和人口受教育的程度等。

5. 法律环境

法律环境是指与市场营销有关的各种法律、法规及法律监管机构、执法机构形成的有机整体。

一国政府常常通过颁布有关法律法规来规范和制约企业的活动。企业一方面可以凭借这些法律法规维护自己的正当权益，另一方面可以依据法律法规来进行生产和开展营销活动。所以，企业要搞好营销活动，必须了解与营销有关的法律法规。

与保险营销活动有关的法律很多，例如《保险法》《反不正当竞争法》《消费者权益保护法》等。

相关案例

加息会给保险公司带来什么影响

在低利率时代，不少人买保险产品是为了获得高于银行利息的回报。当银行存款和保险产品预期年化收益率相近时，多数人更倾向于选择银行存款。

和股票、基金等理财产品不同，保险产品的作用更侧重于它的保障功能。保障功能是保险产品最本质的特性，无论加息与否，客户对保障的需求都是不变的。尤其是在加息可能会影响固定收益类人寿保险产品实际收益的时候，保障类产品的稳定性就更显得可贵。

加息对保险公司属于利好，因为保险公司拥有大量现金，其储蓄预期年化收益会增加。那么，加息对保险产品会产生哪些影响呢？

加息对保险产品的影响不一，固定预期年化收益的传统人寿保险产品以及储蓄型产品受影响较大，而短期人身意外伤害保险、传统保障型保险则受影响较小。

万能保险的预期年化收益与大额协议存款、债券等固定投资关联度大，央行加息，万能保险将是受益险种，其市场结算预期年化利率可能提高，产品吸引力也有望增强。

第四节　消费者行为分析

市场营销的核心是研究消费者需求，要研究消费者需求就需要了解消费者的购买动机和购买行为。消费者购买行为是指消费者在选择、购买和使用某些产品和服务以满足其需求和愿望时的所有行为。这些行为涉及心理过程、情感过程以及多种因素，较为复杂。虽然营销人员可以通过观察了解影响消费者购买习惯的因素，但营销人员观察不到消费者决定购买某一特定商品的想法。因此，了解消费者行为绝非易事。

一、消费者决策行为

消费者行为是消费者根据其自身认知，在购买商品和服务时所采取的各种行动。最终消费者的反应便是：是否购买。

消费者购买决策常受参与者的影响，参与者有倡议者、影响者、决策者、购买者、使用者。多数消费者每天都要作出几个购买决策。有些购买决策通常是常规性和习惯性的，如购买什么品牌的牙膏或咖啡，是买矿泉水还是买可乐等。还有一些决策则比较复杂和困难，如购买汽车、个人计算机、保险及其他金融产品等。按照购买的性质，消费者常采取三种决策行为，即常规反应行为、限制性解决问题行为和扩展性解决问题行为。

1. 常规反应行为

常规反应行为是最简单的行为。当消费者购买价格较低并经常购买的产品，几乎不需要寻找或作决策时，一般实施的就是这种行为。针对这种消费决策行为的对策是尽量使产品质量和价格保持稳定，以留住此类购买者。

2. 限制性解决问题行为

当消费者购买没有使用过的产品或者在熟悉的产品种类里面购买一个不熟悉的品牌时，他们表现出来的就是限制性解决问题行为。消费者通常在购买只听说过但不熟悉的产品时，采取限制性解决问题行为方式。消费者采用这种决策行为比采用常规反应行为需要更多的时间去思考，而且经常是在采购的当时作出决策。针对这种消费决策行为的对策是要加强产品信息的传递、增强消费者对新品牌的认知和信心。

3. 扩展性解决问题行为

当消费者购买偶尔才会购买的产品或者完全不熟悉的产品并需要支付大笔现金时，会表现出最复杂的购买方式——扩展性解决问题行为。在这种行为方式下，消费者在购买之前可能花费大量时间收集信息，并用许多标准来评估各种可供选择的品牌。在扩展性行为方式下购买的产品称作高投入产品，如汽车、房屋、计算机、家具、主要家电以及包括保险产品在内的金融产品。

在重复购买某种特定类型的产品时，消费者常会从一种决策行为转变到另一种决策行为。例如，消费者第一次购买定期寿险时，可能因为不熟悉这一险种而表现为扩展性解决问题行为或者限制性解决问题行为；而在随后购买定期寿险时，满意的消费者可能表现为限制性解决问题行为或者常规反应行为。同理，消费者如果对某个定期保险单条款或者对保险公司的客户服务不满意，想要尝试其他选择时，也可能从常规反应行为转变为扩展性解决问题行为。

二、消费者购买决策过程

> **思考讨论：** 消费者决策行为对保险销售有何影响？

消费者购买决策过程包含五个主要阶段，即问题认知、信息搜索、选项评估、购买选择和购后评估。虽然这样分段有助于研究消费者购买决策过程，但并非在所有的购买条件下的所有消费者都要经历这五个阶段，或者在每个阶段花费同样多的时间。

1. 问题认知

消费者购买决策过程基本上是一个解决问题的过程。该过程始于问题认知，当某一个体意识到其现实状态与理想状态之间存在差异时，有许多因素都可以激发问题认知。

在购买保险的过程中，消费者可能被许多因素影响，这些因素能够使消费者看到现状与其理想状态的差距。比如，一个人的教养会影响其问题认知。如果一个人的文化促使其相信为家庭提供经济上的保障是自己的责任，便会很快认识到需要保险；反之，则会认为保险毫无必要，那么保险公司极难说服其通过保险为其家庭提供保障。亲朋好友的态度也非常重要，如购房、结婚、买车等这些事件中，亲朋好友的影响就很大。努力引导消费者的问题认知是营销中很重要的工作，如企业利用人员宣传、公众宣传和广告来激发消费者对某一问题的认知，并促使其作出购买决策。

2. 信息搜索

信息搜索为消费者提供了对能够解决其问题或满足其需求的各种产品的评估基础。搜索到的信息量和所花费的时间取决于消费者购买决策的类型或所涉及的产品以及消费者对此类购买行为的熟悉程度。

信息的来源包括个人信息源、公众信息源及受企业营销控制的信息源。

保险产品的消费者主要依赖受企业营销人员控制的信息源和个人信息源获取关于保险产品的信息。大部分保险产品的消费者都把保险代理人当作保险信息的主要来源，保险公司也常被选为信息来源。如果准客户认识保险代理人，那么该准客户购买保险的机会将大大增加。例如，代理人以前曾和客户有过交易，或是客户的亲戚或朋友，或仅仅是客户以前听说过代理人，那么客户购买保险的概率将大幅增加。

3. 选项评估

当信息搜索结束后，消费者通常会面临一系列可选对象，以从中作出购买选择。消费者会根据一套评估准则来衡量各备选方案中的每一个可选对象。评估准则是消费者在作选择时需要考虑的因素。例如，消费者对保障范围、保险费的多少、可获得的保险赔付金额、保险公司的声誉和财力以及销售代理人对消费者的态度等。

在保险业中，保险代理人在选项评估中扮演着非常重要的角色。1994年，美国寿险行销调研协会在调查中发现，61%的准客户会接受保险代理人关于险种的推荐，这些准客户的购买率为64%，而未接受推荐的准客户的购买率为54%。

4. 购买选择

一旦消费者根据一系列评估准则对备选方案的每个可选项进行了评估，他就能从多个选项中选出一个。然而，即使在这个阶段，消费者的购买选择仍可能受到其他因素的影响，如突然得到关于产品的负面信息，或者发现了更好的产品等。

> **思考讨论**：保险营销人员可以在哪一个环节影响消费者？

5. 购后评估

在购买之后，消费者会评估他们的购买选择。该评估基于多种因素，首要因素是产品是否能够满足消费者的期望。如果购买的产品能满足他们的需求或期望，一般来说，消费者就会感到满意。满意的消费者很可能会重复购买这种产品并可能将该产品推荐给其他人。

另外，不满意的消费者可能会退还该产品。以保险为例，不满意的消费者会在犹豫期内退保并拿回所有的保险费。

三、影响消费者行为的个人因素

个人因素以可观察和可衡量的方式直接影响消费者行为，包括人口因素和环境因素。

> **知识点滴**
>
> **家庭生命周期**
>
> 家庭生命周期依据家庭人口及年龄划分，有多种划分方式，既有划分为6个周期的，也有划分为9~11个周期的。划分家庭生命周期的主要目的是分析在家庭生命周期不同阶段的消费特点。

（一）人口因素

人口因素描述特定人群的特征，主要包括年龄、性别、职业、收入、生活方式、种族、民族、受教育程度、家庭构成、婚姻状况、生命周期阶段、个性和自我观念。下面简要介绍其中的几种因素。

1. 年龄

不同年龄的人有不同的需求和偏好，而且各方面的消费都会随着自然年龄的变化而变化，这也影响着人们的消费行为。

西方学者将传统的家庭划分为9个时期：①单身期，离开父母独居的青年；②新婚期，新婚无子女的年轻夫妻；③满巢1期，子女在6岁以下，即学龄前；④满巢2期，子女大于6岁，已入学；⑤满巢3期，子女已长大，但仍需抚养；⑥空巢1期，子女已成年离家，夫妻仍有工作能力；⑦空巢2期，子女已离家，老年夫妻已退休；⑧鳏寡就业期，独居老人，尚有工作能力；⑨鳏寡退休期，独居老人，已退休养老。

在不同的家庭生命周期，肯定有不同的需求。例如，独居的年轻人更愿意旅游，即将结婚的青年会突击购买大件耐用消费品，已婚者更愿意选择购买保险产品，老年夫妻组成的家庭更喜好在保健品和医疗用品上的消费。由于时代的变迁，营销人员也要注意非传统家庭（同居者、晚婚者、单亲家庭等）的消费行为，还要注意有些生理年龄与心理年龄不相称的消费者的情况。

2. 职业

不同职业的人的生活方式和工作需要不同，对产品和服务的需求也不同。例如，农民将大部分收入用于建房，教师在购买书籍等文化用品方面花费较多，演员对服装、化妆品有较高要求，企业经理更喜好消费名牌产品。这些都是职业对消费者行为的影响。

3. 生活方式

一个人在生活方面表现出的兴趣、爱好、观念、方式等也影响着其消费行为。例如，有人喜好在穿着方面多消费，有人更喜好投资，有人则喜好在娱乐方面消费等。消费者会尽可能按照自己的爱好，选择最合适的生活方式。所以，了解目标客户的生活方式，对营销人员很有意义。

4. 个性和自我观念

个性是指消费者的个人性格特征与内在气质，如内向、外向，保守、开拓，固执、随和，文静、急躁。西方学者将消费个性分为习惯型、理智型、冲动型、经济型、情感型、年轻型。例如，美国一家啤酒公司发现，喜欢喝酒的人大多是较外向的、积极进取的、冲动型的购买者。营销人员对不同个性人群应制订有针对性的营销策略。

自我观念是指个人在心目中为自己描述的主观形象，如有的消费者将自己定位在高生活质量的层面上，消费时就会选择与其定位相一致的商品。

（二）环境因素

环境因素在消费者决定何时购买时扮演着非常重要的角色。如果时间充裕，消费者常会推迟决策。因此，营销人员经常努力营造一种紧迫感来鼓励消费者"立刻购买"。环境因素对保险营销有非常大的影响。例如当较为亲近的人生病或死亡时，当事人会倾向于对保险产生更大的需求；当人们的家庭责任增加时，如结婚购房、生子或者由于职位提升或谋得新职位而获得更多的收入时，他们购买保险的可能性也会大大增加。

四、影响消费者行为的社会因素

影响消费者行为的主要社会因素包括文化与亚文化、社会阶层、参考群体、家庭、角色与地位。

1. 文化与亚文化

文化是人们在社会实践中形成的物质和精神财富的总和，包括价值观、道德观、风俗习惯等。**亚文化**是主体文化的分支，是由人种、地区、宗教、种族、年龄或社会团体所表现出来的强烈得足以使其成员从整个文化或社会中同其他团体成员相区别的行为方式。例如不同的民族对购买保险有不同的态度。

营销人员为了满足特定亚文化人群的具体需求可以改动营销组合的各个方面。保险人可以专门设计营销组合策略来满足他们的需求。

2. 社会阶层

社会阶层是指全体社会成员按照一定等级标准划分为彼此地位相互区别的社会集团。同一社会阶层的人在行为、价值观等方面具有较多相似性，不同阶层的人具有较多差异性。社会阶层受到多种变量（财富、教育、职业、价值观）的影响。对于具体个体来说，其社会阶层是可以变化的。

在美国，学术界一般将社会阶层分为以下七个层次。

（1）上上层（小于1%）。该阶层的人拥有一处以上的宅邸，就读于最好的学校；求满意、不问贵贱，不张扬、不炫耀财富。他们是豪宅、珠宝、古玩、度假的主要消费者，常成为别人模仿的对象。

（2）亚上层（2%）。该阶层是出色的高薪职业层。该阶层的人喜欢购买显示自己身份和地位的商品，喜欢买名牌汽车、游艇和昂贵的住宅，有时会摆阔和挥霍。上上层是他们努力的方向。

（3）上中层（12%）。该阶层的人是无高贵的出身和多少财产的专业技术人员，有较高文化素养和专业知识，重视子女教育，关心职业前途，有高度公德心，追求生活品质，喜欢购买优良品质的物品。

（4）中间阶层（31%）。该阶层的人包括白领（办公人员和小企业主）、灰领（邮递员、救火员）、高级蓝领（工厂领班）。他们工作认真、遵纪守法、重视家庭、消费喜好实用，不喜好华丽、花哨，讲求实惠。

（5）劳动阶层（38%）。该阶层的人主要为技术工人，有强烈的维权意识，是香烟、普通酒类、体育运动的主要消费者，不喜好参加社会活动，是中低档商品的主要购买者。

（6）上底层（9%）。该阶层的人从事简单劳动，文化水平不高，工作不稳定、晋升机会少，是低档商品的主要消费者。

（7）卜底层（7%）。该阶层的人多是无技能的劳动者，教育程度低，经常失业，不理会道德标准，消费时不考虑商品品质，容易冲动购买、重复购买。

值得注意的是，一家企业只能集中力量为某些阶层服务。

3. 参考群体

大多数消费者受其所属参考群体的强烈影响。**参考群体**是指个人接受的具有共同的信仰、价值观、标准的群体。参考群体可以分为主要群体、次级群体、渴望群体。

> 思考讨论：参考群体对保险购买者有何影响？

主要群体通常为非正式的组织，如家庭、朋友、邻居、关系密切的同事等组成的群体。这类群体小到可以让群体成员面对面地相互交流，通常在性质上是非正式的，但是这一群体对消费者行为具有比次级群体更大的影响。家庭通常是个人所属的最重要的基本群体。

次级群体是由拥有共同爱好和技能的成员组成的团体，一般为正式组织，如各种协会、宗教组织或社团组织。与主要群体相比，次级群体更为正规。其成员彼此之间的交往不那么持续或直接，其影响力较小。

渴望群体指消费者推崇的一群人，是消费者渴望加入的群体，如电影明星、社会名流等。

研究发现，参考群体对消费者的影响有以下几个方面：①在产品的初创期，产品受群体影响较大，而品牌受群体影响较小。②在产品的成长期，产品和品牌在很大程度上受到相关群体影响。③在产品的成熟期，品牌易受群体影响，而产品受到群体的影响较小。④在产品的衰退期，群体对产品和品牌的影响都很小。

广告人员经常通过建议某一群体的成员购买特定产品或特定品牌产品的方式来发挥参考群体的影响力，如请明星代言就是利用渴望群体的社会效应，其效果一般较好。

4. 家庭

家庭通常是一个人所归属的最有影响力的参考群体，消费者对物品和金融产品的购买决策大部分是在家庭成员影响的情况下作出的。

经过统计发现，在一个小家庭中，丈夫对购买大件商品的影响力较大，妻子对购买日常生活用品的影响力较大。

5. 角色和地位

在每一个参考群体中，每个人都充当着一定的角色并占据着与之相称的地位。角色是指社会规定的一系列与社会地位相对应的行为模式。一个人会同时充当多个角色（如经理和父亲），每个角色都伴随着一种地位。消费者经常购买他们认为具有地位象征意义的产品，如有的演艺人员会通过购买高额的保险显示自身的地位。

五、影响消费者行为的心理因素

心理学是我们了解消费者的主要基础。心理因素是指发生在个体内心并影响其行为的因素。尽管营销人员能够看到消费者行为的结果（即是否购买和购买了什么），但看不到消费者内心深处是怎样决定其采取某种行为的，因此，心理因素不能被观测和衡量，而只能被推断。影响消费者行为的基本心理因素有动机、认知、学习和态度。

1. 动机

动机是由未满足的需要引起的，动机引起行为，决定行为的只能是最强烈的需要和动机。马斯洛将人的需求划分为五个层次：①生理的需求，如因饥饿、口渴、性和住所所产生的需求；②安全的需求，如对保护、秩序、稳定和不受伤害的需求；③社交的需求，如对爱情、亲情、归属和友谊的需求；④自尊的需求，如对成功、自尊、认可、声誉和成就的需求；⑤自我实现的需求，如对获得自我满足的渴求或者对发挥个人最大潜力的需求。

购买保险能帮助消费者满足某些需求。例如，通过购买人寿和健康保险及其他金融产品可以帮助消费者满足免受财务损失的需求。对于其他人，购买保险可以表达对所爱的人的爱意；或是如果他们本人去世或者残疾，可使其家属在经济上能有所保障，从而为当事人赢得认可和自尊。

2. 认知

每个人都是从不同角度来观察事物的，因此没有哪两个消费者能以完全相同的方式认知同一件产品或其他任何同一事物。我们把认知定义为：人们选择、组织和解释信息以便理解其含义的过程。认知包含信息选择、信息组织、信息解释等三个不同的过程，从市场营销角度来说每个过程都很重要。

3. 学习

消费者既会通过经验学习，也会通过从朋友、亲属、销售人员、广告及各种其他信息来源所获得的信息中学习。消费者的需要和原有观点及其购买某种特定产品或服务的动机，在很大程度上都是由学习决定的。

当消费者购买了某一特定品牌的产品并感到满意后，其购买行为便会加强，他们也会因此经常购买该品牌的产品，直至对该品牌不满意为止。当消费者在较长时期内持续地、习惯性地购买同一品牌的产品时，可以认为他们已对该品牌有了一定的忠诚度，成为该品牌的忠诚客户。

4. 态度

许多专家认为态度是消费者行为决策中最重要的影响因素。态度是一种养成的偏好，是消费者对一个观点、一个事物以一贯地喜欢或不喜欢的方式作出的反应。态度比认识或信仰更为强烈，并且通常较为稳定。

第五节 保险销售流程

保险的保障功能必须通过保险销售来实现。保险销售称为保险承保，是保险人对愿意购买保险的单位或个人提出的投保申请进行审核，作出是否接受和如何接受决定的过程。保险业务的要约、承诺、核保、确定费率、签订保险合同的过程都属于承保环节。进入承保环节，就进入了保险合同双方就保险条款进行实质性谈判的阶段。承保是保险经营的一个重要环节，承保质量的好坏直接关系到保险人经营的财务稳定性和经营效益的高低。

一、保险承保的主要环节与程序

（一）投保人填写投保单

投保单是投保人向保险人发出的投保要约，投保单的样稿可在本书实训项目中看到，填写投保单的要求及注意事项如下。

（1）投保单由个人或单位按保险公司规定格式填写，纸质投保单要求字迹清晰、内容完整翔实，电子投保单要求信息准确、完整，还要进行身份验证。无论哪种形式，双方都要履行如实告知义务。

（2）为团体投保时，还需填写被保险人清单。由于保险期限长，中途被保险人可能变动，在填写名单时，应仔细将被保险人的姓名、性别、年龄（按周岁填写）以及本页合计人、份数、保险费总金额等一一填写清楚，以便加总和今后查询。

（3）投保单必须有投保人和被保险人的亲笔签名。若被保险人为无民事行为能力人，则可由其法定监护人代签名。

（4）投保人可以是法人也可以是自然人，但自然人作为投保人必须具有完全民事行为能力。

（5）投保人对保险标的必须具有保险利益。

（6）无论是个人投保还是集体投保，都可在受益人栏内填写指定受益人。如果不指定受益人，则以被保险人的法定继承人为受益人。

（7）投保人一次投保不同年限或不同险种的保险产品，投保单要分别填写。

（二）投保人交纳保险费

投保单填写完毕后，投保人须交纳保险费。若投保人选择期交保险费则须交纳首期保险费，若选择趸交保险费则应将所有保险费一次交清。

交纳保险费是投保人的基本义务，向投保人及时足额收取保险费是保险承保中的一个重要环节。为了防止保险事故发生后产生纠纷，在签订的保险合同中要对保险费交纳的相关事宜予以明确，包括保险费的金额、交付时间以及未按时交费的责任。尤其对于非寿险合同，要在合同中特别约定并明确告知投保人不能按时交纳保险费，保险合同将不生效，发生事故后保险人不承担赔偿责任；不足额交纳保险费，保险人将有限承担保险责任，如按照实交保险费与应交保险费的比例承担保险责任。

（三）保险公司核保

为了确保投保单内容正确无误，业务内勤收到投保单和被保险人清单后应对其各项内容详细审核：①填写内容是否齐全，字迹是否清楚；②保险标的是否符合承保规定；③保险标的、交费方式、保险金额、保险费等是否与条款及投保单所填写的相符。

经审核后的投保单，经办人在意见栏内写明审核情况、是否同意承保，加盖经办人名章交业务处理中心工作人员办理承保手续。对经审核不符合投保条件的保险标的，应向投保人说明拒保原因，或根据情况要求投保人补齐材料达到相应条件后承保，并在投保单上注明。

（四）保险公司制单

在收到核保通过的投保单后进行缮制单证的工作称为制单，制单后要对单证进行复核签章。

1. 缮制单证

对于同意承保的投保申请，由签单人员缮制保险单或保险凭证，并及时交给销售人员送达投保人手中。保险单就是约束双方权利义务的保险合同，受《民法典》与《保险法》的保护。由于保险合同未签订之前，投保人可以无风险地撤回投保要约，因此单证的缮制要及时，采用计算机统一打印，做到内容完整、数字准确，不错、不漏、无涂改。在保险单上注明缮制日期、保单号，并在保险单正副本上加盖公章、私章。如有附加条款，将其粘贴在保险单的正本背面，加盖骑缝章，并将保险单的正本、副本一起送复核员复核。

2. 复核签章

任何保险单均应按承保权限规定由有关负责人复核签发。它是承保工作的一道重要程序，也是确保承保质量的关键环节。复核时要注意审查投保单、验险报告、保险单、批单以及其他各种单证是否齐全，内容是否完整、符合要求，字迹是否清楚，保险费计算是否正确等，力求准确无误。保险单经复核无误后必须加盖公章，并由负责人及复核员签章，然后交由内勤人员清分发送。

二、"双录"的监管要求

出于监管要求，保险销售人员在销售保险时，必须将整个销售过程全部用视频录制下来，一方面要录制销售人员是如何向投保人介绍保险产品的，另一方面也要录制投保人当时的回答，这称为"双录"。"双录"这一监管要求是为了防止以下几种情况：保险销售人员在销售过程中欺骗投保人、被保险人或者受益人；保险销售人员对投保人隐瞒与保险合同有关的重要情况；保险销售人员阻碍投保人履行法律规定的如实告知义务，或者诱导其不履行法律规定的如实告知义务；保险销售人员给予或者承诺给予投保人、被保险人、受益人保险合同约定以外的保险费回扣或其他利益。

三、互联网保险销售

（一）互联网保险市场现状

中国保险行业协会 2021 年 3 月 25 日发布的《2020 年互联网财产保险市场分析报告》显示，2020 年互联网财产保险业务保险费收入总计 797.95 亿元，承保保险单数量 279.51 亿件。

互联网财产保险销售渠道主要包括保险公司官网、保险公司自营移动端（App、小程序和微信公众号）、第三方网络平台、保险专业中介机构等。2020 年第三方网络平台保险费收入占互联网财产保险总保险费收入的 42.02%，保险专业中介机构占 32.33%，保险公司自营平台占 23.54%。

中国保险行业协会 2021 年 3 月 3 日发布的《2020 年互联网人身保险市场运行情况分析报告》显示，2020 年互联网人身保险保险费收入总计 2 110.8 亿元，同比增长 13.6%。其中，通过第三方平台累计实现保险费 1 787 亿元，同比增长 10.3%；通过官网自营平台累计实现保险费 323.8 亿元，同比增长 36.1%。

从以上数据可看出，近些年互联网保险销售异军突起，直接销售渠道与间接销售渠道并举将成为未来保险销售的发展方向。

（二）移动端销售模式

尽管通过保险公司官网能够获得更多的保险信息，但通过手机、平板电脑了解和购买保险产品更便捷，因此受到了广大消费者的青睐。保险公司、第三方网络平台、保险专业中介机构纷纷推出了自营移动端 App、小程序和微信公众号，这使消费者购买保险产品更便捷，也让保险公司实现了促进销售的目的。

下面以中国人寿寿险 App 出单流程为例，简要介绍消费者在移动端购买保险产品的流程。

在图 8.1 所示的中国人寿寿险 App 首页选择智能投保 2.0；之后在图 8.2～图 8.8 所示的页面依次进行选择保险产品，填写投保人和被保险人信息，确认告知内容、交费形式、合同形式，确定保险费、保额、保险期间等操作，操作完成后系统将显示保险单信息，如图 8.9 所示；随后上传身份证、银行卡影像，进行双录，阅读《产品条款》《人身投保提示书》《免除保险人责任说明书》等，然后在电子投保单上签字，如图 8.10 所示；上传投保单即完成电子投保流程。

图 8.1　中国人寿寿险 App 首页

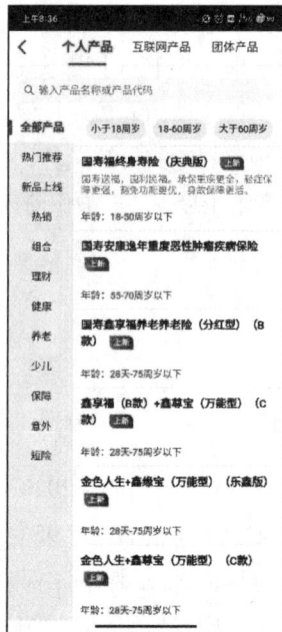

图 8.2　选择保险产品

图 8.3　填写客户信息 1

图 8.4　填写客户信息 2

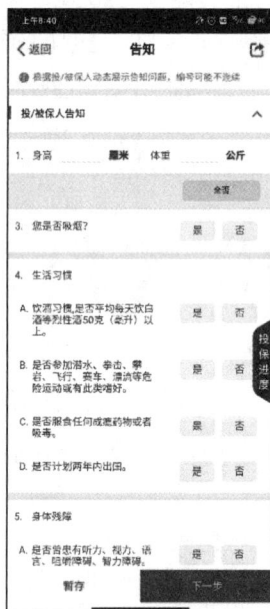

图 8.5　确认告知内容

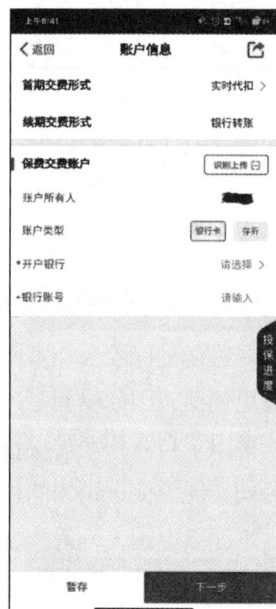

图 8.6　确认交费形式

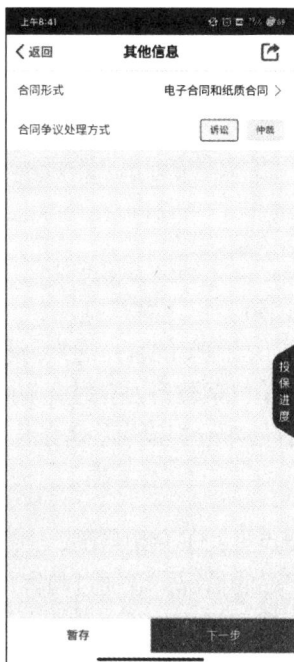

图 8.7　确认合同形式

图 8.8　确定保险费、保额、保险期间

图 8.9　保险单信息

图 8.10　影像签字

四、保险销售流程的工作要点

以下借鉴某保险公司的资料简要介绍保险销售流程中的要点。

1. 整理客户资料

将客户资料按照以下顺序排列：保单号，满期日，生效日，期交金额，趸交金额，客户姓名，身份证号码，出生年月日，地址，电话，被保险人姓名，备注。

2. 分析客户

分析客户中最主要的工作是对客户进行多角度分类。

（1）按地址分：把客户资料的地址按照区域分类。

（2）按年龄分：60岁以上客户；40～59岁客户；40岁以下客户。

（3）按经济条件及保险观念分：①已签单的客户（已签单的客户通常为既有经济条件又有保险观念的客户）；②企业和事业单位的客户（企事业单位常被列为有经济条件但没有保险观念的客户）；③一般退休的客户（退休人员常被列为有保险观念但没有经济条件的客户）。

3. 客户服务

拜访客户是客户服务工作中最重要的工作，其要点有：①介绍自己，介绍公司，表明来访目的；②借助金融三驾马车的概念给客户解释拟购产品的情况；③通过与客户聊天了解其家庭及个人情况（如工作单位、收入来源、子女情况等）；④了解客户是否购买过其他保险，是不是银行的VIP，喜欢哪些理财产品；⑤更深层次的客户经营。

4. 销售和促成

（1）面谈注意事项。面谈中不仅要关心客户的生活状态，更应当学会关心客户的生活质量，特别是应当学会关心客户的成长环境。只有学会理解并尊重客户，才能够更好地走进客户的心中。如：

　　好久没见，最近还好吧/身体还好吧/最近有旅游的计划吗？

（2）谈论感兴趣的内容。每个人都有自己的兴趣和爱好，在与客户沟通的时候，找到双方都感兴趣的话题是十分必要的。因此，应当学会搜集和整理客户感兴趣的话题，并加以运用，引起对方的共鸣，使沟通顺利进行下去。如：

　　您常喜欢做哪些运动？业余时间都忙什么？

（3）关注眼前发生的事情。应当学会在与客户接触的时间和空间里把握客户见到的信息，尤其是双方共同见证的信息，并展开谈论的话题。只有这样，才能够更好地激发彼此的兴趣点。如：

　　您刚才说到的事以前是怎样的？后来又怎样了？

（4）增强谈话的新鲜度。在与客户沟通时，一定要回避一些无关紧要或无聊的信息，而应当学会增强谈话的新鲜度，这样能够增强谈话的吸引力。

（5）欣赏客户的创业经历和成长历程，使客户感觉受到被尊重。欣赏客户，将会充分增强客户的自信，拉近与客户的心理距离。如：

　　您肯吃苦的精神一直是我们学习的榜样，以后向您多取经，今后我一定会加倍努力！

（6）把握谈话中的停顿和思考。与客户沟通要注意张弛有度，不应当整个过程都是自己在说，要留时间给客户思考。如：

　　您说这是什么原因呢？

　　您是说银行理财产品有风险吗？

　　发生损失，哪一种风险防范方法能让您获得补偿？

（7）后续沟通应跟上。一定程度上来讲，后续沟通是对前期沟通的补充和完善，也是当面沟通的进一步深入。可以说，很多问题在当面沟通无法解决的情况下，都可以通过后续的沟通得到解决，这是对沟通力度的进一步增强和升华。可用以下语言为后续沟通埋下伏笔：

> 您说的情况我已记下来了，我回公司查一下然后微信回复您。
>
> 您要的分红单/对账单，我回公司申请补打一份下次送过来。
>
> 我公司经常有客户回馈活动，有名额的话到时候邀请您。
>
> 我下次再带些资料给您。

5. 参加培训与会议

（1）大早交单（指早会时交单），关注明星分享，学习别人经营客户的技巧。

（2）积极参加新话术、新产品的培训以及多关注有关金融方面的最新资讯。

（3）工作中遇到的问题随时或第二天与主管沟通，千万不要留着疑问工作。

6. 订立目标、计划

常规目标、计划：①每季、每月、每周的工作计划；②给自己找一个想超越的目标；③紧紧抓住公司的每一项奖励与政策；④争取晋升，不要降级。

7. 活动管理要领

（1）理财经理每天最重要的工作是拜访。

（2）活动量的增加就意味着工作业绩的提升，90%的销售收入取决于活动量的积累，另外10%是由推销的技巧带米的。

（3）养成良好的工作习惯。每天随时记录拜访客户的姓名、电话、地址等信息，以及第二天需要办理的事宜。拜访客户时了解到的特殊信息需要简短地记录，如何时有钱到账、近期出差或旅游计划、是否愿意接受参加高端答谢会的邀请等相关信息。

（4）合理安排时间。

（5）合理调配工作事项的优先级以提升工作效率，实现工作目标。

（6）持续的销售活动。

（7）随时随地做好客户服务工作。

（8）一日之计在于"昨晚"，一周之计在于"上周末"，一年之计在于"冬"，一生之计在于"勤"。

本章小结及重难点解析

1. 保险营销是以保险为商品，以市场为中心，以满足被保险人需要为目的，实现保险公司（企业）目标的一系列活动。

2. 在保险营销过程中，要寻找营销机会，对保险市场进行细分以选择目标市场，制订营销策略及计划，组织实施和控制营销计划。

3. 保险营销常用的策略包括保险产品策略、保险定价策略、保险促销策略、保险营销渠道策略、保险服务策略和保险竞争策略。

4. 人员推销是保险行业常用的促销策略，人员推销包括寻找客户与客户资格审查、约见和接近客户、推销洽谈、促成交易、对客户异议进行处理、追踪跟进等步骤。

5. 对保险营销环境进行分析，主要目的是发现机遇、预见威胁。保险营销的内部环境因素包括产品组合、目标市场、分销体系、法律形式、公司规模和资源、企业文化。保险营销的外部环境因素包括竞争环境、经济环境、技术环境、社会环境和法律环境。

6. 在营销过程中，需要研究消费者的行为，即要研究消费者为什么买、买什么、何时买、何处买、怎么买和谁去买等问题。

影响消费者行为的个人因素主要有人口因素和环境因素。影响消费者行为的社会因素有文化与亚文化、社会阶层、参考群体、家庭、角色和地位。影响消费者行为的心理因素有动机、认知、学习和态度。

消费者购买决策的过程包括问题认知、信息搜索、选项评估、购买选择、购后评估。只有对保险客户充分了解之后才可能达成销售。

7. 保险承保的主要环节包括投保人填写投保单（需要双录）、投保人交纳保险费、保险公司核保、保险公司制单。

8. 互联网保险销售的主要渠道包括保险公司官网、保险公司自营移动端（App、小程序和微信公众号）、第三方网络平台、保险专业中介机构等。

本章小结
（视频）

本章重难点解析
（视频）

习题

一、名词解释

保险营销　公共关系　保险市场　人员推销　保险间接营销渠道　保险公估人

二、单项选择题

1. 迪伯达推销模式的推销步骤是：准确发现客户的需要与愿望、将客户需求与推销产品相结合、（　　）、促使客户接受推销的产品、刺激客户的购买欲望、促使客户采取购买行动。

  A. 证实产品符合客户需求　　　　　　　　B. 发现客户需求

  C. 充分分析产品优点　　　　　　　　　　D. 说明竞争者产品劣势

2. 即使交易未达成也要保持乐观态度，礼貌地向客户道别，为下次来访排除障碍并（　　）。

  A. 对整个推销过程进行反思　　　　　　　B. 找交易方的领导谈谈

  C. 继续推销别的商品　　　　　　　　　　D. 跟对方套近乎

3. 促成交易的方法有：直接促成法、（　　）、从众促成法、让步促成法和错失良机促成法。

  A. 假定促成法　　　　B. 谈判促成法　　　　C. 希望促成法　　　　D. 介绍促成法

4. 处理客户异议的方法有直接否定处理法、肯定与否定处理法、（　　）等。

  A. 使用证据处理法　　　　　　　　　　　B. 拉近私人关系法

  C. 申请仲裁法　　　　　　　　　　　　　D. 旁敲侧击处理法

5. 快速渗透策略是指以（　　）方式销售产品。

  A. 高定价和大量的促销　　　　　　　　　B. 低定价和大量的促销

  C. 高定价和少量的促销

6. 缓慢撇脂策略是指以（　　　）方式销售产品。

    A. 高定价和大量的促销　 B. 低定价和大量的促销

    C. 高定价和少量的促销

三、判断题

1. 达成交易的条件之一是使客户的异议得到有效的处理。   （　　　）

2. 售后服务的主要意义在于赢得回头客。   （　　　）

3. 保险销售的是合同，所以保险推销的不是商品。   （　　　）

4. 寻找客户的思路是要想尽一切办法利用企业的外部资源。   （　　　）

5. 对客户购买能力的审查不仅仅是对客户支付能力的审查。   （　　　）

6. 对于保险业来说，最重要的经济环境因素是购买力。   （　　　）

7. 尝试了现有可能的各种手段后，仍然无法达成协议，即可认为谈判结束。 （　　　）

8. 客户的抱怨和异议没什么区别。   （　　　）

9. 影响消费者行为的基本心理因素有动机、认知、学习和态度。   （　　　）

10. 探索性调研主要是通过图示和数据处理的形式对市场或营销问题和结果加以描述。 （　　　）

四、简答题

1. 保险营销的含义及特点是什么？

2. 保险营销的管理过程分为哪些步骤？

3. 保险营销有哪些策略？

4. 研究保险营销环境的主要目的是什么？

5. 保险营销的内部环境包含哪些方面的内容？

6. 保险营销的外部环境包含哪些方面的内容？

7. 市场分为哪些结构类型？每种市场类型的价格是如何确定的？

8. 消费者购买决策常有哪些方式？其含义是什么？

9. 消费者购买决策分为哪些过程？

10. 影响消费者行为的个人因素有哪些？

11. 影响消费者行为的社会因素有哪些？

12. 影响消费者行为的心理因素有哪些？

13. 试述马斯洛需求层次理论。

14. 人们将市场的参加者根据市场地位分为哪几种类型？针对不同类型，应分别采用什么策略？

15. 保险产品的生命周期包括哪几个阶段？各阶段有何特点？

16. 简要阐述四种保险促销策略的特点和适用条件。

17. 为什么保险产品促销的主要手段是人员推销？

18. 如何判断保险公司的竞争对手？

19. 化解客户异议有哪些方法？

20. 保险产品策略有哪些？

21. 试述保险产品的销售流程。

保险业务综合实训

综合实训项目学生学习指导

一、项目任务名称

保险业务综合实训。

二、综合实训目的

学生在学习了保险基础与实务专业课程的基础上开展综合实训。通过此项综合实训，学生能够根据客户提供的信息，分析客户的需求和理财目标，具有熟练运用人身保险产品、财产保险产品等保险产品为企事业单位和个人、家庭制订退休规划、医疗计划、企业年金规划、财产保险计划等保险业务的能力；同时，能够根据客户的意见和实际情况及时修改理财方案，培养自己完成一个完整的保险业务过程的综合职业能力。

三、对学生学习的要求

每个学生应通过本综合实训项目课程的学习，培养自己系统、完整、具体地完成一个保险业务项目所需的工作能力；通过收集处理信息、比较决策方案、制订理财计划、实施计划任务和自我检查评价的能力训练，以及团队工作的协作配合，锻炼自己今后在职场应有的团队工作能力。每个学生经历综合实训项目完整工作过程的训练，将掌握完成保险理财项目应具备的核心能力和关键能力。具体要求如下。

（1）充分了解本指导手册规定拟填写的项目各阶段的作业文件与记录（需填写的单证电子文件请在人邮教育社区本书页面内下载，同时请自行准备作业本或作业纸）。

（2）充分锻炼自己的学习能力，针对拟完成项目的设计功能与规范要求，查阅资料，了解相关产品情况，主动参与团队各阶段的讨论，表达自己的观点和见解。

（3）在学习过程中认真负责，在关键问题与环节上下功夫，充分发挥自己的主动性、创造性来解决工作中的问题，并培养自己在整个工作过程中的团队协作意识。

（4）认真填写与撰写从资讯、方案、计划、实施、检查到评估各阶段按规范要求完成的相关作业文件与记录，并学会根据学习与工作过程的作业文件和记录及时进行反省与总结。

（5）外出参观调研时要服从指挥。

四、对学生工作的要求

1. 团队工作遵循规范

团队工作应遵循以下规范：①实训以小组为单位进行，每组学生各推荐 1 名组长，每天任务的分配均由组长组织进行，小组成员必须服从小组安排；②小组成员要关心自己所在小组整体工作的进展，及时配合组内其他成员的工作，使全组工作协作有序；③注意工作过程的充分交流，积极参加小组讨论。

2. 5S 现场管理要求

（1）每个学生小组安排发言人，负责每天实训项目的讨论、汇报、交流。

（2）每天学生离开工作场所必须打扫环境卫生，地面、桌面、抽屉里都要打扫干净并保持整洁。工作时间不得吃东西，喝水必须到指定区域。

（3）设考勤员每天负责考勤，并报告考勤情况。在告知清楚的前提下，无故迟到 3 次实训成绩最高只能给及格，旷课 1 次实训无成绩。

（4）按照企业工作现场要求规范学生的言行，强调安全、节能、环保和环境整洁，做到物品摆放规范。

（5）明确告知学生在实训场所的纪律，包括工作态度、交流方式、工作程序、作业要求与作业记录要求等。

五、学生成绩评定标准

（1）过程考核。项目教学每一阶段根据每位学生参与完成任务的工作表现情况和完成的作业文件与记录，综合考核每一阶段学生参与工作的热情、对待工作的态度，与人沟通、独立思考、综合分析问题和解决问题的能力，以及学生安全意识、卫生状态、出勤率等情况，给出每一阶段过程考核成绩。

（2）结果考核。根据学生提交的作业文件、制作产品，按企业产品作业管理规范、产品完成质量、项目答辩思路清晰度、语言表达准确性等给出结果考核成绩。

（3）综合成绩评定。过程考核占 60%，结果考核占 40%。

（4）否定项。旷课 1 天以上、违纪 3 次以上且无改正、发生重大责任事故、严重违反校纪校规。

关于学生本综合实训项目课程成绩评定标准与打分细则详见本书配套教学资料中的《保险业务综合实训教学标准》。

六、综合实训项目计划安排

各实训项目可在学习相关内容后进行，也可集中安排在两周内进行。下表是集中安排实训周的计划。

序号	项目内容	时间安排	作业文件	地点安排
1	任务下达	0.5天	项目计划进程安排表；学生手册	
2	保险条款解读	3天	保险条款解读讨论活动纪要	
3	保险疑难案例分析	1天	保险疑难案例讨论活动纪要	
4	保险业务单证填写	3.5天（含参观）	填写完整规范的保险业务单证	
5	制订保险理财计划书	1天	保险理财计划书	
6	实训小结	1天	实训小结	

七、项目产品验收标准

（1）项目计划进程安排表。

（2）保险条款解读讨论活动纪要。

（3）保险疑难案例讨论活动纪要。

（4）各类填写完整规范的保险业务单证。

（5）保险理财计划书。

（6）实训小结。

八、作业文件验收标准

（1）项目计划进程安排表详尽。

（2）保险条款解读讨论活动纪要项目内容记录完整。

（3）保险疑难案例讨论活动纪要项目内容记录完整。

（4）根据背景资料填写完成的各类保险业务单证完整、规范、正确。

（5）能够按照顾客需求制订完整的保险理财计划书，满足程度和收益程度均较高。

（6）实训小结内容丰富、格式规范。

实训一　人身保险条款解读

项目一　定期寿险条款解读

案例1

请扫描二维码，阅读案例1中定期寿险的相关条款，并回答以下问题。

1. 一份保险产品有哪些基本条款？分别说明哪些内容？

2. 为什么基本条款中部分条款要突出标明？

3. 该条款在满足什么条件时保险公司将予以给付？什么情况下不给付？

4. 该条款将在何时中止？何时可复效？何时合同终止？

5. 被保险人购买保险2年后自杀能否获得保险给付？

6. 若投保2年内，被保险人发现年龄少填了1岁，保险公司该如何处理？2年后发现该如何处理？

7. 投保人因重大过失未履行如实告知义务，保险公司该如何处理？故意不履行如实告知义务该如何处理？

项目二　终身寿险条款解读

　　扫描二维码，阅读案例2中终身寿险条款，并回答以下问题。

　1. 该条款何时可获得给付？如何给付？

　2. 如何利用保单贷款？可贷多少金额？

　3. 什么情况下保额可增加权益？

　4. 受益人应如何申领保险金？

　5. 一个22岁的人选择10万元保额和20年期交保险费，每年应该交多少元？

项目三　养老保险条款解读

　　扫描二维码，阅读案例3中养老保险条款，并回答以下问题。

　1. 该产品属于有保证年金还是无保证年金？

　2. 保险责任有何特点？

　3. 一位20岁的女性选择20年期交保险费15 000元，并选择55岁开始领取养老金，每年可领取多少养老金？若她选择10年、5年期交保险费，则可领取多少养老金？缴费期与给付金额之间有何规律？

项目四　两全保险条款解读

　　扫描二维码，阅读案例4中两全保险条款，并回答以下问题。

　1. 该条款适合怎样的客户？

　2. 被保险人第一次获得保险金给付应该在第几年？以后又该在哪一年？

　3. 该条款保险责任有何特点？给付有何特点？

项目五　人身意外伤害保险条款解读

　　扫描二维码，阅读案例5中人身意外伤害保险条款，并回答以下问题。

　1. 如何界定意外？什么情况下方可给付保险金？

　2. 承保人身意外伤害保险需考虑哪些因素？

　3. 人身意外伤害保险有何特点？

　4. 人身意外伤害中发生的医疗费用如何给付？

　5. 职业类别为四级的人购买100万元的人身意外伤害保险需夏交多少元保险费？

项目六 健康保险条款解读

扫描二维码，阅读案例6中健康保险条款，并回答以下问题。

1. 该条款承担哪些保险责任？
2. 该条款特指哪几种重大疾病、哪几种特定疾病？
3. 该条款给付有何特点？

扫描二维码，阅读案例7中健康保险条款，并回答以下问题。

1. 说明该条款的保险期间。
2. 该条款可给付哪些费用？为什么要按比例给付？
3. 保险金如何申领？
4. 保险期间多次住院该如何给付？

扫描二维码，阅读案例8中健康保险条款，并回答以下问题。

1. 该条款的给付有何特点？
2. 该条款与费用补偿类医疗保险有何不同？
3. 该条款适合什么人群？

项目七 团体保险条款解读

扫描二维码，阅读案例9中团体保险条款，并回答以下问题。

1. 团体保险有何特点？
2. 团体保险与个人保险相比有何不同？

扫描二维码，阅读案例10中团体保险条款，并回答以下问题。

1. 该条款与社会统筹医疗保险有何不同？
2. 该条款与个人保险有何不同？

项目八 新型保险条款解读

扫描二维码，阅读案例11中新型保险条款，并回答以下问题。

1. 万能险的保险金额是如何确定的？
2. 万能险的交费方式有何特点？
3. 万能险的个人账户价值如何计算？
4. 投保万能险要涉及保险公司哪些管理费用？

扫描二维码，阅读案例12中新型保险条款，并回答以下问题。

1. 联合生存者年金保险的含义是什么，特点有哪些？
2. 请说明此条款的保险责任。
3. 红利领取是谁的权利？保险金给付给谁？
4. 该条款红利领取的方式有多少种？其含义是什么？

实训二　人身保险业务单证填写

项目一　基本单证

（一）签订人身保险合同所需基本单证

（1）投保单。投保单是投保人向保险人发出的投保要约，分为个人保险投保单、个人短险业务专用投保单及团体保险投保单（含投保交费清单）。个人购买者只需填写个人保险投保单或个人短险业务专用投保单，团体购买者需要填写团体投保单和投保交费清单。

（2）销售人员报告书。销售个人保险时，销售人员需要填写销售人员报告书，以描述被保险人、投保人的自然状况及销售过程。

（3）投保提示书。投保提示书是保险公司为防止投保人在未完全知晓保险条款的情况下就投保的防范措施，主要提醒投保人在购买保险前需要知道哪些重要事项。

基本单证预览
（人邮教育社区本书页面内可下载电子稿）

（二）单证填写训练

客户资料

栖霞二阀门厂女技术员韦开琴（身份证号：320113197202090021，身份证有效期至 2035 年 8 月 8 日，身高 1.61 米，体重 65 千克，年收入 5 万元）和丈夫赵道发（身份证号：320113197003210012）、女儿赵敏（身份证号：320104199708273127，身份证有效期至 2030 年 10 月 10 日，身高 1.6 米，体重 52 千克，工作单位为南京工业职业技术大学，职业为教师，单位地址为栖霞区仙林大学城羊山北路 1 号，邮编 210037，年收入 6 万元）居住在栖霞十月村 28 号，邮编 210033。韦开琴在 2006 年曾患慢性肾炎，经治疗痊愈；喜好吸烟，已有 20 年吸烟史，每天吸 5 支。她很有保险意识，2017 年 1 月 20 日已给女儿买过保额 10 万元的国寿康宁重大疾病保险，2018 年 3 月 26 日决定再为怀孕 3 个月的女儿购买两份保险，分别是：

（1）国寿松鹤颐年年金保险（分红型），年交保险费 1 万元，交费期为 10 年。55 岁开始领取年金，年领 4 989 元。红利领取方式为累积生息。

（2）国寿长久呵护住院费用补偿医疗保险，保额 1 万元，定期 1 年，趸交 180 元。

首期保险费和续期保险费均由银行代收；年金领取账户名为赵敏，开户行为中国银行，账号为 4096123456789111；受益人为赵道发 50%、韦开琴 50%。销售人员为个人保险营销一部的代理人徐昆，代码 14430。

请按照上述资料填写个人保险投保单、个人短险业务专用投保单、销售人员报告书。

项目二　保险单保全单证填写

保险单保全单证预览
（人邮教育社区本书页面内可下载电子稿）

（一）保险单保全单证

（1）保险合同变更申请书（非付费类、付费类）。投保人或被保险人需要变更保险合同中约定可以变更的事项时，须填写保险合同变更申请书。例如变更受益人、地址、保险金领取方式、红利领取方式、退保、报单挂失、补发保险单等。

（2）投保要约撤销申请书。当投保人决定撤销投保要约时，须填写投保要约撤销申请书。

（二）单证填写训练

客户资料

赵敏生下孩子后，2021年12月1日决定将该保险单（保单号：3201011341000388）受益人改为自己的丈夫杨广（身份证号：320103199208110811）30%和孩子杨运（身份证号：320103202010260819）70%，同时搬了新家，需将保险单地址改为南京市秦淮区健康路60号，邮编为210004。搬家中过了宽限期尚未交费，造成合同效力中止，保险单遗失。

请帮助赵敏填写：①保险合同变更申请书（非付费类）。②保险合同变更申请书（付费类）。

项目三　保险理赔单证填写

保险理赔单证预览
（人邮教育社区本书页面内可下载电子稿）

（一）保险理赔单证

（1）理赔申请书。当发生保险合同约定的保险事故，被保险人或其受益人向保险公司申请保险赔付时，须填写理赔申请书。

（2）理赔委托书。当被保险人或受益人不能亲自领取保险赔偿需要委托他人帮助领取时，须填写理赔委托书。

（二）单证填写训练

客户资料

赵敏于2021年2月20日在南京中大医院确诊为乳腺癌，2021年2月28日申请办理原来投保的康宁重大疾病保险（2019年1月20日生效，保额10万元，保单号：3201011201200388）理赔手续，但因身体原因无法亲自办理，授权你这位朋友帮助办理理赔手续。

请填写以下文件：①理赔申请书。②理赔委托书。

实训三　人身保险理赔疑难案例分析

案例1

妻子代丈夫签名，保险单是否有效

【案情介绍】

梁女士在2020年9月21日作为投保人为其丈夫购买了60万元保额的死亡保险，由于当时梁女士丈夫不在现场，梁女士在征得丈夫同意后，代替丈夫在被保险人一栏签上了丈夫的名字。2021年5月6日梁女士的丈夫因为车祸突然去世，梁女士及时向保险公司办理索赔手续。7月15日梁女士收到了这家保险公司拒付保险金的通知书，理由是梁女士保险单中的被保险人没有亲笔签名。根据《保险法》规定的"以死亡为给付保险金条件的合同，未经被保险人书面同意并认可保险金额的，合同无效"，所以保险公司对身故保险金不予给付，但可退还保险单现金价值。梁女士认为保险公司的拒赔理由并不充分，因为她在购买保险时不知道自己代丈夫签名会导致合同无效这一后果，否则，她完全可以将保险合同带回家让丈夫自己签，她认定保险公司是故意欺诈。

【问题】保险公司拒赔是否有道理？

案例 2

夫妻离异后的年金保险给付案

【案情介绍】

2010 年 3 月 8 日，45 岁的杜某在某保险公司为其 40 岁的妻子王某和自己分别投保 2 份该保险公司当时新推出的变额年金保险，4 份保险共趸交保险费 4 788 元。合同约定杜某和王某分别在 55 岁和 50 岁时，即 2020 年 3 月 8 日，双双进入保险金给付期，保险公司将每年向每份保险单持有人给付保险金 1 000 元，给付期一直到被保险人死亡为止。被保险人死亡时，每人可获得 2 万元死亡赔付。当被保险人领取保险金后，每 10 周年在合同的约定年给付保险金的基础上增加 10%。4 份合同的指定受益人均为王某。

一年后，杜某与王某因感情不和离婚。两年后，杜某与李某结婚，不久李某为其生一女儿杜莲。2020 年杜某因车祸成植物人，2021 年 4 月病逝。李某在整理杜某的遗物时发现了这 4 份保险合同，并以监护人身份代其女儿杜莲向保险公司要求给付保险金。保险公司以杜莲并非该保险受益人为由拒绝给付。王某得知这事后，以这 4 份保险合同受益人的身份向保险公司提出给付保险金的请求。由于在同一时间内，有两个人同时向保险公司提出同一权益的请求，保险公司考虑到这两个人与本保险合同的关系比较特殊，一个是被保险人的前妻，另一个是被保险人的亲生女儿，所以建议双方相互沟通一下为好。

【问题】保险公司应如何给付？请说明理由。

案例 3

出差归来保险单失效是否可以复效

【案情介绍】

张先生在 2013 年 5 月 12 日购买了 10 万元保额的终身保险，采取期交的方式，每年交费 3 200 元，张先生每年都按期交费。但 2018 年 4 月张先生被单位派往巴西办事处工作 3 年，2021 年 4 月张先生回国后急忙前往保险公司补交欠交的 3 年保险费，但被保险公司拒绝。理由是保险单已经失效，并且退还了张先生一些钱。张先生很着急，请单位开出证明，证明自己是因公出差而延误了保险费的交纳，但保险公司仍然表示要解除保险合同。于是，张先生一怒之下将保险公司告上了法庭。

【问题】

1. 人民法院应该如何判决？

2. 张先生应获退的钱名称是什么？

3. 张先生最迟应该在何时交费才能保持保险单效力？

案例 4

保险金及分红应支付给谁

【案情介绍】

2020 年 8 月 6 日，退休老人刘某购买了一份具有分红性质的终身寿险，指定其儿子作为受益人。但其儿子结婚生子后由于住房紧张而与刘某产生矛盾，父子关系不断恶化，最后父子反目，不能相容，刘某不得已搬到女儿家居住，由其女儿照料生活。2021年8月10日，老人病危，召集亲友，决定让其女儿取代其儿子作为该保险单的受益人，但没有通知保险公司。不久老人病逝，其女儿和儿子同时向保险公司提出索赔，要求取得保险金及分红。

对此，保险公司内部就向谁给付保险金问题产生了分歧。第一种意见认为，老人刘某临终前向家人宣布由其女儿作为受益人，合情合理，符合遗嘱程序，同时他也有权变更受益人，因而保险公司应向其女儿履行给付保险金及分红的义务；第二种意见认为，刘某虽然有权变更受益人，但他并未通知保险公司，因而变更无效，所以保险公司应将保险金及分红给付其儿子。

【问题】保险公司该如何给付保险金及分红？请说明理由。

案例5

年龄误报被解除保险合同

【案情介绍】

2020年10月15日，某单位为全体职工投保了5年期简易人身保险，每个职工月交保险费30元。2021年12月，该单位职工付某因交通事故不幸死亡，他的家人带着单位开出的介绍信及相关的证明资料，到保险公司申领保险金。保险公司在查验这些资料时，发现被保险人付某投保单上填写的年龄为64岁，据户口簿出生年月计算付某在投保时已有68岁，超出了简易人身保险条款规定的最高投保年龄（65岁）。于是，保险公司以单位投保时申报的被保险人的年龄已超出了保险合同约定的年龄限制为理由，拒付该笔保险金，并向该单位退还了保险单现金价值。

【问题】保险公司的处理是否正确？请说明理由。

案例6

人身意外伤害保险责任的确认

【案情介绍】

2020年5月9日，投保人孙某为其母某保险公司投保了10万元保额的终身寿险和5万元保额的人身意外伤害保险。2021年4月17日上午10时许，被保险人孙某的母亲被人发现倒卧在其居所附近，邻居立即通知家属和急救中心。急救中心医务人员在现场确定被保险人已死亡，具体死亡时间在当日上午9点30分左右。投保人在家人的提醒下，当日用电话通知保险公司，同时提出给付保险金的请求。

保险公司经调查，对终身寿险10万元保险金给付责任无异议，但对人身意外伤害保险的保险金给付有异议，认为投保人为先中风后跌倒死亡，并非意外伤害，并作出拒绝给付5万元人身意外伤害保险保险金的决定。投保人孙某对保险公司拒绝给付人身意外伤害保险保险金的决定不服，并诉至人民法院。经法医检验，被保险人是意外滑倒致头部挫伤进而造成颅内出血死亡的。人民法院最终判定被保险人系先行跌倒受伤后造成颅内出血死亡，保险公司给付人身意外伤害保险保险金5万元。

【问题】

1. 本案争议的焦点是什么？
2. 若被保险人是先中风后跌倒，是否构成意外伤害？

案例7

投保人隐瞒病史保险公司应如何处理

【案情介绍】

2018年10月24日，何某为其儿子李某投保10万元保额的重大疾病保险及附加1万元保额的住院医疗保险，何某在投保书健康告知一栏声明被保险人没有罹患过白血病。2019年10月24日，何某申请增加住院医疗保险的保额至 2 万元，保险公司接受了何某的申请。2020 年 10 月，何某再次申请将重大疾病保险的保额增至 20 万元，保险公司未接受其申请。

2020 年 12 月 22 日，李某因病住院，经诊断为"慢性粒细胞白血病"，主管医生向李某询问何时出现病症时，李某称只有 3 个月。血液科主任根据李某的病情分析认为其所述病史有疑点，为了查清病史，对症下药，血液科主任要求主治医生再次向何某询问病史。起初何某讲其子病史最多 3 个月，后在主治医生的追问下，何某承认其子患白血病已有 3 年，并称李某投有保险，要求主治医生不要将病史写入病历。查明情况后，主治医生如实将病史写入病历。后来，李某的原主治医生被派往其他科室工作，由费医生接替工作。某次，何某在费医生开具的"化验单"看到"病史 3 年"的记载后提出异议，费医生随即将病史改为 1 年。2021 年 4 月 22 日，李某因慢性粒细胞白血病急变引起呼吸循环系统衰竭及肺部感染死亡，当日何某向保险公司提出理赔申请。保险公司经调查发现了涂改病历的事实，以投保人恶意投保为由，作出拒绝给付的决定，并不退还已交的保险费。

【问题】保险公司的拒绝给付决定是否正确？为什么？

案例 8

被保险人与受益人同时死亡保险金该给谁

【案情介绍】

小金为自己在保险公司投保了人身意外伤害保险，保险金额 50 万元，受益人为其女友小陈。去年 10 月 1 日，两人举行了结婚仪式。10 月 2 日，小金与新婚妻子利用国庆长假自驾到云南旅游；10 月 7 日返回途中，小金因疲劳驾驶与前方的重型半挂牵引车追尾，小金与妻子小陈当场死亡。后经司法鉴定，无法确定二人死亡先后顺序。

小金与妻子小陈刚结婚无子女，两人死亡后，小金的父母以继承人的身份要求保险公司给付 50 万元保险金。保险公司进行了理赔，向小金父母支付了保险金 50 万元。后小陈的父母知晓了此事，以其女儿小陈为指定的保险金受益人为由要求小金父母分一半保险金。小金父母认为自己为法定的保险金继承人，不同意分一半保险金给小陈父母，双方协商未果。小陈父母无奈，遂将小金父母连同保险公司一起诉至人民法院，要求给付保险金 25 万元。

【问题】保险公司该如何给付保险金？请说明理由。

实训四　制订人身保险理财规划

（一）制订人身保险理财规划的步骤

（1）了解客户信息。通常人身保险理财规划都是为一个家庭订制的，所以制订人身保险理财规划的第一步是收集客户家庭信息和个人信息。最直接和准确的信息可以通过与客户的面谈获得，也可以通过与客户较为熟悉的人沟通获得。信息包括家庭成员、年龄、社会保障情况、健康状况、扶养或抚养人口情况、职业、收入水平、住房情况、学历、婚姻状况等，获得信息越多，人身保险理财规划的制订就越准确。

（2）分析客户需求。通常客户的所有收入必须先行扣除客户衣食住行等日常开销、子女学费和一定数额的现金，在此基础上考虑制订人身保险理财规划。人身保险理财规划的制订需要考虑客户目前有哪些风险，包括家庭成员中子女教育金储备是否充分、养老问题是否得到解决、医疗保障金额是否足够、家庭主要收入成员一旦发生意外是否有足够的保障使家庭其他成员渡过难关等一系列问题。主要思路是按照人寿保险、健康保险、意外保险、财产保险的顺序逐一进行分析。

（3）确定理财目标。理财目标不仅要确定获得保障的金额，而且要确定获得保障的具体时间，分析客户将在何时需要多少金额的保险保障。

（4）选择保险产品。在充分了解各保险公司产品特点的基础上，为客户选择和搭配最适合的保险产品是很关键的步骤。选择保险产品时要仔细，尽可能不要发生重复投保的现象以免造成浪费，同时也要考虑方方面面的需求，以最小的成本满足最重要、最全面的需求。

（5）制订理财规划。理财规划至少包含以下内容：①客户基本情况；②需求分析；③理财目标；④保险产品选择；⑤保险理财规划书。

（6）调整规划。在规划实施的过程中，可能客户的家庭情况会发生变化，所以保险的保障也应有所调整。每年应对已购保险的保障范围、水平、时间进行审查，适时调整是很有必要的。

（二）人身保险理财规划书范例

1. 客户基本情况
年龄：38岁　　　性别：男　　　婚姻：已婚　　学历：大学毕业　　　扶养或抚养家属：3人（子女1人12岁，父母2人60岁）　　　职业：高校教师　年收入：5.9万元　　住宅：公房　　健康：佳
2. 需求分析
（1）客户特点分析：客户收入稳定，身体健康，但步入中年，扶养或抚养人口较多，需抚养子女及赡养父母。 （2）子女会步入大学，需要为子女教育储备资金。 （3）父母已年迈，需要准备医疗费用。 （4）客户为家庭主要劳动力，需要为自己准备死亡保险，由于是高校教师，医疗费不能全报销，需要适当补充医疗保险。
3. 理财目标
（1）为子女18岁、19岁、20岁、21岁时每年准备1.2万元的大学学费，共计4.8万元。 （2）为父母购买10万元保额的医疗保险。 （3）为自己购买20万元保额的死亡保险和3万元保额的医疗保险。
4. 人身保险理财规划
（1）为子女购买中国人寿子女教育保险（b），从12岁起每年交纳保险费8240元，交5年，子女18岁、19岁、20岁、21岁每年可领教育金1.2万元。若交费期投保人身故或高残，可免交未交的保险费并可每年领取2000元成长年金至21周岁。 （2）为父母购买国寿大额疾病医疗保险，年交保险费2500元，可获医疗保险赔付10万元。 （3）为自己购买国寿祥瑞定期保险，年交保险费1904元，分期交费20年，在65岁前若身故可获赔付20万元。 （4）为自己购买国寿住院医疗津贴保险，年交保险费285元，住院后每日补贴：100元（非癌症手术）、130元（癌症手术），若手术可获手术津贴5000元、麻醉津贴2万元。 归纳：该家庭共计年交保险费1.2929万元，可获得4.8万元的子女教育金、10万元的医疗保险金、20万元的死亡保险金和超过3万元的医疗保险金，合计保额约37.8万元。这样可降低该家庭可能面临的风险。

（三）制订人身保险理财规划训练

【客户1资料】43岁的金先生是家里的顶梁柱，儿子在上高中，妻子是全职家庭主妇，住在父母给予的房子中。金先生家庭年收入约20万元，家庭月开销8000元，家庭现有现金3万元，定期存款17.6万元，基金及股票价值10万元，无住房贷款。由于金先生从事的是建筑行业，经常出入建筑工地，风险较大，金先生希望能和太太拥有充足的养老与医疗保障；希望自己万一发生意外，孩子还能顺利完成学业，所以想为孩子 2 年后上大学准备学费；有可能的话，想 10 年内为孩子买房准备 100 万元的首付款。请为金先生制订保险规划。

【客户 2 资料】25 岁的程小姐在某私营企业从事业务工作，每月税后收入 12 000 元左右，除工资、奖金外公司每月还都她交纳"四险一金"。工资每年可涨 10%，年终将每年有 2 万元。目前，程小姐有 2 万元左右的活期存款和价值 2 万元左右的股票。

程小姐目前在外租房，每月生活费需 5 000 元。程小姐希望拿一部分钱来购买保险以获得充足的养老与医疗保障。请为程小姐制订保险规划。

实训五　财产保险条款解读

项目一　企业财产损失保险条款解读

案例 1　企业财产保险基本险条款

扫描二维码，阅读案例 1 中企业财产保险基本险条款，并回答以下问题。

1. 一份财产保险产品有哪些基本条款？分别说明哪些内容？
2. 被保险人有哪些义务？
3. 如何确定保险金额？

案例 2　企业财产保险综合险条款

扫描二维码，阅读案例 2 中企业财产保险综合险条款，并回答以下问题。

1. 企业财产保险综合险中哪些财产可在保险标的范围内？
2. 如何计算赔偿金额？
3. 哪些原因造成保险标的的损失，保险人不负责赔偿？

案例 3　家庭财产保险基本险条款

扫描二维码，阅读案例 3 中家庭财产保险基本险条款，并回答以下问题。

1. 家庭财产保险基本险承保哪些家庭财产？
2. 如何确定保险金额？
3. 由哪些原因造成的保险财产损失，保险人不负赔偿责任？

项目二　机动车辆保险条款解读

案例 4　机动车辆保险条款

扫描二维码，阅读案例 4 中的机动车辆保险条款，并回答以下问题。

1. 哪些车辆属于机动车辆保险的保障范围？
2. 机动车辆保险有哪些主险和附加险？
3. 保障范围内的车辆在什么情况下出险是该条款不予赔付的？

项目三　货物运输保险条款解读

案例5　陆上运输货物保险条款（火车、汽车）

扫描二维码，阅读案例5中货物运输保险条款，并回答以下问题。

1. 说明该保险承保的责任开始时间及结束时间。
2. 说明该保险的保险责任和范围。
3. 说明该保险的除外责任。

项目四　责任保险条款解读

案例6　公众责任保险条款

扫描二维码，阅读案例6中责任保险条款，并回答以下问题。

1. 独立承保的责任保险有哪几种？有哪些共同特点？
2. 公众责任保险有哪些具体险种？
3. 责任保险与其他财产保险相比，最大的不同之处是什么？

实训六　财产保险业务流程单证填写

财产保险业务流程主要包括保险合同签约流程与保险理赔流程。保险合同签约流程包括两个步骤，即要约与承诺，也就是平常所说的投保与承保。下面就简要介绍投保与承保的具体流程。

（一）填具投保单

1. 投保单填写要求

投保单和明细表是保险合同的重要组成部分，也是保险公司接受要约签发保险单的重要凭证，必须由投保人亲自填写。保险业务人员应予以指导和协助。如有错误或遗漏需要更正时，投保人必须在更正处签名，更正处超过两项时应重新填写，以保证投保单作为保险合同组成部分的严肃性和有效性。投保单的各项目填写要求如下。

（1）投保人：填写投保人称谓全称。投保人称谓全称和签章应一致。

（2）投保单号码：在保险单缮制完毕后，将保险单编号填入此栏。

（3）投保标的项目：投保标的项目应根据投保单的账目具体情况而定，要根据单位财务分类按流动资产、固定资产、账外财产、特约保险标的顺序填写。如有与他人共有或代管的财产应予以说明。

（4）以何种价值投保：明确保险价值的确定方式和依据。

（5）保险金额：保险金额确定之后，在此栏用阿拉伯数字填写，金额填至元，元以下角、分舍去。

（6）保险费率：根据保险费率表和保险费率规章确定。

（7）保险费：此栏是保险金额与保险费率的乘积。保险费计算至分，分以下四舍五入，用阿拉伯数字填写。

（8）总保险金额：此栏是分项财产保险金额的合计，要用大写数字和阿拉伯数字同时填入相应的栏目内。

（9）投保附加险：要在相应的栏目内填写附加险名称、投保财产项目、保险金额、保险费率、保险费。各项填写要求同主险。

（10）总保险费：此栏是主险各项保险费与附加险保险费之和。在"人民币（大写）"后用中文数字填写，在"￥"后用阿拉伯数字填写。

（11）保险期限：约定保险责任开始和终止的具体日期和时点，财产保险的保险期限一般为1年，也可以少于1年。如少于1年，用中文小写注明几个月。

（12）有无就本保险标的向其他保险公司投保相同保险：如没有，则在此栏填写"无"；如有，则在此栏填写"已向×××保险公司投保，详见附件"。

（13）特别约定：特别约定是保险条款规定以外的投保人与保险公司协商的特殊事宜，在此栏内予以明确。如特约事项较多，可用明细表的形式列明。

（14）占用性质：此栏由展业人员指导投保人根据保险费率规章填写，内容要反映出类别、号次。其中，类别中工业险、仓储险、普通险分别用代号"（一）（二）（三）"来填写，号次按费率表中相应的次序用阿拉伯数字填写。如投保人为学校，占用性质栏填写"（三）11"。

（15）地址、电话、联系人、行业、所有制：地址按保险财产所处实际地址填写，如不止一处应分别列明。行业按国家规定的种类填写：A. 重工；B. 轻工；C. 纺织；D. 煤炭；E. 电力；F. 商贸；G. 建材；H. 石化；I. 饭店娱乐场所；J. 机关团体；K. 其他。所有制按以下规定填写：A. 国有企业；B. 三资企业；C. 股份制企业；D. 集体企业；E. 私营企业；F. 其他。

（16）投保单填写一式两份。

2. 要求投保人填写《财产保险风险问询表》

风险问询表是投保单的重要组成部分，也是投保人履行告知义务的具体表现。投保人应根据保险标的的实际情况按要求填写好此问询表。

（二）审核验险

保险公司相关工作人员对投保申请的审核主要是审核投保人的资格、审核保险标的、审核保险费率、确定保险责任等，然后作出是否承保的决定。若拒保，则说明理由；若承保，则进入下一环节，即为投保人出具保险单。

（三）缮制单证

缮制单证是在接受业务后，填制保险凭证等手续的过程。保险凭证是载明保险合同双方当事人权利和义务的书面证明，是被保险人向保险人索赔的主要依据。因此，保险凭证质量的好坏，直接影响保险合同能否顺利履行。填写保险凭证的要求有以下几项。

（1）单证相符。要以投保单、核保意见作为原始凭证填制保险单。单证相符是指投保单、保险单、财产清单及其他单证要符合制单要求，内容要相符。

（2）保险合同要素要明确。保险合同要素是指保险合同的主体、客体和内容。保险单中应正确填写被保险人的姓名、单位名称、负责人姓名及详细地址；保险单中应标明保险标的范围及地址；保险合同的内容应包含保险责任、保险金额、责任免除、保险费、被保险人义务以及其他特约事项。

（3）数字准确。填制保险单时，每一个数字都代表着保险人和被保险人的利益。对这些数字的微小疏忽，都可能给保险当事人造成重大损失，或导致不该发生的纠纷。所以填制保险单时一定要做到反复核对每一个数字，切实做到数字准确无误。

（四）复核签章

复核员接到投保单、保险单及附表和保险费收据后，按以下要求复核：①保险单、投保单和附表的编号一致。②保险单、投保单和附表上的各项内容、数字相符，无错漏。③分项、总保险金额计算无误，大小写相符。④保险费率的确定、保险费的计算准确无误，大小写相符。⑤保险费收据填写正确。⑥附加险条款或特约批单加贴正确。⑦特约措辞符合要求。⑧签字盖章完备。

复核完有关单证，确认无误后，复核员签字并在单证上加盖有关章戳。

（五）主要单证填写要求及背景资料

> 保险业务流程
> 单证预览
> （人邮教育社区本书页
> 面内可下载电子稿）

1. 财产保险一切险投保单

（1）填写注意事项。填写财产保险投保时要注意以下几项：①财产保险的投保人往往是企事业单位或合法的群众团体，被保险人一般与投保人一致，填写单位的名称和具体地址即可，被保险人与投保人不一致的分别如实填写。②联系人是指投保单位的保险经办人员，电话留其在单位的办公电话，邮编即单位所在地的邮编。③投保标的地址往往与被保险人地址相同，不相同时据实填写；投保标的的营业性质一般分为国营、集体、民营、个体等。④财产保险期限一般为 1 年，日期从当年某月某日 12 点起保到次年同月同日 12 点止，或者从 0 点起保到次年同月同日前一天的 24 点止，根据各公司的具体规定而填写。⑤投保标的项目对照投保单填写，有一项填写一项，保险金额与保险费均须填写大小写。⑥对于是否存在重复保险，要求投保人明确申明，即是否在其他类似公司将同一标的投保了相同的保险，有则须将另外投保的保险公司名称告知。⑦此投保单经投保人盖章、代表人签字后生效。经办人一般是业务员，也有在公司接单的后援人员，不论是谁，都需如实填写并签名，再由核保人签字后交给公司出单人员正式出保险单。

（2）客户背景资料。南京钢铁公司，公司和投保标的地址均在南京市大庆路 1 号，属国有企业，单位承办保险业务的联系人叫王大庆，办公电话 025-88888888，单位邮编 210012，为本公司投保 2021 年 10 月 1 日 12 点起为期 12 个月的财产保险一切险。其中，投保建筑物金额 5 000 万元、机器设备 4 000 万元、办公设施 2 000 万元、仓储物 3 000 万元，另投保清理费用 300 万元、灭火费用 600 万元、专业费用 100 万元，执行费率 0.8‰，未在其他公司投保相同险种。南京钢铁公司投保日期为 2021 年 9 月 15 日，保险公司由张淮安经办该业务，刘南京核保。

2. 家庭财产保险投保单

（1）填写注意事项。填写家庭财产保险投保单时要注意以下几项：①家庭财产保险的投保人和被保险人往往是城乡居民个人，被保险人一般与投保人一致，财产坐落地址即家庭住址；②保险财产项目与相应的保险金额均如实填写，有几项填几项，并注明房屋建筑结构；③保险期限与企业财产保险一样，往往是 0 点起保或者 12 点起保的 12 个月，根据各公司的具体规定而填写。

（2）客户背景资料。居民苏宁原，电话 13811111111，家住南京市鼓楼区拉萨路 1 号，房屋属钢筋水泥结构，投保房屋 200 万元、电器 5 万元、家具 3 万元、其他物品 2 万元，执行费率 0.1‰，于 2021 年 9 月 20 日投保自 2021 年 10 月 4 日 12 点开始的为期 1 年的家庭财产保险。

3. 货运险投保单

（1）填写注意事项。填写货运险投保单时要注意以下几项：①货运险中投保人与被保险人往往不一致，对被保险人需如实填写；②包装及数量，须写明保险货物的包装单位、规格、数量或重量；③货物项目，需填写货物的品名、型号、规格等，如果不止一件货物，则应分别填写，必要时可附清单；④起运日期，有确切时间的应填明月、日、时，无确切时间的填到具体的月、日即可；⑤运输工具，指运载货物时所使用的交通工具；⑥路程，即整个货物运输里程数；⑦承保险别，写明投保货运险的基本险或综合险。

（2）客户背景资料。南京钢铁公司从 500 千米外用汽车运输一批共 100 件（箱）的矿石，价值与保额为 500 万元，起运日期为 2021 年 9 月 20 日，只投保基本险。保险公司由张淮经办，刘宁核保。

4. 责任保险投保单

（1）填写注意事项。填写责任保险投保单时要注意以下几项：①公众责任保险投保人与被保险人一致，并且均为单位客户，名称与地址需如实填写；②被保险人营业性质在生产、销售和仓储三类中明确选一类，这与收取的责任保险保险费率有关；③赔偿限额与免赔额要视行业和单位所处位置等情况而定，可以只规定每次事故赔偿限额或累计赔偿限额的其中一项，也可以两者都有规定，协商确定；④保险期限与一般财产保险类似，均以 12 个月为一个保险周期；⑤此投保单由经办人、核保人分别签字后，交出单员出单即完成。

（2）客户背景资料。南京东方商城位于南京市中山路 1 号，从事销售业务，2021 年 9 月 15 日向中国人民财产保险公司投保公众责任保险，保险期限 1 年，自 2021 年 9 月 30 日生效，规定每次事故赔偿限额 200 万元，人身伤亡 180 万元，每人最高赔偿 20 万元，财产损失 20 万元，累计赔偿限额 600 万元，财产损失每次事故免赔额 1 000 元。保险公司由张楚洲经办，刘建邺核保。

5. 索赔申请书

（1）填写注意事项。填写索赔申请书时要注意以下几项：①机动车辆保险被保险人可以是单位，也可以是个人，不论是单位还是个人均如实填写名称和地址（个人填写家庭住址），然后填写联系人及电话、邮编等必要信息；②保险车辆的厂牌型号、车型、牌照等信息；③驾驶员的姓名、联系方式、准驾车型、驾驶证号码等信息；④一般交通事故都会涉及交强险和商业险，所以索赔时须填写交强险和商业险保单号、出险时间和地点、出险类型和简单原因，以及出险的简单经过。以上信息齐全后索赔申请书交保险公司按流程办理。

（2）客户背景资料。居民李一龙，家住厦门市鼓楼区水西门大街 1 号，电话 13888888888，邮编 361000。2021 年 6 月 20 日 14 时 25 分左右，李一龙驾驶牌照为闽 D 33333 的自动挡小车，在厦门市鼓楼区白下路 1 号与建邺路交叉路口，遇直行与左拐同时绿灯情况下正常左拐，这时一辆白色桑塔纳从对面直行与其车汇车，由于对方速度较快，李一龙未及避让，两车相撞。双方车辆均有碰撞损毁，但无人员伤亡。交警裁定李一龙负全责。李一龙的驾驶证号码为 35020119880807155，属 C 照，投保时的交强险保单号为 AXIMC01CTP08B000114Z，商业险保单号为 AXIMC15ZH808B001245Y，汽车的厂牌型号（VIN）为 LVGBH40K57G047937。

6. 机动车辆保险车辆损失情况确认书

（1）填写注意事项。填写机动车辆保险车辆损失情况确认书时要注意以下几项：①保险合同当事双方的基本信息，包括名称、联系人及联系电话、驾驶员信息等；②车辆本身的各种详细信息，包括牌照号码、发动机号、厂牌型号、生产日期、排气量、变速箱形式和安全装置等；③有关合同的内容，包括交强险和商业险的投保公司名称、保单号、所投保的险别等；④保险车辆具体的修理情况，包括具体的修理项目、所更换的零部件名称及数量、单项价格和总的修理费用与材料费用；⑤事故涉及第三者受害方的，还需第三者填写相关信息，然后连同保险公司查勘定损人和核价人、被保险人、修理厂分别签字确认后生效，作为保险公司理赔的主要依据。

（2）客户背景资料。接前例，李一龙驾驶的车辆于 2014 年 10 月 30 日生产，排气量 1.4 升，具有安全气囊，自动挡小汽车。对方车辆驾驶员张关。李一龙的车被送到黄河汽车标准修理厂修理，检查后发现车需更换离合器片、发动机上盖和发动机后支撑各一件，价格分别为 700 元、100 元、100 元，工时费中拆装 100 元、钣金 100 元、电工 50 元、机修 100 元、油漆 50 元，零配件管理费 90 元，无旧件收回和残值扣除。李一龙的小汽车发动机号是 LVBH60K57G0880618，报案号为 202105920001，交强险承保公司为中国太平洋财产保险股份有限公司。保险公司查勘定损人为苏宁，核价人为刘哲。

实训七　财产保险理赔疑难案例分析

案例 1

雇主责任保险赔偿案

【案情介绍】

某企业的一车间因工作危险性大与某财产保险公司在今年 5 月 30 日签订雇主责任保险合同，对该车间所有生产人员投保雇主责任保险，期限为 1 年。保险单中注明赔偿限额：死亡为 72 个月工资，伤残为 84 个月工资，费率 4.2%，交纳保险费共 36.9 万元。同年 12 月 3 日，发电车间突然蒸汽外漏，一名生产工人被烫伤，经抢救无效死亡。保险公司接到报案后，立即组织人员前去调查，认定属于保险责任范围，负责赔偿。

该车间提出索赔要求：医药费 10 万元、设备修理费 10 万元、死亡抚恤费 30 万元，共计 50 万元。

案例2

因投保人过失导致事故发生，保险人是否赔偿

【案情介绍】

今年3月，A某到保险公司投保了家庭财产保险，保险期限1年。同年8月20日上午，A某外出办事，将5岁的儿子独自留在家中，儿子玩火不慎将房屋点燃，致使屋内财产部分烧毁，经济损失18万元。事后，A某向保险公司报案并提出索赔18万元。

案例3

抵押车辆保险金不能直接领取，分期付款购车出险须银行委托授权

【案情介绍】

高某在今年2月10日以分期付款方式购买了一辆别克君越，并投保机动车辆保险。同年6月9日，高某的车辆在山东省某县发生交通事故受损。车辆修复后，高某向保险公司申请理赔，但保险公司以合同注明第一受益人是银行为由，要求高某取得银行委托授权材料后方可领款。对此，高某表示不解，作为被保险人，为什么不能直接领取保险赔偿金呢？

案例4

保险公司为何不按实际车价理赔

【案情介绍】

小张的姐姐一直在经商，公司业务利润增长可观，于是想趁机把开了多年的一辆朗逸给换了。而小张正好有买车的想法，于是就从姐姐那里以25 000元的"亲情价"买了这辆二手朗逸。

在过户完之后，小张便为这辆车以新车的价格投了保。车辆在今年6月出险后，保险公司初步评估的维修费用为35 000元左右，但是事后，保险公司发现这辆车的"买入价"仅为25 000元时，便"改口"说最多只能赔25 000元。

小张不理解，为什么以新车价进行的投保，却不能按照新车价来赔呢？小张认为，保险公司的说法和做法都很不合理，他想在向人民法院提起诉讼前，先向律师进行一些法律咨询。

案例5

车辆行驶证过期，保险公司不理赔

【案情介绍】

去年11月21日，韩某就其名下机动车向某保险公司投保机动车辆保险，双方签订了保险合同，保险期为去年11月28日至今年11月27日，投保的险种包括车辆损失保险等。保险单显示，"发生意外事故时，保险车辆有以下情形之一的，保险人不负赔偿责任：未在规定检验期限内进行机动车安全技术检验或检验未通过的"。

今年2月7日，韩某驾驶机动车发生单车交通事故，造成车辆受损，交警认定其对事故应负全责，车辆损失经确认为5万元。据此，韩某向保险公司申请理赔，但保险公司以该车辆未在规定检验期限内进行机动车安全技术检验为由拒赔。今年10月下旬，韩某向法院起诉请求判令保险公司理赔车辆修理费5万元。

法庭上，保险公司辩称，韩某交通事故发生时间是今年2月7日，但韩某的行驶证在今年1月就已经到期了，该车辆行驶证在事故发生时已过期，依据合同约定保险公司不予理赔。

实训八　制订财产保险理财规划

财产保险理财规划主要是针对家庭或企业的重要财产（包括房屋、汽车、设备、在建工程、在运货物、第三者责任）进行规划，以便选择最经济、保障范围最全的保险。

（一）财产保险理财规划书范例

1. 客户基本情况
章先生最近购买了一辆 14 万元的小轿车用于上下班，刚考完驾照驾驶技术尚不熟练。
2. 需求分析
由于是新车，担心被人偷盗；担心自己驾驶技术不够好，会与其他车或人发生碰擦；担心有人在他的新车上刻画；担心车窗玻璃会由于碰擦而破碎。
3. 理财目标
保证车辆在发生碰擦后能及时获得修复的经费；保证车辆在丢失后能获得全额赔付；保证车辆在对第三者造成伤害后除交强险外能够补充赔付 5 万元。
4. 财产保险理财规划
①购买 14 万元保额的车辆损失保险，需花费 1 721.30 元；②购买汽车划痕险，需花费 246 元；③购买 10 万元第三者责任保险，需花费 166.2 元；④购买车损与第三者责任不计免赔险，需花费 258.2 元；⑤购买交强险，需花费 950 元。

归纳：章先生合计每年花费 3 341.7 元，当发生交通事故造成车辆损毁后可获赔 14 万元，车辆若被他人盗抢可获赔 14 万元，若开车时造成第三者损失可获赔 10 万元，汽车若有划痕可免费维修，此外，还可获得保额 20 万元的交强险赔款，规避可能发生的风险。

（二）制订财产保险理财规划训练

【客户 1 资料】A 企业是经营仓储运输的企业，拥有 5 个仓库，价值共 5 000 万元。由于仓库在郊区，靠近山脚下，A 企业担心洪水、泥石流的发生造成仓库货物的损毁，同时也担心存储的价值 6 000 万元的货物发生丢失。请为 A 企业制订财产保险理财规划。

【客户 2 资料】B 企业有一批价值 500 万元的茶叶需要发往美国，由于正值飓风多发季节，担心货物在运输过程中遭遇飓风而损毁，又担心茶叶被同船装运的其他货物弄串味。请为 B 企业制订财产保险理财规划。

更新勘误表和配套资料索取示意图

说明1：本书配套教学资料存于人邮教育社区（www.ryjiaoyu.com），资料下载有教师身份、权限限制（身份、权限需网站后台审批，参见示意图）。

说明2："用书教师"，是指为学生订购本书的授课教师。

说明3：本书配套教学资料将不定期更新、完善，新资料会随时上传至人邮教育社区本书相应的页面内。

说明4：扫描二维码可查看本书现有"更新勘误记录表""意见建议记录表"。如发现本书或配套资料中有需要更新、完善之处，望及时反馈，我们将尽快处理！

咨询邮箱：13051901888@163.com

更新勘误及意见建议记录表

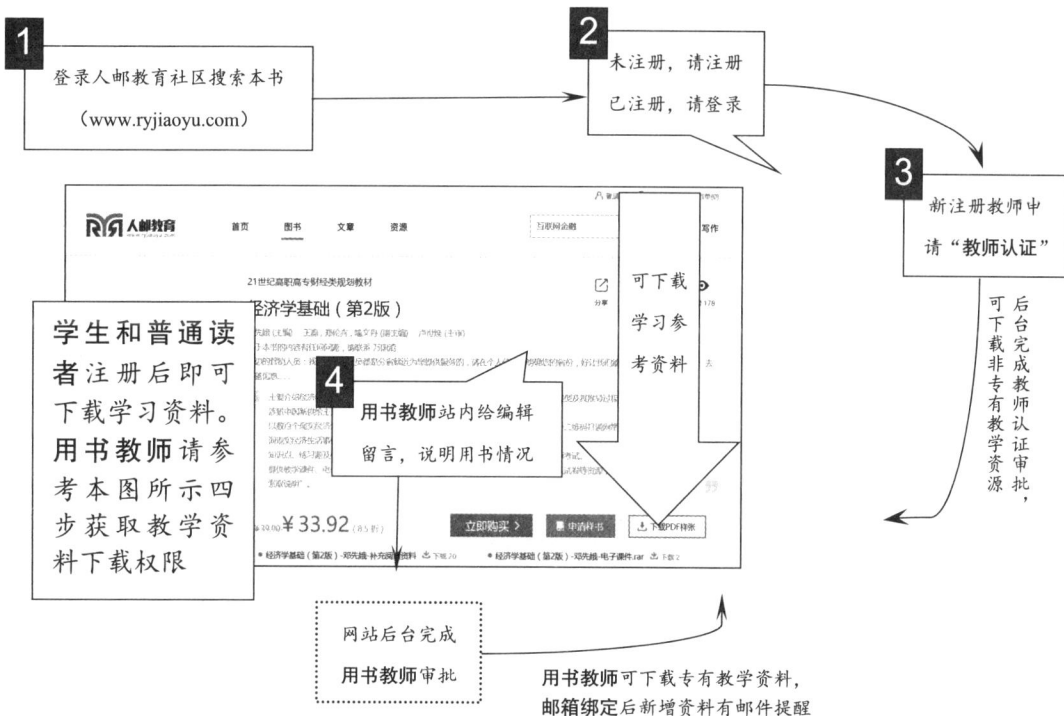

主要参考文献

[1] 北京当代金融培训有限公司，2014. 投资规划. 北京：中信出版社.

[2] 徐昆，2006. 保险市场营销学. 北京：清华大学出版社.

[3] 徐昆，2010. 保险案例与实训. 北京：北京师范大学出版社.

[4] 中国就业培训技术指导中心，2013. 理财规划师专业能力. 5 版. 北京：中国财政经济出版社.

[5] 中国保险行业协会，2020. 关于发布《机动车交通事故责任强制保险条款》及《机动车交通事故责任强制保险新费率浮动系数方案》的通知. 中国保险行业协会官网.

[6] 中国保险行业协会，2020. 中国保险行业协会机动车商业保险示范条款（2020 版）. 中国保险行业协会官网.

[7] 中国保险行业协会，2021. 2020 年互联网财产保险市场分析报告. 中国保险行业协会官网.

[8] 中国保险行业协会，2021. 2020 年互联网人身保险市场运行情况分析报告. 中国保险行业协会官网.

[9] 最高人民法院，2009. 最高人民法院关于适用《中华人民共和国保险法》若干问题的解释（一）法释〔2009〕12 号. 最高人民法院官网.

[10] 最高人民法院，2013. 最高人民法院关于适用《中华人民共和国保险法》若干问题的解释（二）法释〔2013〕14 号. 最高人民法院官网.

[11] 最高人民法院，2015. 最高人民法院关于适用《中华人民共和国保险法》若干问题的解释（三）法释〔2015〕21 号. 最高人民法院官网.